역주 법화유의
法華遊意

가상대사 길장 述

차차석 · 남륜스님

공동편역

KB191470

차차석
동국대 불교학과 졸업. 철학박사.
동방문화대학원대학교 교수.
『법화경의 본서사상연구』로 박사학위를
받은 이래 법화경 연구에 매진해 왔다.
저서로『법화사상론』·『중국의 불교문화』
『대각국사 의천』·『다시 읽는 법화경』,
번역서로『법화사상』·『선어3백측』
『관세음보살보문품 문구·기·송』등을
출간했다.

남륜스님(이현규)
동아대학교 화학공학과 졸업.
원광대대학원 불교학 박사과정 수료.
동방문화대학원대학교에서
『법화유의에 나타난 사상체계 연구』로
불교문예학 박사 학위를 받았으며,
현재 〈한국 한시(선시) 문화연구원〉
〈수원법화선원〉 원장으로 포교 일선에서
활동하고 있다.

역주 법화유의法華遊意

편역자 **차차석 · 남륜스님** / 발행인 **김 동 금** / 초판 발행일 **2561(2017)년 5월 2일**
펴낸곳 **우리출판사** / 등록 제9-139호 / 주소 서울특별시 서대문구 경기대로 9길 62
전화 (02)313-5047 · 5056 / 팩스 (02)393-9696
이메일 wooribooks@hanmail.net

값 23,000원

ISBN 978-89-7561-333-3

역주 법화유의
法 華 遊 意

서 문

하얀 연꽃의 향기를 피우기 위해

가상대사 길장(嘉祥大師 吉藏, 549~623)은 중국 삼론종의 개창조사로 알려진 당대의 걸승이다. 구마라집이 401년 장안에 들어와 삼론과 대지도론을 번역하자, 중국문화사상계에는 일대 혁신이 일어난다. 그 이전에 들어온 반야사상을 심화시켰을 뿐만 아니라 삼론학과 사론학(四論學)에 몰두하는 많은 학승들이 배출된 것이다. 이는 삼론종이란 종파불교를 탄생시키는 동시에 이후 전개되는 중국불교사상의 기저를 형성하였다. 말하자면 중국불교사상의 한 특징인 반야사상이라는 기초 위에 각각의 색깔을 갖춘 집이 만들어진 것이다. 이런 점은 인도에서 발생한 반야사상이 중국적인 반야사상으로 변모한 것이며, 삼현학이 모태의 역할을 한 것이라 볼 수 있다.

일반적으로 승랑 이전의 삼론학을 구삼론이라 평가하는데, 승랑 이후 전개되는 새로운 기풍의 삼론학, 즉 신삼론이라 부르는 사상이 길장에 이르러 삼론종으로 완성된다. 승랑은 약교이제설을 수립하며, 그의 법맥은 승전→법랑→길장으로 전승된다. 길장은 승랑의 약교이제설을 발전시켜 사중이제설을 제창한다. 이러한 그들의 주장은 반야사상의 무집착 공을 체득하기 위한 실천적인 수행의 방법이며, 변증법적인 부정의 논리를 확립한 것이다.

길장이 특이한 것은 삼론종을 대성한 것뿐만 아니다. 승랑, 승전, 법랑으로 이어지는 그들의 법맥은 반야사상의 터전 위에서 화엄사상을 중시하는 학풍이었다. 그러함에도 길장은 **화엄경**을 중시하는 대신 **법화경**을 중시하고, 반야사상에 입각해 **법화경**을 해석하고 있다. 전통을 계승하면서도 시대적 요구를 수용해 대중들과 효과적으로 소통할 수 있는 방법을 모색한 것이리라.

길장은 평생에 걸쳐 많은 책을 저술했다. 현존하는 책도 매우 많은데, 그중에서도 가장 많은 것은 삼론이나 반야사상에 관한 저서이다. 그리고 단일 경전에 관한 저서로는 **법화경**에 관한 책이 많다. 현재 남아 있는 유관 자료로는 **법화경**에 관한 주석서인 **법화의소 · 법화현의 · 법화통략 · 법화유의**가 있다. 이들 저서 중에서 가장 만년에 저술한 것이 **법화유의**로, 사상적으로 가장 원숙한 경지에 들어갔을 때의 작품이란 점에서 더욱 의미가 깊다고 말할 수 있다.

법화유의를 번역하게 된 인연은 우연한 일이다. 남륜(이현규)스님이 원광대학에서 박사과정을 수료하고, 편역자가 재직하고 있는 동방문화대학원대학교로 편입해 오게 되는데, 연구의 테마로 **법화유의**에 대한 분석을 권유했다. 그때까지는 편역자 역시 이 책을 한 번 읽어본 것이 전부였다. 남륜스님은 원래 법화종단 소속이었기 때문에 **법화경**과 인연이 있었으며, 그런 점을 알고 있었기에 이 책을 연구하여 학위논문을 제출하는 것이 좋다고 권유하였던 것이다. 만학도인 남륜스님은 지난 시간을 보상이라도 하듯이 매우 열심히 학업에 정진했다. 3년여의 노력 끝에 졸업했는데, 박사과정에서만 10년 가까운 세월을 보낸 것이 된다. 그동안 누구도 연구하지 않았던 **법화유의**에 관한 논문을 제출하고 졸업하게 되어 지도교수인 본인도 매우 감사하게 생각하고 있다.

남륜스님은 재학 중에 논문을 작성하기 위한 전단계로 **법화유의** 원본을 읽고 번역했다. 마침 일본의 관노히로시가 일본어로 번역한 **법화유의**가 있었기 때문에 그 책을 많이 참고했다. 일차 번역한 원고를 가지고 와 검토를 요청했지만 필자 역시 시간이 없고, 다른 일로 살펴볼 틈이 없었다. 그러다가 지난해 여름부터 겨울방학 때까지 원고를 점검하게 되었다. 남륜스님이 번역한 원고는 노력에 비해 부족한 부분이 많아 그대로 출간할 수 없었으므로, 필자가 다시 번역을 다듬게 되었다. 번역하는 과정에 문맥이 통하지 않거나 해석상 어려운 부분은 관노히로시의 책을 참고하고 많은 도움을 받았다.

처음에는 이 책을 남륜스님과 공역으로 발간하려고 했다. 처음 번역을 시도한 사람이 남륜스님이었기 때문이다. 또한 이 책의 1장인 〈법화유의의 성립과 전개 배경〉은 남륜스님의 학위 논문 중에서 해당 부분을 옮겨 윤문한 것이다. 많은 분량은 아니지만 정리가 잘되어 있기 때문에 독자들의 이해를 돕는데 기여할 것이라 생각했다. 그러나 남륜스님이 정중하게 사양했기 때문에 공역으로 출간할 수 없었다. 그렇다고 필자가 단독으로 번역했다고 말하는 것, 역시 정직하지 못한 일이라 공동의 편역으로 책을 발간키로 했다.

필사가 생각하기에 한국불교의 주류는 조계종이지만 경전을 중심으로 하고 보면 **법화경**이 핵심이라 말할 수 있다. **법화경**과 유관한 종단이나 신앙형태를 감안하면 대략 6백만에서 7백만 명에 이르는 많은 사람들이 **법화경**에 의지해 불교적인 신앙을 영위하고 있다고 본다. 그럼에도 불구하고 천태의 **법화문구**나 **관음의소**, **관음현의** 등을 제외하면 특별한 이론서가 없다. **법화경**의 4대 주석서 중에서 **법화문구**만 번역되어 있는데, 그것은 주로 천태종과 밀접한 관계가 깊다. 보편적인 시각을 지닐 수 있도록 다양한 법화이론서가 필요하지만 현실은 그렇지 못하다. 일본 책을 번역하거나 초보적인 이론서 내지 상업화된 사경을 강조하는 정도이다. 그나마 박혜경 스님이 저술한 **법화경총설**이 독자들에게 도움을 주고 있는 정도이다.

이러한 한국불교의 현실은, **법화유의**의 번역이 한국불교의 발전에 기여할 수 있다는 평가를 이끌어 내리라 전망한다. 올바른 법화정신을 현창할 뿐만 아니라 남종선에 익숙한 한국불교에 잘 부응할 수 있다고 본다. 그것은 두 사상의 뿌리가 반야사상이라는 공통분모를 가지고 있기 때문이다. 특히 한문으로 되어 독자들과 만나기 힘든 점을 극복하기 위한 방법의 하나가 번역이라고 보면, 번역을 통해 한국불교계의 발전과 법화사상의 올바른 이해에 기여할 수 있다고 보는 것이다.

기실 동북아 불교권에서, 아니 중국과 한국, 월남 등의 한자문화권의 승려들은 명대 이후 **법화경**을 공부할 때, 계환해의 **법화경론**을 많이 읽어왔다. 그러나 이 책은 선의 시각에서 **법화경**을 번역했다는 장점이 있는지는 모르지만 **법화경**에 대한 오해와 오역이 많다는 점에서 문제가 아닐 수 없다. 현재의 시각에서 보면 **법화경**의 본래 정신을 잘 살리지 못하고 오히려 왜곡하고 있다고 평가할 수 있다.

필자는 **법화유의**가 한국 불교계의 발전에 기여하길 기대한다. 특히 한국의 법화계열 교단의 발전에 도움이 되길 간구한다. 이들 교단이 불교의 본질에서 벗어나 있으면서도 그 점을 알아차리지 못하고 있기 때문이다. 법화사상에 대한 올바른 이해가 선행될 때, 교단 또한 발전할 뿐만 아니라 모든 중생을 품고 밝고 희망찬 세상을 향해 나아가도록 인도할 수 있을 것이다.

미천한 번역이지만, 재삼 불교계의 발전에 도움이 되길 바라면서 동시에 남륜스님의 열정에도 감사를 드린다. 스님의 관심과 노고가 없었다면 이 책의 탄생은 더 먼 훗날을 기약해야 했을 것이다.

책임 편역자 / 차 차 석 합장

차 례

법화유의의
성립과
전개 배경

I. 법화유의의 성립과 전개 배경

길장은 삼론종의 개창조사로 알려져 있다. 물론 삼론의 시작은 구마라집의 장안 입성과 함께 시작된다. 그가 삼론을 번역하고, 그의 제자들이 연구하면서 종파불교의 터전을 마련한다. 사론종 내지 삼론종의 대성자로 알려진 길장사상의 일관된 주장은 무소착 무집착에 입각한 파사현정(破邪顯正)이었다. 번역문을 살펴보기에 앞서서 길장의 삶을 조명하고, **법화유의**에 스며들어있는 그의 사상적 뿌리와 **법화유의**의 찬술 배경 내지 구성은 어떻게 되어 있는가를 살펴보기로 한다.

1. 길장의 생애와 사상

1) 길상의 생애[1]

당나라 도선(道宣, 596~667)의 **속고승전**에 나오는 길장의 전기에는 그에 대해 다음과 같이 소개되어 있다.

길장의 속성은 安氏이고 본래 安息(현재 신강성 일대) 사람이다. 祖父 때 난리를 피해 남해로 이사하여 광주 근처에 살다가 나중에 금릉으로 이사했는데, 그곳에서 길장이 태어났다. … 길장은 흥황사에서 도랑(507~581) 법사의 강론을 듣고, 곧바로 이해하여 天眞함을 깨달았다. 7세가 되어 법랑에게 출가했다.[2]

길장은 원래 안식국[3] 사람인 안세고(安世高)[4]의 후손이다.[5] 길장의 일가는 조부 시대에 남해(南海, 현재의 廣東省 廣州)로 이주해온 뒤 '교광지간(交廣之間)'이라고 하는 곳에 살았는데, 교주(交州, 현재의 북베트남 하노이 지방)와 광주(廣州, 현재의 廣東省) 사이에 거주했던 것이 아닌가 생각된다. 게다가 길장이 태어날 즈음에 일가는 금릉(金陵, 현재의 南京)으로 옮겼기 때문에 길장은 금릉에서 태어났다.

【역 주】 ────────

1) 吉藏의 생애에 대한 연구 논문은 다음과 같은 자료가 있다.
　① 金仁德, 《三論玄義顯正論硏究》 東國大學校大學院 博士學位論文, 1979.
　② 椎尾辨匡, 《三論玄義解題》 《國譯一切經》 和漢撰述44, 諸宗部一 丈東出版社, 1937.
　③ 高雄義堅, 《三論玄義解說》 興敎書院, 昭和11.
　④ 金倉圓照, 《三論玄義》 平樂寺書店, 昭和16.
　⑤ 平井俊榮, 《中國般若思想使硏究》 春秋社, 1976.
　⑥ 道宣, 《續高僧專》 〈吉藏編〉
2) 《속고승전》(대정장50, 514하) "釋吉藏俗姓安本安息人也祖世避仇移居南海因遂家於敎[敎趾]廣[廣州]之間後遷金陵而生藏焉… 聽興皇寺道朗法師講隨聞領解悟若天眞年至七歲投朗出家."
3) 안식국은 카스피海 남동쪽에 건국한 이란계 유목민의 고대국가 Parthia(BC248~AD226)이다.
4) 《出三藏記集傳》 〈안세고전〉(대정장50, 95상) "安淸字世高安息國王政后之太子也" 安世高는 번역가. 안식국의 태자. 安候 또는 安淸. 부왕이 죽은 후 왕위를 숙부에게 사양하고, 불교를 배워 특히 '아비담'에 정통. 禪經도 배웠다. 147(후한 건화 1년)에 중국 낙양에 와서 170(건령 3년)까지에 경권 95부 115권을 번역.
5) 安澄(763~814)은 《中觀論疏記》 중에서 이 《속고승전》과 《嘉祥碑文》에 근거해서 길장의 전기를 구성했다. 그 책에 의하면, 길장의 조부는 안식국 태자인 세고의 후예이고 어머니는 憑氏라고 한다. 揚州 金陵里의 여자였다고 한다. 《중관론소기》(卷第1本), (대정장65, 2중) "俗姓安氏是安息國太子世高苗裔母憑氏卽揚州金陵里女也"

길장은 유년시절에 특히 글을 잘했기 때문에 아버지를 따라 진제
삼장(眞諦三藏, 499~569)을 뵙고 길장(吉藏)이라는 이름도 얻게 되
었다. 길장의 저술에는 여러 곳에 '眞諦三藏云' 혹은 '三藏云'[6]이
라 하여 그의 학설을 인용하고 있다. 또 그가 번역한 경론을 많이 활
용하고 있는 것을 볼 수 있다.[7]

길장의 집은 역대로 불교를 신봉하는 집안으로 특히 그의 아버지
는 후에 출가해서 도량(道諒)이라는 법명을 받아 정근고절(精勤苦
節)한 독실한 수행승으로써 항상 걸식과 경전을 강의했다.

아버지가 어린 길장을 데리고 항상 흥황사(興皇寺) 법랑(法朗)의
강의를 들었는데, 길장은 '강론을 듣고, 듣는 대로 모두 이해하고 천
진(天眞)함을 깨달았다.'[8]고 한다. 이 인연으로 길장은 7세 때 법랑
(法朗)에게 출가했다.[9] 법랑은 스승인 승전(僧詮)이 사망 뒤인 진
(陳)의 영정 2년(558) 11월 칙령으로 흥황사의 주지가 되었으니[10]
그의 나이 51세 때의 일이다.

길장은 법랑에게 입문 이후 공부가 날로 증진되어, 19세 때에는
대중을 위해 강의하였고, 수재로 명성이 높아 문인 중에 으뜸이 되
었다고 한다.

그는 성인의 玄猷(대도)를 섭렵하며 나날이 심오한 幽致(이치)를 터득
하였고, 모든 논의의 내용을 바로 알고 그 핵심을 이해했다. 19세 때 대
중처소에서 강의를 하였고, 수재로 명성이 높아 많은 문인 중의 으뜸이
었다.

具足戒를 받고 나서는 명성이 점점 높아져서 陳나라의 桂陽王이 그
의 風采를 흠모하여 佛法(吐納義旨)을 전수하여 이를 信奉하게 하였다.
隋가 天下[百越]을 평정하고 나자 마침내 東遊하고 秦望山에 이르러 嘉

祥寺에 머물러 '가상대사'라고 일컬어졌다.

　禹穴11)市를 이루어 道를 묻는 자가 천여 인이었다. 뜻을 傳燈(佛法)에 두고 法輪을 이어갔다.12)

【역 주】

6) 《승만보굴》(대정장37, 9상) '眞諦三藏云', '三藏云'의 두 가지로 사용되어 있다.

7) 金倉博士에 의하면 眞諦가 금릉에 들어온 것은 梁의 大淸2年(548)이고 翌2年(549)에는 거기를 떠난 때이므로 兩者는 서로 眞諦 51세 때였다.

8) 《속고승전》〈길장전〉(대정장50, 513c) "隨聞領解悟若天眞"

9) 이때 길장은 10세가 되기 때문에 法朗의 入門은 길장이 10세 이후가 되지 않으면 안 된다. 또 길장은 스스로 《백론소서》에서 "余年十四, 虛心翫之, 登乎弱冠於寺覆述"라고 回想하고 있으므로 14세 때는 이미 興皇寺 法朗 문하에 있었다고 생각된다. 《속고승전》에서 말한 7세 出家는 오히려 가네쿠라博士의 추정과 같이 11세로 誤寫라고 생각하는 것이 타당한 것이다. 11은 자주 7로 오기된 것이 많기 때문이다. 安澄은 "梁代初年十三出家"라고 하고 있는데 이것도 혹은 '嘉祥碑文'에 의한 것이 아닌가 생각되지만 그 근거는 분명치 않다.

10) 《속고승전》〈석법랑전〉(대정장50, 477b) "永定二年十一月奉勅入京住興皇寺鎭講相續"

11) 會稽 山上의 洞穴

12) 《속고승전》〈길장전〉(대정장50, 513하~514상) "諒恒將藏聽興皇寺道朗法師講隨聞領解悟若天眞年至七歲投朗出家探涉玄猷日新幽致凡所諮稟妙達指歸論難所標獨高倫次詞吐瞻逸弘裕多奇至年十九處衆覆述精辯鋒遊酬接時彦綽有餘美進譽揚邑有光學衆具戒之後聲問轉高陳桂陽王欽其風采吐納義旨欽味奉之隋定百越遂東遊秦望止泊嘉祥如常敷引禹穴成市問道千餘志存傳燈法輪相繼"

　길장은 도랑(道朗)에게 출가한 이후 19세 때 대중 강설을 행하여 수재로써 명성이 높아져 제자들 중에서도 빛을 발하는 존재가 되었다. 21세에 구족계를 받고 나서는 더욱 명성이 높았다. 진(陳)의 계양 왕(桂陽王)의 요청을 받아 불법을 전수하고 동유(東遊)하여 진망산(秦望山)에 이르러 가상사(嘉祥寺)에 머물면서 교화에 힘썼다.

가상사는 절강성 소흥부 회계에 있는 사찰로써 동진(東晋) 효제(孝帝, 372~396) 때에 낭랑왕 회(瑯瑯王 薈)가 축도일(竺道壹)을 위해서 건립한 명찰이다.

도선은 "길장이 가상사의 주지가 되어서 우혈에 시를 이루고 도를 묻는 자가 천 여인이 되었다."라고 전하고 있으므로 그 청석(請席)이 대단히 번성했던 것으로 보인다.

또 "志存佛燈 法輪相繼"하다고 전하고 있는 것으로 보아 전란으로 인하여 황폐했던 명찰(名刹)을 부흥하고 법등(法燈)을 계승하려고 한 것이 가상사 주지가 된 중요한 동기였다고 생각된다. 길장을 가상대사라고 부르는 것은 회계 가상사에 주석했던 인연에 의한 것이었다. 길장이 회계 가상사의 주지였을 때는 길장 나이 41세 이후의 일이다.13) 후에 길장은 개황말세(開皇末歲)에 진왕 광(晋王廣)의 초대를 받아 양주(楊州) 혜일도량(慧日道場)에 들어가 있다가 얼마 있지 않아 장안(長安) 일엄사(日嚴寺)에 주석하게 된다. 그 사이의 **속고승전**의 기록은 지극히 간결하여 상세한 내용은 알 수 없다.

인수 연중(仁壽年中, 601~604)에는 오랫동안 완성되지 못했던 곡지(曲池)의 백 척(百尺)이나 되는 대상(大像)을 완성시켰으며 [그의] 복력이 사람들의 물심(物心)을 감화시켜 경영하는 것마다 이루어지지 않는 것이 없었다.

수(隋)나라의 제왕 간(齊王 暕)이 개최한 토론회에 논주(論主)가 되어 학사(學士) 전덕충(傅德充)과 변론을 한 때가 길장 나이 61세 때이다.14)

또 길장은

대업 초년(605)에 **법화경** 2천부를 사경하였고 수대(隋代)가 끝나갈
무렵 25존상을 조성하여 안치하고 조석으로 정성을 다하여 예참하였으
며 또 보현보살상을 모시고 좌선을 하여 실상의 이치를 관조하였다.

고 한다.15)

【역 주】 ─────

13) 平井俊榮, 《中國般若思想史硏究》春秋社, 昭和51, p.347.

14) 《속고승전》(대정장50, 514상) "隋齊王暕夙奉音猷一見欣至而未知其神府
也乃屈臨第幷延論士京輦英彥相從前後六十餘人竝已陷折前鋒令名自著者
皆來總集藏爲論主命章陳日以有怯之心登無畏之座用木訥之口釋解彥之談
如此數百句王顧學士傅德充日曾未延鋒御寇止如向述恐罕追斯頤充日動言
成論驗之今日王及僚友同歎稱美時沙門僧粲自號三國論師雄辯河傾吐言折
角最先徵問往還四十餘番藏對引飛激注瞻滔然兼之間施體貌詞釆鋪發合席
變情板然而退於是芳譽更擧頓爽由來王謂未得盡言更延兩日探取義科重
令豎對皆莫之抗也王稽首禮謝永歸師傅"

15) 《속고승전》(대정장50, 514중) "大業初歲寫二千部法華隋曆告終造二十五
尊像捨房安置自處卑室昏曉相仍竭誠禮懺又別置普賢菩薩像帳設如前躬對
坐禪觀實相理"

무덕 초년(武德 初年, 618) 10대덕(大德)의 한 사람으로 선출되면
서 법무(法務)를 맡아 실제사(實際寺)와 정수사(定水寺)의 요청에 의
해 두 절의 주지가 되었다. 특히 제왕(齊王) 원길(元吉)의 요청으로
연흥사(延興寺)에도 주석하였다. 그러나 이 무렵부터 몸이 노쇠해져
길장 스스로 자신의 병이 낫기 어렵다는 것을 알고 모든 직책을 사
양하였다.

임종에 이르러서는 목욕재개 하고 깨끗한 옷으로 갈아입고 시자
에게 향을 피우게 하고 불단 앞에 가부좌를 하고서 **사불포론**(死不怖

論)을 지은 뒤에 무덕(武德) 6년(623) 5월 75세의 나이로 입적했다
고 도선은 적고 있다.16)

이와 같이 **속고승전**에 따르면 길장은 불가와 인연이 깊어 유명한
역경승인 진제(眞諦)로부터 이름을 받았고, 부친의 인도로 삼론에
밝았던 스승인 법랑에게 출가하였으니, 삼론종의 대성자가 될 터전
이 어려서부터 마련된 셈이다. 그렇게 삼론을 익힌 터전 위에서 **화엄
경 · 유마경 · 승만경 · 열반경** 등 주요 대승경전과 더불어 특히 법화 연
구에 심혈을 기울였던 것으로 생각된다.17)

2) 길장의 저술

도선은 길장의 강경이나 저술에 관해 다음과 같이 소개하고 있다.

심론(三論)을 깅의한 깃이 일백여편이요, 법화는 삼백여편, 대품 · 지
론 · 화엄 · 유마는 각각 수십편이 되고, 아울러 이들 모두 현소(玄疏)를 지
어 온 세상에 유포되었다.18)

【역 주】───────────

16) 平井俊榮, 앞의 책, pp.346~351.

17) 文海淑, 〈吉藏의 法華經觀研究〉東國大學校大學院 碩士學位論文, 1999,
pp.13~14. 및 平井俊榮, 《中國般若思想史研究》 pp.346~351.

18) 《속고승전》(대정장50, 514하) "講三論一百餘遍法華三百餘遍大品智論華
嚴維摩等各數十遍竝著玄疏盛流於世"

도선의 말처럼 길장의 저술은 그 양이 방대하다. 현존하는 저술이
26부 112권19)이다. 각종의 경록(經錄)에는 기재되어 있지만 현재의

장경(藏經)에는 수록되지 않고 사본이나 간본(刊本)의 형태로 존재하는 것이 몇 가지 있다.[20] 각 시기에 따라 찬술된 길장의 저서를 살펴보면 다음과 같다.

(1) 회계 가상사 시절의 찬술

길장이 회계(會稽)에 주석한 것은 수나라가 진나라를 멸망시킨 개황(開皇) 8년(589) 이후의 일로 길장의 나이 41세 무렵이다. 즉 개황 17년 무렵까지 7~8년간을 회계의 가상사 시기로 구분한다.

이 시기의 작품으로 제작 연대가 명기되어 있는 것은 **대품경의소**(大品經義疏) 10권이 있는데, 개황 15년 1월 20일, 47세 작(作)으로 되어 있다. 다른 길장의 장소(章疏)에는 날짜를 구체적으로 명기한 것은 없다. 하지만 작품 내용으로 추측해보면 이 시기에 **열반경유의**(涅槃經遊意) · **이제의**(二諦義) · **승만보굴**(勝鬘寶窟) · **금강반야소**(金剛般若疏) · **유마경의소**(維摩經義疏) · **법화현론**(法華玄論) · **법화의소**(法華義疏) · **대품유의**(大品遊意) 등 모두 9부의 소를 완성했던 것을 알 수 있다.[21]

【역 주】 ────────

19) 길장의 저술 목록은 平井俊榮, 《中國般若思想史研究》 春秋社, 昭和51, p.355.

20) 平井俊榮, 《中國般若思想史研究》 春秋社, 昭和51, p.356.

21) 平井俊榮, 앞의 책, p.365.

(2) 양주 혜일도량 시기의 찬술

길장은 개황 17년(597)의 후반, 즉 49세 가을 이래 양주의 혜일도량(慧日道場)으로 초대받아 옮기며, 그 후 오래지 않아 다시 장안의 일엄사(日嚴寺)에 주석하게 된다. 양주의 혜일도량에 있었던 것은 최대한 개황 17년(597) 49세 9월에서 개황 19년(599) 51세 2월까지로 약 1년 반이다.

이 시기에 저술한 것으로 평가되는 것은 '慧日道場 沙門 吉藏奉命撰' 또는 '慧日道場 沙門 釋吉藏撰'이라고 하는 서명이 있는 찬술서이며, 이것에는 전자의 서명을 가진 **삼론현의**(三論玄義) 1권과 후자의 서명이 있는 **승만보굴**(勝鬘寶窟) 6권(3권 상하), **화엄경유의**(華嚴經遊意) 1권(胡吉藏 撰으로 된) 등 3권을 들 수가 있다.

(3) 장안 일엄사 시기의 찬술

길장이 장안의 일엄사(日嚴寺)로 이주한 후 최초의 저술은 **정명현론**(淨名玄論) 8권으로 보인다. 즉 **유마경의소**(維摩經義疏) 권제1에,
"내가 개황(581~604) 말년에 몸에 병이 있으나 스스로 현장(玄章)을 지었다. 인수(601~604) 연말의 마지막에 명을 받들어 문소(文疏)를 지었는데 언사(言辭)는 넓지만 간략하게 하여 두 본을 만들었으나 같지는 않다."[22]
라 기술하고 있는 점에서 반증된다.
따라서 개황 말기에 저술한 '**현장**(玄章)'이라는 것이 **정명현론**에 해당된다고 생각된다. 길장이 진왕 광을 따라서 장안에 이주한 것은 개황 19년(599)이므로 길장의 나이 51세 때였다.[23] 이때의 저술로

는 정명현론 · 유마경약소 · 유마경유의 · 중관론소 · 백론소 · 십이문론
소 · 법화유의 · 법화경통략 · 법화론소 · 금광명경소 · 인왕반야경소 · 관무
량수경의소 · 열반경유의 등이 있다. 본 연구의 대상인 법화유의(法華
遊意)도 이 무렵 저술된다. 또한 다양한 대승경전에 관한 주석서가
저술된다. 이러한 저술들은 길장의 사상이 원숙해진 시기의 저작이
란 점에서 그의 사상을 이해하는데 있어서 매우 중요하다.

3) 길장의 사상

길장의 사상은 삼론초장(三論初章), 횡수병관(橫竪竝觀), 중가체
용(中假體用), 무소득이제(無所得二諦), 삼중이제(三重二諦) 등이다.
이러한 삼론학의 다양한 이론들은 모두 무소득정관의 체득을 목표
로 삼는다. 길장 사상을 관통하는 것은 무소득의 정신이다. '무소득
의 바른 관행(觀行)' 혹은 무득정관(無得正觀)은 모든 불법의 정수이
며, 모든 부처님의 가르침은 무소득의 일미(一味)에 돌아가는 것이
다. 사실 반야부에서 나타내고자 하는 대승정신은 곧 무소득 종지의
귀결이다. 중생의 집착은 모두 유무(有無)에 따른 것이고, 이들 중생
의 병을 깨뜨리기 위해서는 무소득 정관을 통하지 않고서는 불가능
하다고 보았기 때문이다.24)

【역 주】────────

22) 《유마경의소》(대정장38, 908하) "余以夫開皇之末因於身疾自著玄章仁壽
之終奉命撰於文疏辭有闊略致二本不同"

23) 平井俊榮, 앞의 책, p.374.

24) 심종택, 〈길장의 대승현론 연구〉 동국대학교 대학원 박사논문, 2009, p.65.

다시 말하자면 삼론종의 길장은 무소득을 이상으로 한다. 길장의
각종 주석서에 일관되게 흐르는 사상도 무득정관(無得正觀)이다.25)

길장의 각종 경전과 주석서에 나타난 무득정관의 근거는 다음과
같다.

① 淨名玄論 卷第6	理外不能以得爲無得無得不得說爲無說	《大正藏》38 896c
② 淨名玄論 卷第4	無所得則通福慧則別以無得爲慧	《大正藏》38 879c
③ 勝鬘寶窟 卷第1	心以無得爲主故深經高匠啓悟群生 令心無所著所以然者以著是累根	《大正藏》37 5c
④ 中觀論疏 卷第1	- 今改小入大迴有得而悟無得如因指得月 - 心以無得爲主故說世諦爲令悟眞	《大正藏》42 3c, 12a
⑤ 中觀論疏 卷第3	無得無依名無生忍今爲衆生吐其所悟	《大正藏》42 41a
⑥ 三論玄義	同明一道故以無得正觀爲宗	《大正藏》45 10c
⑦ 二諦義 卷中	菩薩無得無礙義故明俗是眞義眞是俗義也	《大正藏》45 95a
⑧ 二諦義 卷下	問不成問答不成答空者只是無得異名以不依 無得故不能難不能通也	《大正藏》45 106a
⑨ 法華玄論 卷第4	問同是無得六度皆是正體有何本末 答若六度 同是無得者要須波若方成無得故波若爲本五 度爲末	《大正藏》34 389c
⑩ 法華遊意 卷第1	故知此經正明無所得也又此經盛談寂滅如云 是法不可示言辭相寂滅又云諸法從本來常自 寂滅相寂滅相即是無得實相異名	《大正藏》34 637b

⑪ 法華統略 卷上(本)	大品經明無得六度能動能出故成佛有得六度不 動不出不得成佛	《續藏經》27 471a
⑫ 大乘玄論 卷第1	三者得無得異他家住有無故名有得今明不住有 無故名無得四者理內外異	《大正藏》45 15b
⑬ 大乘玄論 卷第4	淨名亦辨二乘之人皆以無得爲得豈不通耶	《大正藏》45 58b
⑭ 金剛般若經義疏 卷第2	皆是無依無得今偏言不住行施	《大正藏》33 103b
⑮ 金剛般若經義疏 卷第3	說此無依無得之信卽是說般若義也	《大正藏》33 105a
⑯ 法華義疏 卷第3	無得無依無所染著故云蓮華凡夫著有二乘滯空 菩薩著中道	《大正藏》34 485b
⑰ 仁王般若經疏 卷上	今明此法無依無得無戲論畢竟淸淨眞實可信故 稱如是也	《大正藏》33 316b

표1〉 무득정관이 포함된 논소의 예

위 표에서 알 수 있듯이 다양한 논서의 내용 속에서 무소득 정관에 대해 언급하고 있다. 법랑이나 길장이 철저하게 유소득(有所得)을 배격하고 무소득을 표방한 것은 주지의 사실이다. 때문에 삼론종을 별칭해서 '무득정관종(無得正觀宗)'이라고 부를 정도로 길장은 저술에서 무소득이란 말을 자주 강조하고 있다.26)

【역 주】 ————

25) 길장이 주장하는 삼론사상의 핵심을 무득(無得)이라 본 학자들은 많다. 한명숙,《길장의 삼론사상연구》, 고려대학교 대학원 박사논문, 2002, p.5를 참고하면 구체적으로 인명을 알 수 있다.

26) 平井俊榮,《中國般若思想史硏究》春秋社, 昭和51, pp.407~408.

길장 자신도 **백론소**에서 "무상(無相)은 무의(無依)·무득(無得)·
부주(不住)·불착(不著)의 다른 이름이다."[27] 또 "어느 것 하나에도
의지하는 것이 없어야 무득(無得)이라고 한다."[28]라 하였다.

이상과 같은 무득정관(無得正觀)의 정신에 근거하여 길장은 **열반
경**·**법화경**·**화엄경**·**승만경**은 물론이고 심지어 **관무량수경**과 같은 정
토계 경전의 가르침까지 일미로 회통해 낸다.[29]

2. 법화유의의 찬술 배경과 법화경

길장의 현존하는 20여 부의 저작 가운데 **법화경**[30]에 관한 것으로
는 다음의 4부가 있다. 찬술 순서에 따라 논거해보면 **법화현론** 10권,
법화의소 12권, **법화유의** 1권(또는 2권), **법화통략** 6권이 있다. 게다가
천친조(天親造) 보리유지(菩提留支) 역 **묘법연화경우파제사**(**법화론**)의
주석서로써 **법화론소** 3권이 있다. 이는 권수에 있어서 전체 약 3할
분량을 점유하고 있을 정도이다.

법화현론은 회계 시절에 저술된 것으로 **대정신수대장경** 제34권
(No.1720)에 실려 있다. 홍경방법(弘經方法), 대의(大意), 석명입종
(釋名立宗), 결의(決疑)의 체계로 구성되어 있다. 제6장은 **법화경**을
해석할 때 잘 전달되지 못한 중요한 사상이나 개념, 경문을 문제로
삼아 고찰한 것이다. 그 성과는 후에 **법화의소**에서 활용된다. 단지
법화현론의 수문석의(隨文釋義)는 **법화경**을 분과(分科)한 뒤에 하나
하나 경문에 따라 문제점을 제시하며 해설한다. 이른바 수문해석(隨
文解釋)의 형식을 취하고 있다. 이러한 수문해석은 **법화의소**에서도
볼 수가 있다.

이와 같이 길장은 **법화현론**·**법화의소**에서 충분히 **법화경**을 연구한

토대 위에서 연구 성과의 핵심을 간결하게 정리할 필요성을 느끼게 된다. 그래서 저술한 책이 바로 **법화유의**다. 또 최후로 **법화통략**이 있는데, 이 저서는 경제석(經題釋)31)과 수문해석부터 완성하고, **법화의 소** 이후의 저작에 길장의 새로운 견해를 포함시키고 있다. 한편 **속고 승전**에 의하면 길장은 대업 초년(605)에 **법화경** 2천 부를 서사했다고 하며, 동시에 보현보살상을 안치하고 좌선하며 실상의 이법을 관찰했다고 한다.32) 이상에서 소개한 것과 같이 강의, 저작, 사경, 관법(觀法) 등을 막론하고, 길장의 삶이 **법화경**과 얼마나 깊은 관계 속에 전개되고 있었는지를 알 수가 있다.33)

【역 주】

27) 《백론소》(대정장42, 259상) "此無相 是無依無得不住不著之異名"

28) 《열반경유의》(대정장38, 232하) "若定用無得爲是還成有得 不名無所得一無所依乃名無得"

29) 김성철, 〈불교사상가 「길장편」〉, 불교신문 2303호, 2007.2.19. 일자

30) 법화연구사에 대한 선구 논저로는 ①平井俊榮, 《法華玄論の註釋的研究》春秋社, 昭和62, (第1章 法華玄論の成立, 吉藏と法華研究史) ②管野博史, 《法華とは何か '法華遊意'を讀む》春秋社, 1992, (序論-《法華經》と中國佛敎p.2), 吉藏の生涯と《法華經》③平井俊榮, 《中國般若思想史研究-吉藏と三論學派》春秋社, 昭和51, (第2篇, 吉藏における三論學の思想的研究) ④橫超慧日, 《法華思想》平樂寺書店, 昭和44, (第3章 中國における法華思想使 pp.224~256) ⑤坂本幸男, 《法華經の中國的展開》〈法華經研究Ⅵ〉, 平樂寺書店, 昭和47, (第1章 中國に於ける法華經研究使의 研究 pp.3~41.)

31) 經典의 題目인 《妙法蓮華經》을 해석한 것.

32) 《속고승전》(대정장50, 514중) "大業初歲寫二千部法華隋曆告終造二十五尊像捨房安置自處卑室昏曉相仍竭誠禮懺又別置普賢菩薩像帳設如前躬對坐禪觀實相理"

33) 管野博史, 《法華と何か 〈法華遊意〉を讀む》春秋社, 1992, pp.27~28.

길장은 **법화유의** 제9장의 '부당문'에서 **법화경**은 "신본과 구본의 두 판본이 있는데 서로 차이가 있다고 밝힌다."고 쓰고 있다. 이것은 **법화현론** 권제1 '홍경방법'의 7항 가운데의 제5항에 나오는 "다음에 번역의 연기를 밝힌다."[34]는 구절과 밀접한 관계를 가지고 있다.

고본은 축법호가 번역한 **정법화경**이고, 신본은 구마라집(Kumarajiva)이 번역한 **묘법연화경**이다. 중국에서는 이미 진(晋)의 무제 태강 7년(286)에 축법호가 **정법화경** 10권 27품을 번역했다.[35]

현재 **정법화경**에 관한 주석서는 한 권도 없지만 계속해서 여러 학승들에 의해 강찬(講讚)되고 있었다는 것을 알 수 있다. 길장은 자신이 서술한 '번역의 이유'와 '경전을 강의하게 된 이유' 중에서 다음과 같이 밝히고 있다.

【역 주】
34)《법화현론》(대정장34, 363중)
35)《출삼장기집》(대정장55, 7중) "正法華經十卷二十七品(舊錄云正法華經或云方等正法華經太康七年八月十日出)" 竺法護의 전기는 《고승전》 권제1(대정장50, 326하~327상)

"이 경전은 대략 2권이 있다. 하나는 **정법화경**인데 진(晋)나라 때 장안의 축담마라찰(竺曇摩羅刹), 여기 말로 법호(法護)라고 하는 사람이 역출했다.

또 하나는 **묘법연화경**인데 진나라 때 구마라집, 즉 여기 말로는 동수(童壽)라는 사람이 후진의 홍시 5년 4월 23일에 장안의 소요원에서 역출한 대품경이다. 후에 초당사에서 이 경전 27품을 역출했다.··· 법화는 이미 신구의 두 판본이 있는데 강의한 사람 또한 두 사람이다. 명승전에 이르기를 "경전을 강의한 시초는 축법호에서 기인

한다."하고, 호공은 이미 새롭게 이 경전을 해석하고 있는데 이치를 충분히 설명하고 있다. 호공으로부터 시작된 뒤에는 석도안, 축법태의 계열에서 구본에 의해 강의했을 따름이다."[36]

위와 같이 길장은 축법호로부터 시작된 **법화경** 강의가, 이후 석도 안(312~385)[37]이나 축법태(320~387)[38]로 계승되었다고 하지만, 양나라 혜교가 저술한 **고승전**에 의하면 이들 이외에도 많은 사람들이 있었던 것을 알 수 있다.[39]

그러나 **법화경**이 본격적으로 연구의 서막을 올리게 되는 것은 요진의 홍시 8년(406)에 구마라집(344~413)에 의해 **묘법연화경** 7권 27품이 번역된 이후의 일임은 말할 것도 없다.

삼론의 연구가 그러한 것처럼 **법화경**도 번역과 동시에 라집 문하의 수재들에 의해 연구와 강의가 개시된다. 이러한 사정도 길장이 상세하게 전하고 있다. 즉 '경전을 강의하게 된 이유'에서 이러한 사정을 다음과 같이 전하고 있다.

【역주】 ─────────

36)《법화현론》(대정장34, 363중),

37)《고승전》권제5(대정장50, 351하~354상)

38)《고승전》권제5(대정장50, 354중~355상)

39)「于法開傳」(대정장50, 350상) "善放光及法華經", 〈竺法崇傳〉(대정장50, 350하) "篤志經呪而尤長法華經一敎", "著放光及法華經", 〈竺法義傳〉(대 정장50, 350하) "遊及衆典尤善法華經", 〈竺法曠傳〉(대정장50, 356하) "每以法華經爲會三之旨"

"라집은 장안에 들어와서 새로 **법화경**을 번역하였고, 도융은 이를 강의할 때 9철(九轍)로 구분해 개진했으므로, 당시의 사람들이 9철

법사(九轍法師)라 했다."40)

여기서 길장은 라집에 의해 번역된 **법화경**을 처음으로 강의한 사람이 도융(372~445)41)이라 전하고, 다시 도융은 경전을 9철(九轍)로 구분해서 강의했다는 것을 알 수 있다.

이 구철 법사에 대해서는 도융이 아니라 같은 라집 문하의 승예(僧叡)라고 하는 설도 있다.42) 그러나 일본의 횡초혜일(橫超慧日) 박사는 **법화경** 권제6에 있는 승예와 도융의 전기를 검증하면 이 9철은 도융의 학설이라 보는 편이 온당하다고 주장한다.43)

【역 주】 ───────────

40) 《법화현론》(대정장34, 363c) "及羅什至長安翻新法華竟道融講之開爲九轍時人呼爲九轍法師"

41) 《고승전》(대정장50, 363b) 여기에서 惠皎은 "所 著法華大品金光明十地維摩等義疏"라고 말하고 道融이 法華經의 義疏의 著述이 있었다고 전하고 있다.

42) 智顗, 《법화문구》〈釋提婆達多品〉의 해설하는 곳에 "鳩摩羅什此翻 童寿是龜茲國人以 僞秦弘始五年四月二十三日於長安逍遥園 譯大品 竟至 八年夏 於草堂寺 譯 此妙法蓮華命僧叡 講之叡開爲九轍"(대정장34, 114하)라 한다. 그러나 이 문장을 자세히 보면 《법화현론》의 〈번역의 연기〉에서 "鳩摩羅什此云 童壽於僞秦弘始五年四月二十三日於長安逍遥園 譯出大品 後於草堂寺 譯出此經"(대정장34, 363중)라고 하는 구절과 같은 내용이다. 다만 이것을 곡해해서 前記 《文句》의 문장은 《玄論》의 문장을 약간 語句를 바꾸며, 특히 本文中에 인용한 「강경의 연기」중에서 《법화문구》가 《법화현론》에 전면적으로 의거해서 저술된 것'이라는 것을 논증했다. (平井俊榮, 《法華文句の成立に關する硏究》昭和60, 春秋社 참조) 前述한 사례에서는 특히 前著의 중간에 제시한 것이 그 문맥도 예외는 아니다.

43) 橫超慧日, 「竺道生の法華思想」, (板本幸男編, 《法華經の中國的展開》昭和47, 平樂寺書店), p.147.

길장은 라집 문하에서는 담영(曇影)과 도생(道生, 355~434)에게 법화에 관한 저술이 있었다고 전하고 있다. 담영44)은 **묘법연화경**이 역출되자, 법화는 담영(曇影) 이래 명종(命宗)이라 하는 곳도 있었기에45) 특히 심혈을 기울여 **법화의소** 4권을 저술했다고 한다. 담영의 **법화의소**는 일찍 산일되어 지금 전해진 것이 없지만 길장이 전하는 것은 **고승전**의 내용과도 부합된다. 담영도 역시 라집 문하의 주요한 법화주석가 중의 한 분이었던 것을 알 수 있다. 도생46)은 **법화경**에 관한 현존 최고의 주석서를 저술했던 사람이며, 중국불교의 법화연구 사상에서 지극히 중요한 인물이다. 즉 **묘법연화경소** 2권47)이 그것이다.

길장은 **법화현론** 권제2에서 **법화경** 〈수량품〉에 설해진 불신(佛身)의 상(常)·무상의(無常義)를 논할 때, 자신이 주장하는 상주설을 논증하기 위해 도생소(道生疏)의 불신관(佛身觀)을 인용하고 있다.48)

다음으로 길장은 남제(南齊) 때 활동한 유규(劉虯, 436~495)49)의 **주법화경**(注法華經)을 들고 있다. 즉,

【역 주】 ─────────

44) 《고승전》(대정장50, 364상)

45) "能講 正法華經及光讚波若每 法輪一轉 輒道俗千數"라고 하고 즉 舊法華를 강의했다고 이해할 수 있다. 이것을 받아서 특히 慧皎는 "什後出 妙法華經影旣舊所 命宗特加 深思"라고 말하고 있는 것이다.

46) 《고승전》(대정장50, 366중~367상)

47) 《妙法蓮華經疏》(속장경22, 23)

48) 《법화현론》(대정장34, 377상) "次竺道生傳夫色身佛者應現而有無 有 實形 也形旣不實豈有 壽哉然則万形同 致古今爲 一古亦今也今亦古也無 時不 有無 處不 在若有 時不 有有 處不 在者於 衆生 然耳佛不 爾也是以極決長壽云 伽耶是也伽耶是者非 復伽耶伽耶旣非 彼長 (壽) 何獨是乎長短斯亡長短斯存焉"

49) 傳記는 《南齊書》 권제54.

"다음에 제(齊)나라 때 청신사 우바새인 유규(劉虬)와 열 명 정도
의 명승(名僧)으로, 예컨대 안(安), 임(林), 일(壹), 원(遠)의 사례와,
집(什), 조(肇), 융(融), 항(恒)의 무리에 의지하여 여러 논사의 장점
을 찬록(撰錄)하고 평가해서 주법화(注法華)라고 하였다."50)

라고 전하고 있는 것이다.

유규의 **주법화경**은 현존하지 않는다. 그렇지만 길장의 말에 따르
면, 도안(313~385), 지도림(314~366), 도일, 혜원(334~417)의 4
인51)과, 라집(344~413), 도융(372~445), 승조(384~414), 도항
(346~413)의 4인의 학설 등, 도합 8인의 법사가 주장한52) 학설의
장점을 뽑아 편찬된 것임을 알 수 있다.53)

【역 주】 ─────────

50)《법화현론》(대정장34, 363c) "次乎齊代有淸信優婆塞劉虬與十許名僧依
傍安林壹遠之例什肇融恒之流撰錄衆師之長秤爲注法華也"

51) 이것은 어쩌면 竺法護譯《정법화경》에 근거한 주장일 가능성이 있다. 혜
원에 대해서는《법화현론》권제2의 「경제석」(대정장34, 371하)에서 "遠
公双用二說"라 칭하여 혜원이《정법화》와《묘법화》의 두 학설을 채용했
던 것을 전하고 있다. 따라서 혜원은 구역과 신역을 동시에 연구한 흔적
이 있다. 유규는 고본의 연구자로서 혜원을 열거했다고 생각된다.《법화
현론》에 나오는 내용.

52)《법화유의》(대정장34, 638중) "注法華經采江左安林一遠河左什融恒八師
要說著於經序"라 하고 江(揚子江) 左와 河(黃河) 右 夫夫의 四者의 要說을
採錄했다 한다.

53) 길장은《법화현론》에서 경전의 종지에 관해 13가의 학설을 소개하면서
제일로 혜원의 학설을 들고 있다(대정장34, 379중). 또한 '蓮華'의 해석
에 관해서도 慧遠說을 인용(대정장34, 378중)하는 등 慧遠의 학설을 존
중하는 태도를 보이고 있다. 여기서 廬山의 慧遠에게 法華註疏가 있었던
것을 알 수 있다. 僧肇에게 특히 法華註疏가 있었다는 것은 吉藏의 著作
에서도 전해지고 있지 않다. 道恒에 대해서도 마찬가지다.

　길장은 유규의 **주법화경**도 자주 참조하거나 활용하여 자신의 주장
에 논증으로 활용하고 있다.54)

　길장 이전의 **법화경** 연구사에 대해서는 이미 많은 선행 연구가 있
으며, 그 내용도 상세하다.55) 이처럼 자료가 많은 것은 길장이나 지
의의 저작 중에 전해진 기록 덕분이다. 특히 길장의 저작에는 **법화현
론**에 설해진 것이 가장 많다.

　연구사의 소개에서는 경의 종지에 관한 '13가의 학설' 56)에 대한
평석(評釋) 등, 여러 곳에서 학승들의 학설을 소개하고 있다. 그 중
에서는 송(宋) 도량사(道場寺)의 혜관(慧觀: 368~438)57)이 저술한
법화종요서58)나 이미 산일한 것으로 하서 도랑59)의 **법화통략**60)이 있
다. 길장은 이런 저술에 대해 높은 평가를 하고 있다.61)

【역 주】

54) 例,《법화현론》〈別論壽量〉(대정장34, 377상)에서, "次注法華云非存亡之
　　數曰壽出攸之限稱量明法身非形年所攝使大士修踐極之照不以伽耶而成佛
　　百年爲期頤也"《注法華》의 文을 引用하고 이것을 "注釋猶是明常而意極
　　淸玄也"라고 評하고 있다.
55) 平井俊榮,《法華玄論の 註釋的研究》春秋社, 昭和62, p.9.
56)《법화현론》(대정장34, 379중~381상),《법화유의》(대정장34, 636하)에도
　　'13가' 의 명칭이 나타나 있다.
57)《고승전》권제7, (대정장50, 368중)
58)《출삼장기집》(대정장55, 57상중)
59)《고승전》〈曇無讖傳〉(대정장50, 336상) "時沙門慧宗道朗獨步河西"
60)《법화현론》(대정장34, 376하) "次河西道朗對飜涅槃其人亦著法華統略明
　　說法華經凡有五意"
61) 慧觀에 대해서는《법화현론》(대정장34, 380a) "評曰尋觀此釋名体具足因
　　果円滿始終兩擧本迹双明文旨允契如什所歎也"

그러나 특히 '경전을 강의하게 된 이유'에서 여러 스님들에 대해 논평한 것만은 아니다. 여기에 역설되어 있는 것은 우선 라집의 문하생들이 이룩한 법화연구의 성과이다. 이것은 **법화경**의 연구가 라집의 사상적 학맥에서 중심 과제였다는 점을 길장은 강조하고 싶었기 때문이다.

말하자면 라집이 장안에 입성하여 전개한 번역 사업의 결과, 중국 불교도에 의거한 본격적인 불교연구는 그 중심에 삼론에 근거한 공관사상이 있으며, 동시에 **법화경**의 일승사상도 있다는 것을 길장은 시사하고 싶었던 것이다.

수나라 시대에 삼론사상을 대성했던 길장이 수립한 교학의 특징은 복고와 혁신에 있다. 전자의 의미는 관중(關中)에서 시작된 라집 교단의 정통성을 강남 지역에서 부흥하는 것이었다. 그리고 후자는 양나라 시대에 성행했던 성실학파의 사상을 극복하는 것이었다.

공사상의 입장에서 본다면, **성실론**에 의거한 공사상을 논파하여 배척하고, 삼론의 입장에서 이것은 재인식하고 재정립하는 것이었다. 바로 무득정관에 입각한 공사상의 확립이다. 동시에 한편의 **법화경**을 중심으로 전개되었던 불교연구가 양나라 시대에 오면 정점에 도달하게 된다. 성실학파의 극복에 의해 새로운 불교를 확립하려고 했던 길장에게 그것은 반드시 넘지 않을 수 없는 거대한 목표였다.62)

길장은 '경전을 강의하게 된 이유'에서 양나라 시대의 연구에 대해 다음과 같이 언급하고 있다.

"여기에 양나라의 시작과 함께 3대 법사는 석학으로서 당시에 이름을 일대에 높이고, 많은 논서를 모우고 여러 경전을 번역하였다. 단지 개선(開善)은 열반으로 명예를 높이고, 장엄(莊嚴)은 십지와 승만으로 이름이 뛰어났으며, 광택(光宅)은 법화로 당시에 독보적이었다."63)

양나라를 대표하는 학승 중에 3대 법사로 찬양되는 개선사 지장(地藏, 458~522)64), 장엄사 승민(僧旻, 467~527)65), 광택사 법운(法雲, 467~529)66) 등은 **성실론**이나 아비담론의 연구에 의거해서 성실학파의 성행을 초래했던 일대의 석학들이었다. 후세에 길장이나 지의에 의해서 '성실론사'란 명칭으로 불린 것은 그 때문이다. 동시에 그들은 **성실론**만이 아니고, 당시 유행했던 대승경전에 대해 많은 주소(註疏)를 저술했는데, 각각 특징이 있었다. 즉, 지장은 **열반경**에 대해, 승민은 **승만경**이나 **십지경**의 연구에서 당대를 대표하는 대종사로서의 명예를 높이고 있었다.

그리고 라집의 번역 이래 중국불교연구의 중심적 위치를 차지해 왔던 **법화경**에 대해서는 광택사 법운의 독무대였다고 할 수 있다. 그리하여 길장은 법운의 법화연구에 대해서 자세하게 소개하고 있다. 그에 의하면 법운은 식자(息慈; 沙彌)의 해에 정림사의 승인(僧印, 435~499)67)을 따라 수학하고, **법화경** 강의를 들었다고 한다.68)

【역 주】 ───────

62) 平井俊榮, 앞의 책, p.11.

63) 《법화현론》(대정장34, 363하) "爰至梁始三大法師碩學當時名高一代大集數論遍釋衆經但開善以涅槃騰譽莊嚴以十地勝譽擅名光宅法華當時獨步"

64) 《속고승전》(대정장50, 465하~467중)

65) 《속고승전》(대정장50, 461하~463하)

66) 《속고승전》(대정장50, 463하~465상)

67) 승인은 본래 壽春의 사람으로 속성을 朱氏였다. 어려서부터 팽성에서 유학하고 曇度(~488)를 따라 삼론을 배웠다. 이어 여산의 慧龍을 따라 법화를 수학했다. 《고승전》 권제8(대정장50, 380중)

길장은 **법화현론** 권제2의 '13가의 학설'의 제2에 혜룡의 학설을 들어 평하기를, "광택은 경전을 승인(僧印)에게 배우고, 승인(僧印)은 혜룡(慧龍)에게 배웠다. 혜룡은 법화의 거장이다."[69]라고 하여, 혜룡 또한 당시 저명한 법화연구의 거장이었음을 알려준다. 이 혜룡에게 법화를 배웠던 승인은 오로지 법화를 가지고 명성을 떨치고, 평생 법화를 강의했는데, 대략 250편이었다고 한다. 광택사 법운은 혜룡에서 승인으로 이어지는 법화연구의 학맥을 계승했던 것이다.

속고승전에 의하면 법운은 혜차(慧次, 434~490)[70]로부터 성실론과 삼론을 배우고, 혜집(慧集, 456~515)[71]에게 아비담을 배운다. 천감 2년(503)에는 여러 가지 '성실론의 학설'을 42권으로 종합했다. 더욱이 사람들의 요청에 의해 천감 5년(506)에는 **승만경**을, 천감 6년(507)에는 무제(武帝)의 **어주대품반야경**을 강의하고 있다. '길장이 크게 수론을 모아 널리 중경을 해석한다.'라고 평가했던 이유가 여기에 있었다. 그러나 가장 유명한 것은 '광택은 **법화경**을 가지고 당시에 홀로 활보했다.'라고 전해지는 것 같이 법화의 연구에 있었다. **속고승전**에 나오는 전기의 말미에 기재된 '상동만작비명(湘東萬作碑銘)'에도 법운이 **법화경**을 강의하면 천화(天華)가 감동하여 흰눈이 내렸다고 기록되어 있다.[72] 그 정도로 법화연구가로서 법운의 명성은 높았다.

양나라 3대 법사의 저술은 그 전부가 흩어져 지금 전해지는 것은 없다. 유일하게 현존하는 것이 법운의 **법화의기** 8권[73]이다. 이 책은 양나라 시대에서 수나라 시대에 걸쳐 크게 유행했으며, 후세에 길장이나 지의와 같은 법화 주석가에게 커다란 영향을 주었다. 광택사 법운이 없었다면, 천태나 길장이 중국 법화사상사에서 3대 법사의 지위에 오를 수 없었을 것이란 점은 누구나 인정하는 것이다.[74] 그러나 천태의 경우 저서가 많은 것은 제자인 관정(灌頂, 561~633)의 편찬에 의거한 것이고, 길장이 집필한 저작의 영향을 크게 받고 있다.

길장은 법운의 **법화의기**의 존재를 인정하고 이것을 높이 평가하면서도 동시에 비판하고 초극함으로써 스스로도 중국불교에 있어서 법화에 관한 4대 주석가의 반열에 올랐다. 그런 점에서 길장은 법운의 **법화의기**에 대한 최초의 도전자이자 비판자였다고 말할 수 있다. 그리고 길장이 최초의 법화주석서인 **법화현론**을 집필하게 되는 동기도 여기에 있었다. 그리고 **현론**의 내용을 더 정밀하게 요약 정리하여 **법화유의**를 저술하게 된다.75)

【역 주】───────

68) 길장은 법운이 息慈年에 여산 아래의 성립사에서 승인으로부터 법화를 들었다고 하지만, 《속고승전》에 의하면 법운은 7세 때 출가하여 성민에게 수학한다. 법운은 승인에게 대해 법화를 배우고 있을 때, 受講後 사찰의 배후에 있던 곡천에서 돌을 모아 高座를 만들고, 돌을 청중으로 생각하고 스스로 石座에 올라 講義 내용을 再演했다. 승인은 이런 사실을 모르는 척하고 은밀히 그 설한 바를 들었는데 한마디도 遺漏가 없었다고 한다. 그 후에 나이 30에 이르러 묘음사에서 처음으로 법화와 정명의 두 경전을 강연했다. 길장은 이때의 모양을 "機를 縱橫으로 說法하니 道俗이 탄복했다. 이로부터 법화경의 명예를 나타내게 되었다."라 칭송하고 있다.

69) 《법화현론》(대정장34, 379하) "評曰光宅受經於印印稟承於龍龍爲法華之匠然此釋以文義兩推實符會經致"

70) 《고승전》(대정장50, 379중)

71) 《고승전》(대정장50, 382중)

72) 《속고승전》(대정장50, 465상) "嘗於一寺講散此經忽感天華狀如飛雪"

73) 《법화의기》(대정장33, 속장경1. 42. 2)

74) 橫超慧日, 〈竺道生の法華思想〉, 《法華經の中國的展開》昭和47, 平樂寺書店, p.171

75) 平井俊榮, 〈第1節, 吉藏と法華硏究史〉, 《法華玄論の註釋的硏究》昭和62, 春秋社, pp.5~12.

3. 법화유의의 구성

이 책에서는 **법화경**의 심오함을 열 가지의 부문(十門)으로 분류해서 밝히고 있다. 즉 제일 내의문(第一來意門), 제이 종지문(第二宗旨門), 제삼 명현문(第三名顯門), 제사 변교의문(第四辨敎意門), 제오 현밀문(第五顯密門), 제육 삼일문(第六三一門), 제칠 공용문(第七功用門), 제팔 홍경문(第八弘經門), 제구 부당문(第九部黨門), 제십 연기문(第十緣起門)이다.[76]

법화유의의 형식적 특징은 십(十)이라는 수에 의해 정리되고 있는 점이다. 중국에서는 십을 만수라는 개념으로 이해하는데, 가득 찼기 때문에 더 이상 채울 것이 없다는 의미를 동시에 지닌다. 십문으로 구분한 이유이기도 하다. 10장의 구성에 대하여 형식적인 측면에서 요약하면 표 2와 같다.

開題序		법화유의의 총서(總序)이다.
제1장	내의문	길장의 법화경에 대한 입장을 전체적으로 보여주는 부분이다.
제2장	종지문	법화경의 근본 종지를 설한다. (인과론)
제3장	석명현문	법화경의 제목이 지니는 의미를 해설하고 있다.
제4장	판교의문	법화경의 교판적 위치를 설명하고 있다.
제5장	현밀문	성문과 보살에 대한 교화의 태도를 顯과 密로 나타내 보인다. 이 현밀 4문의 교판은 법화유의에서 완성된 것이다.
제6장	삼일문	방편품의 중심사상인 3승과 일승을 논한다.

【역 주】

76)《법화유의》(대정장34, 633하) "一來意門二宗旨門三釋名題門四辨敎意門五顯密門六三一門七功用門八弘經門九部黨門十緣起門"

제7장	공용문	법화경의 위대한 구제력을 열 가지의 불가사의한 상서로운 일로 밝히고 있다.
제8장	홍경문	법화경 홍통의 방법과 법화의 삼궤(三軌), 법사에 관해서 논하고 있다.
제9장	부당문	법화경의 다양한 해석과 번역의 역사에 관해 설명한다.
제10장	연기문	법화경의 강의 역사를 정리한 내용이다.

표2〉 법화유의 10장의 구성에 대한 형식적 요약

이상 **법화유의**의 구성을 다시 내용적인 측면에서 정리하면 다음 도표와 같다.

開題序	
제1장 내의문	綱要十門 1) 諸菩薩說諸菩薩行 2) 受梵王請 3) 十方三世諸佛權實 4) 說三淨法門 　(1) 五戒十善淨於三塗　(2) 二乘以淨三界　(3) 明一道以淨二乘 5) 說三攝法門 　(1) 攝邪歸正門 　　ㄱ) 在家起愛衆生　　　ㄴ) 出家諸見外道 　(2) 攝異歸同門 　(3) 攝因歸果門 6) 說三種法輪 　(1) 根本法輪　　(2) 枝末法輪　　(3) 攝末歸本法輪 7) 聞菩薩二種疑 　(1) 釋聲二種疑 　　ㄱ) 舊疑 – 欲以問世尊爲失爲不失四十餘年常懷此疑 　　ㄴ) 新疑 – 初聞佛所說心中大驚疑

	(2) 菩薩二種舊疑 ㄱ) 舊疑 - 昔稟三乘之 : 或疑退墮二乘地 ㄴ) 今疑 - 疑佛所說 : 今辨有一昔不應說三 8) 說中道法 - 中道卽妙法中道卽妙法蓮華經 9) 顯諸菩薩念佛三昧 - 斯卽經論大宗必須依斯禮念也 10) 爲現在未來十方衆生如實分別罪福果報 - 此經旣說實理故信之福多毀呰之罪重 (一舊疏本明說經因緣甚廣今略明十門也)
제2장 종지문	言宗體一者昔在會稽撰釋法華宗旨凡有十三家今略明卽世盛行有其三說 1) 一云以萬善之因爲此經宗 批判 2) 二者有人言此經以果爲宗 批判 3) 三有人言此經具以一乘因果爲宗批判

제3장
석명제문
	釋經題目更開七門(경전의 제목을 해석하고, 다시 7문을 연다)
	
	1) 立名意門 - 涅槃卽是法華之異名
	
	2) 立名不同門 - 有五雙十義
	
	3) 轉不轉門 - 名字古今不轉
	
	               - 隨佛出世名字改易
	
	4) 具義多小門 - 一義立名
	
	             - 二義立名
	
	             - 三義標名
	
	5) 前後門
	
	6) 翻譯門
	
	7) 釋名門 - 七軸宗歸一乘

제4장
판교의문
	1) 一教 - 일승교
	
	2) 二教 - (1) 대승　　(2) 소승
	
	3) 三教 - (1) 근본법륜 (2) 지말법륜 (3) 섭말귀본법륜
	
	4) 四教 - (1) 인천승조유 (2) 2승조유
	
	        (3) 자교조유　(4) 타교조유
	
	5) 十教 - 五雙十教
	
	        (1) 돈교 (2) 점교 (3) 타교 (4) 자교 (5) 출세간교

제5장 현밀문	1) 通就諸經論明顯密　　　2) 別擧大品對法華論顯密 3) 就法華內自論顯密　　　4) 料簡之 – 料簡顯密
제6장 삼일문	1) 開三顯一　2) 會三歸一　3) 廢三立一 4) 破三明一　5) 覆三明一　6) 三前辨一 7) 三中明一　8) 三後辨一　9) 絶三明一　10) 無三辨一
제7장 공용문	十事 (十種不可思議)
제8장 홍경문	弘經方法 1) 弘法三軌　2) 十種法師
제9장 부당문	明部黨不同 – 正法華 　　　　　　 – 妙法蓮華
제10장 연기문	明講經原由(경전을 강의하는 이유를 밝힘)

표3〉 법화유의 10장의 구성에 대한 내용적 요약

　이상의 구분을 종합하면 길장의 주요 사상인 2장3종법륜(二藏三種法輪), 3섭법문(三攝法門)과 현밀문(顯密門)의 교판, 5쌍10교(五雙十敎), 3거4거(三車四車)를 아우르는 양거론(兩車論), 홍법삼궤(弘法三軌), 10종법사(十種法師)와 10종불가사의(十種不可思議) 등에 반야의 공사상 내지 무득정관의 공사상이 자리 잡고 있음을 알 수 있다.

법화유의 역주

開題序
경전의 제목을 설명하는 서문

蓋聞無上[77]調御[78]一切種智[79]內鏡三明[80]外流七辯[81] 蓄莫
限之質適無方之化[82] 竝皆會道[83]無匪稱機[84] 至如妙法蓮華經
者 斯乃窮理盡性[85]之格言 究竟無餘之極說

들건대, 최상의 스승, 인간을 조련하는 대장부, 모든 것을 아는 완
전한 지혜의 소유자는 안으로 세 가지의 지혜를 비추고, 밖으로 일
곱 가지의 변재를 유행케 한다.

통제할 수 없는 질박함을 쌓아 걸림 없는 교화를 펼치니, 모두 도
를 깨침에 중생의 근기에 알맞지 않은 것이 없었다.

예컨대 **묘법연화경**에 이를 것 같으면, 이것은 곧 궁리진성의 말씀
이고, 궁극적인 무여열반의 지극한 말씀이다.

【역 주】────────

77) 無上士라하며 如來의 十號중의 하나다. 最上의 人間이란 뜻이다.

78) 調御丈夫이며 如來의 十號 중의 하나다. 人間을 잘 조정한다는 의미의 調
御士를 말한다.

79) 一切를 알고 있는 사람(一切智=佛)의 知慧.

80) 宿命明(自他의 過去世를 아는 智慧), 天眼明(自他의 未來世를 아는 智慧),
漏盡明(煩惱가 다하여 얻어지는 智慧). 즉 六神通 中에서 宿命通 天眼通
漏盡通을 별도로 말한 것이다. '內鏡三明 外流七辨' 에 있어서는《肇論》
중의 涅槃無名論, '三明鏡於內 神光照於外' (대정장45, 158상)

81) 捷疾辨, 利辨, 不盡辨, 不可斷辨, 隨應辨, 義辨, 一切世間最上辨의 七種의
辨說.《大智度論》卷弟55(대정장25, 450하~451상)

82)《중관론소》卷第一에 "師云 夫適化無方 陶誘非一 考聖心以息病爲主 緣敎
意以開道爲宗"(대정장42, 7하)이라 하는 것과 같이 吉藏의 스승으로 興
皇寺 法朗의 말이다, '適化無方' 에 기초한 表現이다.

83)《노자》에는 根源的인 實在,《莊子》에서는 有無를 超越한 永遠不滅의 存
在와 規定되어진 道를 中國佛敎에서는 理想적 境地인 涅槃의 本質을 나
타낸 槪念으로서 사용하였다. 佛敎의 근원적 眞理를 의미하고 또 보디
(bodhi, 菩提와 음사가 같다.)의 한역어에 해당한다. 그 경우는 佛의 깨달
음이란 뜻이 된다.

84) 불보살의 응현과 교화.

85)《주역》說卦, "和順於道德而理於義, 窮理盡性以至於命"을 참조. 일반적으
로 理는 사물의 道理, 性은 天으로부터 부여되어진 人間의 本性을 뜻한다.
中國의 불교도 좋아해서 이 구절을 사용하지만, 이 경우의 理, 性의 의
미는 특별이 正義되어진 것이 아니기 때문에 실제 쓰이는 곳은 難解하다.

理致淵遠統群典之要 文旨婉麗窮巧妙之談 三聖[86]之所揄揚
四依[87]之所頂戴 昔仙人園[88]內未曜此摩尼[89] 今靈鷲山[90]中方
灑玆甘露[91] 良以小志前開故早馳羊鹿[92] 大心後發方駕此白牛
斯實薩埵[93]之明訓道場之玄軌也

이치는 깊고 심원하여 뭇 경전의 핵심을 통합하고 있으며, 문장은
아름답고 화려하여 교묘한 담론을 꿰뚫고 있다. 이것은 세 성인이
칭송하는 바이며, 네 가지의 의지처를 받들고 있는 것이다. 옛날 선
인들의 동산 안에서는 이러한 마니보주가 아직 빛난 적이 없었지만,
이제 비로소 영축산에서 이 감로를 뿌린다. 진실로 작은 뜻을 먼저
열었기 때문에, 서둘러 양과 사슴의 수레를 달리게 했으며, 큰마음
을 뒤에서 펼쳤기에 비로소 이 흰 소(백우)에 태운 것이다. 이 **법화경**
은 실로 중생의 밝은 교훈이요, 도량의 현묘한 규범이다.

【역 주】 ─────────────

86) 《법화의소》 권제2, "釋迦現瑞 謂現在佛也 彌勒疑問 謂當來佛也 文殊答問 謂過去佛也 三聖同會靈山 共開發一乘道也"(대정장34, 477중)에 따르면 釋迦와 彌勒과 文殊의 3인을 지칭한다.

87) 《남본열반경》 권제6, 〈사의품〉(대정장12, 637상)에 나온다. 世間의 의지할 곳이 되는 四種의 사람. 길장의 《중관론소서》(대정장42, 1하)에 의하면 十回向의 菩薩·初地에서 七地菩薩·八九地菩薩·十地의 菩薩을 말한다.

88) 鹿野苑, 佛이 최초로 설법한 장소. 바라나시에 있다.

89) 마니(mani)의 음사. 珠玉, 宝珠를 총칭한다.

90) 마가다국의 수도인 왕사성의 근교 외각에 있다. 법화경을 설한 장소로 알 려져 있다.

91) 암리따(amṛta)의 音譯. 신의 음료로써 이것을 마시면 불로불사한다고 전 한다.

92) 다음에 나오는 '白牛' 라고 하는 것은 법화경 〈譬喻品〉에 나오는 三車火 宅譬喻에 根據한다. 羊車는 聲聞乘, 鹿車는 緣覺乘, 白牛는 佛乘을 그대 로 譬喻하고 있다.

93) 사트바(sattva)의 음사. 衆生, 有情을 한역한 것이다.

此經文雖有七軸[94] 義有二章 一開方便門二顯眞實義
開方便門者[95] 開兩種方便 顯眞實義者顯二種眞實
假三車[96] 於門外爲引耽戲之童 設化城[97] 於道中以接疲怠之
衆 謂乘方便也

이 경문은 7권으로 되어 있지만, 그 의미는 2장이다. 첫째는 방편
의 문을 여는 것이고, 둘째는 진실한 의미를 밝히는 것이다.

방편의 문을 연다는 것은 두 가지의 방편을 여는 것이다. 진실한
의미를 드러낸다는 것은 두 가지의 진실을 드러내는 것이다. 양, 사
슴, 소 등의 세 가지 수레가 문밖에 있다고 가정하는 것은 놀이에
빠져있는 아이들을 유인하기 위한 것이며, 도중에 화성을 시설하는
것은 피로에 지친 사람들을 구하려는 것이다. 수레(乘)의 방편을 말
한다.

【역주】

94) 구마라집 역, 《묘법연화경》은 길장이 활동하기 이전까지는 7권이었고,
   후에 8권이 되었다.
95) 다음에 나온 "眞實한 의미를 나타낸다."와 법화경 〈법사품〉의 "此經開方
   便門示眞實相"(대정장9, 31하)을 답습한 표현이다.
96) 羊車, 鹿車, 牛車. 법화경 〈譬喩品〉에 나온 三車火宅의 譬喩에 근거한다.
   羊車는 聲聞乘, 鹿車는 緣覺乘, 牛車는 菩薩乘을 그대로 비유한 것이다.
97) 후에 나온 '寶處'로써 법화경 〈化城喩品〉에 나온 化城寶處의 譬喩다. 化
   城은 神通力으로 만들어져 나온 都市, 寶處는 寶石이 많은 곳.

皆是吾子等賜大車 旣知止息同到寶所 謂乘眞實也
燃燈授記[98] 伽耶成道[99] 王宮誕生[100] 雙林唱滅[101]
謂身方便也 逸多[102] 不見其始 窮學[103] 莫惻其終[104]

六趣105)無以攝其生 力負106)無以化其體 謂身眞實也

모두 나의 자식107)이므로 공평하게 커다란 수레를 준다. 이미 휴식을 그치고 보성에 도달할 것을 안다. 수레(乘)의 진실을 말한다. 연등불이 수기를 주시고, 부다가야에서 성불하셨으며, 왕궁에 탄생하시고, 쌍림에서 열반에 들어갈 것을 선언한 것은 신체(身)의 방편을 말한 것이다.

미륵도 그 시작을 보지 못했으며, 아라한도 그 마지막을 예측할 수 없다. 때문에 육도로도 그 생을 받아들이지 못하고, 조화의 힘으로도 그 근본을 변화시킬 수 없다. 바로 몸(身)의 진실을 말한 것이다.

【역 주】

98) 過去佛로서 有名한 燃燈佛이 過去世에 釋尊에게 記別을 준 일.

99) 釋尊이 부다가야에서 成佛한 일.

100) 釋尊이 가비라王宮에서 탄생한 일.

101) 釋尊이 사라쌍수의 숲에서 涅槃에 들어간다고 선언하신 일.

102) 阿逸多의 略. 아지타(Ajita)의 음사 彌勒菩薩을 가리킨다.

103) 學을 궁구했던 사람을 뜻한다. 여기에서는 彌勒菩薩을 가리킨다. 《법화현론》권제1, "無始終者,逸多不見其始 補處豈測其終也"(대정장34, 371상)

104) 底本의 '惻'을 續藏本에 따라 '測'으로 고친다.

105) 六道 즉 地獄, 餓鬼, 畜生, 阿修羅, 人, 天의 여섯 가지 생존 영역. 衆生은 이 영역을 輪廻한다.

106) 《장자》대종사. "然而夜半有力者 負之而走 昧者不知也" 이 내용은 《조론》〈열반무명론〉, "六趣不能攝其生 力負無以化其體"(대정장45, 57하)에 근거한다.

107) 원래 아들이란 의미이지만 양성평등이라는 시대적 현실을 감안하여 자식이라 번역했다.

兩門旣爲方便 所以言麤108) 二種竝云眞實 故目之爲妙
夫借一以破三 三除而一捨 假修以斥短 短息而脩忘
然則言窮慮絶 何實何權109)

수레(乘)와 몸(身)의 두 방법을 방편으로 삼기 때문에 거칢(麤)이
라 한다. 두 가지의 방법을 겸하고 있으므로 진실이라 말하며, 때문
에 그것을 미묘(妙)하다고 한다. 대저 하나(一)를 빌려 셋(三)을 타파
하는데, 셋을 제거하면 하나도 버린다. 가령 긴 것(長)을 빌려 짧은
것(短)을 타파하는데 짧은 것(短)이 없어지면 긴 것(長)도 잊어버린
다. 그렇다면 언어(言)도 생각(思慮)도 끊어져 버린다. 무엇이 진실
이고, 무엇이 방편이란 말인가.

【역 주】 ────────

108) 粗와 동의어. 精과 細의 반대어지만, 法花疏에서는 《妙法蓮華經》의 妙
  의 반대어로 사용하고 있다.
109) 임시방편이란 뜻. 우퍄야(upaya)의 한역으로 쓰였다. 같은 뜻으로 빠야
  의 음역으로 방편과 동의어.

本性寂然 孰開孰覆 故理超言外强稱爲妙
爲物作軌則目之爲法 道玄像表110)假喩蓮花
妙顯無言寂滅古今莫改 所言經者 體可揩摸111)
故云經也

본성은 고요하고 고요하다. 누가 열고(開) 누가 가릴(覆) 것인가.
그러므로 이치(理)는 언어를 초월해 있지만 구태여 미묘(妙)하다고
한다. 중생을 위해 규범을 만드니, 이것을 법(法)이라 한다. 도(道)는

그윽해서 형상으로 표현하기 때문에 연화(蓮花)를 빌려 비유한다. 미묘함이란 '언어를 초월해 고요하며 고금을 통해 고칠 수 없음'을 나타낸다. 말하자면 경전이란 본질적으로 규범이 될 수 있는 것이다.

【역 주】

110) 像表는 表가 外의 뜻으로써 형태가 있는 世界를 초월한 世界다. 혜관의 《법화종요서》(《出三藏記集》 권8 수록), "雖寄華宣微 而道玄像表 稱之日妙"(대정장55, 57상)에 근거한다.

111) 楷模와 音通. 軌範이란 뜻이다.

法華玄十門分別
一來意門 二宗旨門 三釋名題門 四辨教意門 五顯密門 六三一門 七功用門 八弘經門 九部黨門 十緣起門

법화경의 현묘함을 십문(十門)으로 분별한다.

제1 내의문(來意門), 제2 종지문(宗旨門), 제3 명제문(名題門: 경전의 이름을 해석하는 문), 제4 교의문(教意門: 가르침의 의미를 밝히는 문), 제5 현밀문(顯密門), 제6 삼일문(三一門), 제7 공용문(功用門), 제8 홍경문(弘經門), 제9 부당문(部黨門), 제10 연기문(緣起門)이다.

第一 來意門
경전을 설한 인연을 밝힌다

問 佛何因緣故說是妙法花經耶 諸佛不以無事及少因緣而自
發言 今有何等大因緣故說是經耶
答 妙法蓮花其義無量 所謂因緣亦復非一 今略序綱要開十門

🔳 부처님께서는 어떠한 인연으로 이 **묘법연화경**을 설하셨는가?
제불은 아무 일이 없거나 혹은 작은 인연으로는 스스로 말씀하시지
않는다. 그런데 지금은 어떤 큰 인연이 있어서 이 경전을 설하셨는
가?112)

🔳 **묘법연화경**은 그 뜻이 헤아릴 수 없이 많다. 말하자면 인연도
하나가 아니다. 이제 간략하게 그 핵심을 밝혀서 십문(十門)으로 설
명한다.

【역 주】──────────

112)《대지도론》권제1(대정장25, 57하) "問曰 佛以何因緣故 說 摩訶般若波
羅蜜經 諸佛法不以無事及小因緣而自發言 譬如須彌山王不以無事及小因
緣而動

一者欲爲諸菩薩說諸菩薩行故說是經
問 始自華嚴之會113)終竟法花前集四十餘年 諸大乘經已說菩
薩行 今何因緣復更說是經耶
答 有二種菩薩 一直往菩薩114)二迴小入大菩薩 自昔以來爲直
往菩薩說菩薩行 今欲爲迴小入大菩薩說菩薩行故說是經

　첫째는 일체의 보살을 위해, 온갖 보살행을 설하고자 하시기 때문에 이 경전을 설하신 것이다.

　🈁 처음 **화엄경**의 집회에서 마지막 **법화경**을 끝내기 이전의 집회까지 40여 년 동안[115], 일체의 대승경전에서 이미 보살행을 설하셨다. 지금은 어떤 인연으로 다시 이 경전을 말씀하시는가?

　🈹 두 가지의 보살이 있다. 첫째는 직접 깨달음에 들어가는 보살(直往菩薩)이고, 둘째는 소승에서 마음을 돌려(回心) 대승에 들어가는 보살(回小入大菩薩)이나. 예로부터 지금까지는 직접 깨달음에 들어가는 보살을 위해 보살행을 설하셨다면, 지금은 소승에서 마음을 돌려 대승에 들어가는 보살을 위해 보살행을 설하고자 하시기 때문에 이 경전을 설하신 것이다.

【역 주】 ────────

113) 천태종에서는 開와 會를 분류하여 사용하는데, 開는 開餘, 會는 會入의 뜻이다. 즉 개회는 방편을 제거하고 진실에 들어가게 한다는 뜻이다. 이러한 개회에는 두 가지가 있다. 하나는 法開會이고 둘은 人開會이다. 전자는 이론상 모든 교가 究極에 이르면 일치하게 됨을 제시하는 것이고, 후자는 실제적으로 성문, 연각, 보살의 구별 없이 모든 사람이 다 佛이 될 수 있다고 설하는 것을 말한다. 五時의 설법 중 제4의 반야시에서는 법개회만 열고, 제5의 법화열반시가 되면 인법의 두 가지로 개회한다고 한다. 또 인개회에는 小善을 열어 大善에 접할 수 있도록 하는 것처럼 同種類의 것을 種類開會라 하고 惡을 열어 善을 만나게 하는 異種類의 것을 敵對開會라고 한다.

114) 直往: ①서슴지 않고 곧장 감. ②직접 깨달음에 들어가는 것.

115) 이 '40여년'이란 법문을 설하시기 전에 하근기를 위해 아함, 방등, 대승의 삼승을 설한 것을 말한다. 이것을 일러 枝末法輪이라 한다. 법화경 〈종지용출품〉(대정장9, 41하), "如來爲太子時 出於釋氏宮 去伽耶城不遠 坐於道場 得阿耨多羅三藐三菩提 從是已來 始過四十餘年"

問 何以知始自華嚴之會終竟法花之前爲直往菩薩 今爲迴小
入大菩薩耶

答 踊出品云 是諸衆生始見我身聞我所說 即便信受入於佛慧
除前修習學小乘者 如是等人我今亦令得聞是經入於佛慧

🈂 "처음에 **화엄경**의 집회로 시작하여 나중에 **법화경**이 끝나기 이
전까지 직접 깨달음에 들어가는 보살을 위했으며, 지금은 소승에서
마음을 돌려 대승에 들어가는 보살을 위한 것"이라고 어떻게 아는
것인가?

🈭 〈**종지용출품**〉에서 "이 여러 중생들은 처음에 내 몸을 보고 나의
설법을 듣자마자 바로 믿고 받아들여 여래의 지혜로 들어가나니, 이
전에 소승을 익히고 배운 자들은 제외한다. 나는 이제 이러한 사람
들도 이 경전(=**법화경**)을 듣고 부처님의 지혜에 들어가게 하리라."고
말씀하셨다.116)

【역 주】────────────

116) 인용문의 내용은 법화경 〈종지용출품〉의 "此諸衆生 始見我身 聞我所說
即皆信受入如來慧 除先修習學小乘者 如是之人 我今亦令得聞是經 入於
佛慧"라는 구절을 인용한 것이다.

旣稱始見我身者 即是寂滅道場見盧舍那佛 聞我所說謂花嚴
之敎 故知自昔已來爲直往之人說菩薩行 除前脩習學小乘者 則
知爾前未爲二乘說菩薩行 如是等人我今亦令得聞是經入於佛
智慧 則知今爲迴小入大之人說菩薩行也

이미 '비로소 나의 몸을 보았다' 고 지칭한 것은 바로 적멸도량117)
에서 노사나불118)을 본 것이다. '나의 설법을 들었다' 는 것은 **화엄경**
의 가르침을 말한다. 그러므로 예로부터 직접 깨달음에 들어가는 사
람(직왕보살)을 위해 보살행을 말씀하셨다는 것을 알아라. '이전에
소승을 익히고 배운 사람들은 제외한다는 것' 은 바로, 이전에는 아
직 2승을 위해 보살행을 설한 적이 없다는 점을 알려준다. '내가 이
제 이러한 사람들도 이 경전을 듣고 부처님의 지혜에 들어가게 한다
는 것' 은 바로 지금 소승에서 마음을 돌려 대승에 들어가는 사람(회
소입대보살)을 위해 보살행을 설했다는 것임을 알아라.

【역 주】

117)《華嚴經》의 설법장소인 적멸은 샨티(santi) 등의 한역(漢譯)이다. 번뇌가
　　없는 완전한 靜寂(정적)을 의미하고, 열반과 같은 뜻이다. 도량은 道=菩
　　提(깨달음)의 장을 의미한다.
118)《화엄경》의 교주 바이로차나=붓다(varicana=buddha)의 음사(불타발타
　　라 번역에 의한다) 빛난다는 뜻, 태양빛을 상징한 부처님이다.

問 經文何故但據二人

答 初擧爲於大始 後標敎於小終 一化中間則可知也

問 何故前爲直往菩薩 後爲迴小入大之人

答 直往之人久行佛道福德利根[119] 是故前爲 迴小入大之人不
行佛道薄福鈍根 是故後爲

🈁 왜 경문에선 단지 두 사람에게만 의거하는가?

🈑 처음에는 대승시교를 위해 드러내고, 뒤에는 소승종교를 가르
치기 위해 표방한 것이다. 일대(一代) 교화의 과정 중임을 알 수 있다.

🈁 왜 직접 깨달음에 들어가는 보살을 위해 먼저 설하시고, 뒤에
소승에서 마음을 돌려 대승에 들어가는 사람을 위해 설하신 것인가?

🈑 직접 깨달음에 들어가는 사람은 오랫동안 불도를 실천하여 복
덕을 구족했고, 총명하여 근기가 뛰어나기 때문에 앞서 교화했다.
그러나 소승에서 마음을 돌려 대승에 들어가는 사람은 불도를 실천
하지 않아서 박복하고 우둔하기 때문에 뒤에 교화하신 것이다.

【역 주】────────

119) 利根: 예리한 근기. 根에는 크게 두 가지 뜻이 있는데 하나는 增上이라는
뜻이고 다른 하나는 根機라는 뜻이다. 여기서 말하는 利根은 근기라는
뜻으로 중생의 근기, 근성에는 우열이 있으니 바로 利根과 鈍根이다.

故方便品云 有佛子心淨柔軟亦利根無量 諸佛所而行深妙道
爲此諸佛子說是大乘經 鈍根樂小乘法貪著於生死 於諸無量佛
不行深妙道 衆苦所惱亂 爲是說涅槃 乃至今正是其時 決定說大
乘 故知菩薩利根先聞大道 聲聞淺劣後入佛慧 明旣其證也

그러므로 〈**방편품**〉에서 "불자의 마음이 청정하고 부드러우며, 또
한 근기가 영리하여 헤아릴 수 없다. 모든 부처님의 처소에서 깊고
미묘한 도를 실천하셨으니, 이런 불자들을 위해 이 대승의 경전을
설해준다.120)"고 하셨다. 근기가 아둔하고 소승의 가르침을 즐기며,
생사에만 탐착하여 한량없는 부처님을 만나더라도 깊고 미묘한 도
를 행하지 않아서 무수한 고통에 시달리므로 이들을 위해 열반하는
가르침을 설하였다.121) "지금이 바로 그때이니 결단코 대승의 가르
침을 설한다."122)라고 하였다. 그러므로 보살은 근기가 총명하여 앞
서 대도를 듣고, 성문은 (근기가) 얕고 열등하므로 뒤에 부처님의 지
혜에 들어가는 것임을 알아라. 바로 이것이 그 증거임을 밝힌다.

二者欲受梵王請故說是經

두 번째는 범왕의 청을 받아들이고자 해서 이 경전을 설했다.

【역 주】
120) 법화경 〈방편품〉(대정장9, 8상) "有佛子心淨 柔軟亦利根 無量諸佛所 而
行深妙道 爲此諸佛子 說是大乘經"
121) 법화경(상동, 7하~8상) "鈍根樂小法 貪著於生死 於諸無量佛 不行深妙
道 衆苦所惱亂 爲是說涅槃"
122) 법화경(상동, 8상) "今正是其時 決定說大乘"

問 云昔波若等教已明受梵王請故說之 與今何異

答 請有二時酬亦兩種 請二時者 初請說一乘根本法輪 後請說
三乘枝末之教 酬亦二時者 自昔已來受請說三乘之教 今方得酬
其請說一乘根本法輪 是故今明受請與昔爲異 具如方便品及智
度論初卷說也

🔲 "예전에 **반야경** 등의 가르침은 범왕의 간청을 받아들여 설했
다."고 했는데, 그렇다면 지금과 무엇이 다른가?

🔲 간청에도 두 시기가 있지만, 응대함에도 두 가지가 있다. 간청
에 두 시기가 있다는 것은, '처음에는 일승의 근본법륜의 설법을 청
하였고, 두 번째는 3승의 지말의 가르침123)을 설해달라고 청하였
다.' 응대함에도 두 시기가 있다는 것은, '예로부터 이전까지는 삼
승의 가르침을 설해 달라는 청을 받았지만 지금은 일승의 근본법륜
을 설해달라는 청에 비로소 응대한 것이다.' 그러므로 지금은 간청
을 받아들이는 것이 옛날과 다름을 밝힌 것이다. 이는 〈**방편품**〉124)
과 **지도론**의 첫 권125)에서 말씀하신 것과 같다.

【역주】
123) 여기서 말하는 '지말지교'란 지말법륜을 말한다.
124) "爾時諸梵王 及諸天帝釋 護世四天王 及大自在天 并餘諸天衆 眷屬百千
萬 恭敬合掌禮 請我轉法輪"(대정장9, 9하)
125) "是時三千大千世界主梵天王 名式棄 及色界諸天等 釋提桓因及欲界諸天
等 并四天王 皆詣佛所 勸請世尊初轉法輪"(대정장25, 58상)

三者欲明十方三世諸佛權實二智互相資成故說此經 然諸佛之
心未曾權之與實 豈是一之與三 故內外竝冥緣觀俱寂 但於無名

相中假名相說 欲出處衆生故 强稱權實則於互有相資成故 非實
無以辨權 非權無以辨實 實有起權之功 權有資實之用

   세 번째는 시방 삼세제불의 권지와 실지(權實二智)126)가 상호 도
움 속에 완성된다는 것을 밝히고자 해서 이 경전을 설하셨다. 그러
나 제불의 마음에선 아직 일찍이 권지와 실지가 함께 한 적이 없었
으니, 어찌 일승이 3승과 함께 하겠는가? 그러므로 안과 밖이 함께
어둡고, 인연과 관조함이 함께 고요해졌다.127) 다만 명상(名相)128)
이 없는 가운데서도 명상에 가탁하여 설하였다.129) 이는 중생을 처
한 곳에서 구출하고자 하기 때문130)이다. 이것을 억지로 권실(방편
과 진실)이라 지칭한 것은, 서로 도와서 완성하기 때문이다. 진실이
아니라면 방편을 판별할 수 없으며, 방편이 아니라면 진실을 판별할
수 없다. 진실에는 방편을 일으키는 공덕이 있고, 방편에는 진실을
도와주는 작용이 있다.

【역 주】

126) 權實二智: 권지와 실지를 말한다. 권지는 부처님이 중생의 근기에 맞는
　　　차별상을 통달해서 펼치는 방편의 지혜이고, 실지란 모든 법의 실체를
　　　실답게 아는 진실한 지혜를 말한다.

127)《중론서》(대정장55, 77상) "內外竝冥 緣智俱寂" 길장이 자주 인용하는
　　　글이다.

128) 名相: 일체 사물에는 명이 있고 상이 있는데 명은 들을 수 있는 것, 상은
　　　볼 수 있는 것을 말한다.

129)《불장경》 권제1 〈제법실상품〉(대정장15, 782하) "世尊乃於無名相法以名
　　　相說 無語言法以語言說"

130) 문맥에서는 중생을 구출한다는 뜻으로 해석하지만, 출처의 용례는 보이
　　　지 않는다.

是以文云於一佛乘分別說三 謂從實起權我設是方便令得入佛
慧則以權通實 但稟教[131]之徒或執權喪實或執實喪權 執權喪實
者 自昔已來執三乘教人不能悟入一實者也 執實喪權者 謂稟法
花一乘菩薩旣聞道理唯一無有三乘 遂守其理一失於三用 如法花
論釋藥草喩品 爲破菩薩病故來 雖一地所生一雨所潤而諸草木各
有差別 此明理雖是一隨緣有三 豈可守一而失三用耶 然昔稟三
乘教人旣喪於實亦復失權 執一乘教人旣其失權亦復喪實故

이런 이유로 경문에서는 "일불승을 분별하여 3승을 설하셨다."[132]고 하였다. 진실로부터 방편을 일으키니 "내가 이러한 방편을 세워서 부처님의 지혜에 들어가게 하는 것"[133]이라 하니, 바로 방편을 가지고 진실에 상통하는 것이다.

그러나 단지 부처님의 교법을 받아 계승하는 무리들은 방편에 집착하여 진실을 잃어버리거나, 혹은 진실에 집착하여 방편을 잃어버리거나 할 뿐이다.

방편에 집착하여 진실을 잃어버린다는 것은, 예로부터 3승의 가르침에 집착하는 사람들이 일승의 진실에 깨달아 들어갈 수 없는 것을 말한다. 진실에 집착하여 방편을 잃어버린다는 것은, **법화경**의 일승을 수지하는 보살은 "도리는 유일하므로 3승은 있을 수 없다고 듣고, 마침내 그 도리의 유일성은 지키지만 3승의 작용은 상실하는 것"을 말한다. 마치 **법화론**에서 〈약초유품〉을 풀이한 것과 같다. 즉 "보살의 병을 고치기 위해 온 것이니[134], 비록 동일한 땅에서 생기고 동일한 비에 적셔지지만 모든 초목에는 각각 차별이 있다."[135]고 한다.

이것은 "도리는 하나지만 인연을 따르는 것(隨緣)은 세 가지가 있다는 것"을 밝히는 것이다. 어찌 일승을 지키면서 3승의 작용을 잃어버릴 수 있는가? 그러나 예전에 3승의 가르침을 받은 사람들은 이미 진실을 상실하고도 또한 방편을 상실했으며, 일승의 가르침에 집착한 사람들은 방편을 상실하고도 또한 진실을 상실했기 때문이다.

此二人皆失如來權實二智 竝住顚倒虛妄斷常 欲破今昔互失之緣 令識如來權實二智互相資成 旣識二智便入佛慧同歸一道 故說此經也

이러한 두 부류의 사람(일승교인과 삼승교인)은 모두 여래의 권지와 실지를 동시에 잃고, 아울러 전도되고 허망한 단견과 상견에 안주한다. 예나 지금이나 상호간에 잃어버린 인연을 타파하고, 여래의 권지와 실지는 서로 도와 완성된다는 것을 알도록 하고자 하거나 또는 이미 권지와 실지의 두 지혜(二智)로 직접 부처님의 지혜에 들어가 함께 동일한 도에 돌아가도록 하고자 하기 때문에 이 경전을 설하신 것이다.

【역 주】

131) 품교(稟敎): 부처님의 교법을 받아 계승하는 것.
132) 이 내용은 〈방편품〉에 "舍利弗 劫濁亂時 衆生垢重 慳貪嫉妒 成就諸不善根故 諸佛以方便力 於一佛乘分別說三"(사리불아, 겁이 흐리어 어지러울 적에는 중생들이 번뇌가 많고 간탐하고 질투하여 여러 가지 나쁜 근성을 이루므로 여러 부처님들이 방편의 힘으로 일불승을 분별하여 삼승을 말하는 것이니라.)라고 한 것을 말한다.
133) 법화경 〈방편품〉(대정장9, 8상) "我設是方便 令得入佛慧"
134) 《묘법연화경우파제사》 권하(대정장25, 8중) "三者大乘一向決定增上慢心 起如是意無別聲聞辟支佛乘 如是倒取 對治此故爲說雲雨譬喩 應知"
135) 법화경 〈약초유품〉(대정장9, 19중) "雖一地所生 一雨所潤 而諸草木各有差別"

四者欲說三淨法門故說此經 然衆生本性寂滅未曾垢淨 雖非
垢淨於衆生顚倒是故成垢 但此垢重衆生不可頓拔故 諸佛菩薩
漸漸出之 所以開三淨之敎 一者以五戒十善淨於三塗 次說二乘
以淨三界 後明一道以淨二乘 以三塗爲重苦 三界爲中苦 變易爲
下苦故 說三門以淨其三垢 三垢旣滅則三淨亦忘故說此經也 然
說三淨爲止三垢 垢若不留淨亦便息 了悟諸法本性寂然未曾垢
淨 乃入於佛慧直至道場也136)

【역 주】

136) 법화경 〈비유품〉(대정장9, 15상) "得如是乘 令諸子等 日夜劫數 常得遊
    戲戲 與諸菩薩 及聲聞衆 乘此寶乘 直至道場"

네 번째는 세 가지의 청정한 법문을 설하고자 하기 때문에 이 경
전을 설하신 것이다. 그러나 중생의 본성은 적멸하여 일찍이 더럽거
나 깨끗한 적이 없다. 비록 더럽거나 깨끗한 것은 아니라고 하더라
도 중생을 전도시키므로 허물이 된다. 다만 이처럼 허물이 두터운
중생들은 한꺼번에 그것을 제거할 수 없기 때문에, 제불보살은 점차
그것을 제거한다. 그러므로 세 가지의 청정한 가르침을 연다.

먼저 오계와 십선으로 3악도(지옥, 아귀, 축생)를 정화한다. 다음
은 2승을 설해서 3계를 정화한다. 마지막은 일승의 도를 밝혀서 2승
을 정화한다. 3악도를 가장 무거운 고뇌(重苦)로 삼으며, 3계를 중간
의 고뇌로 삼고, 변역(變易, 일체법이 변화하여 같지 않는 무상을 가
리킴)생사를 최하의 고뇌로 삼기 때문이다. 세 가지의 방법(三門)을
설해서 세 가지의 더러움(三垢: 탐·진·치 삼독)을 정화한다. 세 가
지의 더러움이 소멸하면 바로 세 가지의 청정함(三淨)도 역시 잊어야

하기 때문에 이 경전을 설하신 것이다. 그러나 세 가지의 청정함을 설해서 세 가지의 더러움을 그치게 했으니, 만약 더러움이 남지 않을 것 같으면 청정함도 역시 바로 사라져야 한다. 제법의 본성은 고요하고 고요(寂然)하여 일찍이 더럽거나 깨끗한 적이 없다는 점을 깨달으면 마침내 부처님의 지혜에 들어가 직접 도량에 도달하게 된다.

五者欲說三攝法門故說此經也 總談群聖垂敎凡有三門 一攝邪歸正門 二攝異歸同門 三攝因歸果門 攝邪歸正門者 釋迦未出之前凡有二邪 一在家起愛衆生 二出家諸見外道 此二竝乖正道故稱爲邪 故方便品云 以諸欲因緣備受諸苦毒 卽起愛之流也 入邪見稠林若有若無等 謂諸外道也 乃至譬喩品云 起愛譬彼毒充虫 諸見喩同惡鬼 如來出世攝彼二邪歸五乘之正 此二人中有無聞非法者 以人天善根而成就之 有三乘根性者 以三乘法而攝取之 故攝彼二邪歸五乘正也

다섯째는 세 가지의 섭수하는 법문을 설하고자 하기 때문에 이 경전을 설하셨다. 뭇 성인의 가르침을 총체적으로 말하자면, 세 가지의 문이 있다. 첫째는 사도를 섭수하여 정도로 돌아가는 문(攝邪歸正門)이고, 둘째는 차이를 섭수하여 동일함으로 돌아가는 문(攝異歸同門)이며, 셋째는 원인을 섭수하여 결과로 돌아가는 문(攝因歸果門)이다. 첫 번째인 사도를 섭수하여 정도로 돌아가는 문이란, 석가모니부처님이 아직 출가하시기 전에 두 가지의 사도가 있었다. 첫째는 재가자로 애착을 일으키는 중생이고, 두 번째는 출가자로 모든 사견을 일으키는 외도이다. 이 두 가지는 모두 정도에 어긋나기 때문에 사도라고 지칭했다. 그러므로 〈**방편품**〉에서 "각종 탐욕의 인연으로 모든 고통의 독을 두루 받으니 이것이 바로 탐애를 일으키는 부류이다. 삿된 소견의 숲으로 들어가서 혹은 있다거나, 혹은 없다거나 하는 것"137)은 모두 외도를 말한다.

또한 〈비유품〉에서 "애착하는 것을 독충에 비유하고, 일체의 삿된 견해는 악귀와 같다고 비유했다."138)고 말한다. 여래가 세상에 출현하여 저러한 두 가지 사견을 섭수해 5승139)의 정도로 돌아간다. 이런 두 부류의 사람들 중에서 법을 들은 적이 있는 자가 있다면 인천의 선근으로 그것을 성취한다. 3승의 근성을 지닌 자가 있으면 3승의 가르침으로 그들을 섭수했다. 그러므로 두 삿된 무리를 섭수하여 5승의 정도로 돌아간다.

【역주】

137) 이 인용문은 〈방편품〉의 "以諸欲因緣 墜墮三惡道 輪迴六趣中 備受諸苦毒 受胎之微形 世世常增長 薄德少福人 衆苦所逼迫 入邪見稠林 若有若無等"을 말한다.

138) 법화경 〈비유품〉(대정장9, 14중) "惡鬼毒虫"

139) 5승은 人乘, 天乘, 성문승, 연각승, 보살승을 지칭한다. 인승과 천승은 세간승이라 하고, 나머지 셋은 출세간승이라 한다. 천태종에선 인승, 천승, 이승(성문, 연각), 보살승, 불승이라 구분한다.

二攝異歸同門者 若稟教之徒聞昔三乘而頓悟一道者 不須復更說法花之教 但鈍根之流雖捨二邪更對執五異 今欲攝茲五異同歸一乘 謂攝異歸同門也

두 번째로 차이를 섭수하여 동일함으로 돌아가는 문이란, 만약 부처님의 가르침을 받은 무리들이 삼승의 가르침을 이전에 듣고, 문득 일승의 도를 깨닫는다면 더는 **법화경**의 가르침을 설할 필요가 없다.

다만 우둔한 무리들은 비록 두 가지 삿된 견해를 버렸다고는 하지만 5승의 차이에 더욱 집착하게 된다. 이제 이와 같은 5승의 차이를 섭수하여 함께 일승으로 돌아가고자 하기 때문에 차이를 섭수하여 동일한 성품으로 돌아가는 문이라고 말한다.

　三攝因歸果門者 攝前五異同歸一乘但是因行 今爲欲令修因證果故說如來眞應兩身 謂攝因歸果門 法花之前但有初門 斯經旣融會一化則具足三門 然明此三門意 欲爲通寂滅無言之道 令玄悟之賓體斯妙極未曾邪正乃至豈是因果耶 故此三門無敎不收無理不攝 如空之含萬像 若海之納百川

　세 번째 원인을 섭수하여 결과로 돌아가는 문이란, 이전의 5승의 차이를 섭수하여 함께 일승으로 돌아가는 것이니, 단지 인행(因行: 부처가 되기 위한 수행)일 뿐이다. 이제 원인을 닦아 결과를 증득하도록 하기 위해 여래께서는 진신과 응신의 두 몸을 설하셨다. 이것이 원인을 섭수하여 결과로 돌아가는 문이다. **법화경** 이전에는 단지 첫 번째의 문만 있었지만, 이 경전에선 이미 일대의 교화로 융합하셨으므로 바로 세 가지의 문을 구족한다. 그러나 이 세 가지 문의 의미를 밝히신 것은, 적멸한 무언(無言)의 도에 통달하여 그으윽한 깨달음(玄悟)의 빈객들이 이 미묘한 한계를 깨닫게 하고자 하는 것이다. 그러나 일찍이 삿되거나 올바른 적이 없었으니 이에 어찌 원인과 결과가 있을 수 있겠는가? 그러므로 이 세 가지의 문은, 거두어들이지 않는 가르침이 없고 통섭하지 않는 이치가 없는 것이다. 마치 허공이 만상(萬象)을 포괄하는 것과 같고, 바다가 모든 냇물을 받아들이는 것과 같다.

六者欲說三種法輪故說此經 言三種者 一者根本法輪二者枝
末之敎三者攝末歸本 根本法輪者 謂佛初成道花嚴之會純爲菩
薩開一因一果法門 謂根本之敎也 但薄福鈍根之流不堪於聞一
因一果故 於一佛乘分別說三 謂枝末之敎也 四十餘年說三乘之
敎陶練其心 至今法花始得會彼三乘歸於一道 卽攝末歸本敎也

여섯째는 세 가지의 법륜을 설하고자 하기 때문에 이 경전을 설하셨다. 세 가지란 첫째는 근본법륜이고, 둘째는 지말의 가르침(지말법륜을 지칭)이고, 셋째는 섭말귀본법륜이다.140)

근본법륜이란 부처님께서 처음 성도해서 **화엄경**을 설한 법회를 말한다. 순수하게 보살을 위해 동일한 인과의 법문을 설했는데, 근본적인 가르침을 말한다. 그러나 박복하고 아둔한 무리들은 동일한 인과를 들어도 감당할 수 없었기 때문에, 일불승을 분별하여 3승을 설하였다. 이것은 지말의 가르침을 말한다. 40여 년 동안 3승의 가르침을 설해 그 마음을 도야했다. 이제 **법화경**에 이르러서야 비로소 저들 3승을 모아 일승의 도로 돌아갈 수 있었다. 이것이 바로 섭말귀본의 가르침이다.

【역 주】

140) 이 세 가지 법륜은 법화경 〈신해품〉에 의해 세 가지 법륜을 세운 것인데, ①근본법륜이란 화엄경의 설법을 말한다. 즉 화엄경은 석존이 성도한 뒤 맨 처음 설법으로 순전히 보살을 위하여 자신의 깨달은 바를 그대로 말한 법문이다. ②지말법륜이란 소승의 여러 경과 방등, 반야의 여러 대승경전을 말하는 것으로 근기가 약한 중생들이 하나의 원인(一因), 하나의 결과(一果) 듣기를 감당하지 못하므로 일불승을 셋으로 분별한 것. ③섭말귀본법륜이란 법화경을 가리킨다. 즉 삼승을 모아 일불승에 귀의시키는 것이다.

問 此經何處有三輪文耶

答 信解品云 長者居師子坐眷屬圍遶羅列寶物 即指花嚴根本
教也 喚子不得故密遣二人脫珍御服著弊垢衣 謂隱一說三謂枝
末教也 如富長者知子志劣柔伏其心乃教大智 謂攝末歸本教 又
譬喩品云 如彼長者雖復身手有力而不能用之 但以慇懃方便勉
濟諸子火宅之難 然後各與珍寶大車 初句謂隱根本 次句謂起枝
末 後句謂攝末歸本 即三輪分明之證也

문 이 경전의 어디에 삼륜에 해당하는 경문이 있는가?

답 〈신해품〉에서 "장자는 사자좌에 앉아 권속들에 둘러싸여 있는
데 주위에 보물이 나열되어 있었다."141)고 하였는데, 이것은 바로 **화
엄경**의 근본 가르침을 가리킨다. 자식을 부를 수 없으므로 은밀히 두
사람을 보냈으며, 보배로운 옷을 벗고 누더기를 입었다고142) 한 것
은 일승을 감추고 3승을 설한 것이니, 지말의 가르침을 말한다. 마
치 "부자인 장자가 자식의 의지가 열악한 것을 알고 부드럽게 그 마
음을 조복하니 바로 큰 지혜를 가르치는 것"143)과 같다. 이것을 섭
말귀본의 가르침이라 한다.

【역주】

141) 이 내용은 〈신해품〉의 "遙見其父 踞師子床 寶机承足 婆羅門 刹利 居士
皆恭敬圍繞 以眞珠瓔珞 價直千萬 莊嚴其身 吏民 僮僕 手執白拂 侍立左
右 覆以寶帳 垂諸華幡 香水灑地 散衆名華 羅列寶物 出內取與 有如是等
種種嚴飾 威德特尊"을 말한다.

142) 법화경 〈신해품〉(대정장9, 16하) "遙見其父 踞師子床寶机承足 諸婆羅門
刹利 居士 皆恭敬圍繞 以眞珠纓絡價直千萬 莊嚴其身 吏民僮僕 手執白
拂侍立左右 覆以寶帳垂諸華幡 香水灑地散衆名華 羅列寶物出內取與"

또한 〈비유품〉에서 "저 장자가 비록 자신에게 재력은 있지만 그것
을 사용하지 않고, 다만 은근한 방편으로 화택의 재난에서 자식들을
구제한 뒤에 각각 진귀한 보배의 큰 수레를 준 것과 같다."144)고 하
였는데, 처음의 구절은 근본법륜을 감춘 것이라 하고, 다음 구절은
지말법륜을 일으킨 것이라 하며, 마지막 구절은 섭말귀본법륜을 말
하는 것이니 바로 삼륜이 분명하다는 증거이다.

【역주】━━━━━━━━

143) 법화경 〈신해품〉(상동, 16하~17상) "即遣傍人 急追將還 爾時使者 疾走
   往捉 窮子驚愕 稱怨大喚… 父遙見子 而語使言 不須此人 勿强將來… 密
   遣二人 形色憔悴 無威德者… 即脫瓔珞 細軟上服 嚴飾之具 更著麤弊
   垢膩之衣"

144) 법화경 〈신해품〉(상동, 18하) "如富長者 知子志劣 以方便力 柔伏其心 然
   後乃付 一切財物 佛亦如是 現希有事 知樂小者 以方便力 調伏其心 乃敎
   大智"

問 初明根本後明攝末歸本此二何異
答 昔南土北方皆言 花嚴是究竟之敎法花是未了之說 今謂不
然 此經明初一乘救子不得 後辨一乘救子方得 得與未得義乃有
殊 初後一乘更無有異 若後說一乘救子方得遂是不了義敎者 初
說一乘救子不得亦是不了義敎 若初救子不得遂是不了敎者 則
諸佛出世便欲以不了義法用化群生 便乖諸佛本意傷父子恩情
也 今明法花與花嚴有同有異

🈁 처음에 근본법륜을 밝히고, 뒤에 섭말귀본법륜을 밝히고 있는
데, 이 두 가지는 어떠한 차이가 있는가?

답 예전에는 남북지방의 학자들이 모두 말했다. **화엄경**은 구경의 가르침이고, **법화경**은 요의설이 아니라고. 지금은 그렇게 말하지 않는다. 이 경전은 처음에 일승으로 자식을 구할 수 없음을 밝히고, 뒤에 일승으로 자식을 구할 수 있다고 밝히고 있다.

구할 수 있는 것과 구할 수 없는 것에는 의미상 차이가 있다. 처음과 뒤의 일승은 차이가 없다. 만약 뒤에서 일승으로 자식을 구할 수 있는 것이 마침내 요의의 가르침이 아니라면,145) 처음에 일승으로 자식을 구할 수 없다고 설한 것 역시 요의의 가르침이 아니다.

만일 처음에 자식을 구할 수 없기 때문에 결국 요의의 가르침이 아닌 것과 같다면, 제불이 세상에 출현하여 요의의 가르침이 아닌 것으로 모든 중생을 교화하고자 한 것도 제불의 본의에 어긋나는 것이요 부자(父子)의 은정(恩情)을 해친 것이다. 그러므로 이제 **법화경**과 **화엄경**의 동일성과 차별성을 밝히고자 한다.

【역 주】────────
145) 불요의교(不了義敎): 진실한 뜻을 감추고 방편수단의 말만으로 법성의 진실한 뜻을 분명하게 나타내지 않은 교법이다. 법상종에서는 3시교 중 初時의 有와 2時의 空을 불요의라 한다.

所言同者 明一道淸淨平等大慧故 踊出品云 是諸衆生始見我
身聞我所說 卽便信受入於佛慧除前修習學小乘者 如是等人我
今亦令得聞是經入於佛慧 佛慧卽是平等大慧 故知花嚴與法花
同名平等大慧 諸佛知見無有異也

말하자면 동일하다는 것은, '일승의 도는 청정하고 평등하며 위
대한 지혜'146)라는 것을 밝히기 때문이다. 〈종지용출품〉에서 "이 여
러 중생이 처음 나의 몸을 보고 나의 설법을 듣자마자 바로 믿고 여
래의 지혜에 들어가지만 이전에 소승을 익히고 배운 자들은 제외한
다. 내가 이제 이러한 사람들도 이 경전을 듣고 부처님의 지혜에 들
어가게 하리라."고 하였다. 부처님의 지혜는 바로 평등하고 위대한
지혜이다. 그러므로 **화엄경**과 **법화경**은 모두 평등하고 위대한 지혜라
는 것을 알아라. 모든 부처님의 지견에는 차이가 없다.

【역주】

146) 일도(一道)란 《60화엄경》 권제5(대정장, 429중) "菩薩明難品 文殊法常
　　爾 法王唯一法 一切無礙人 一道出生死"를 참조. 또 그 게송에 대응하는
　　長行에는 "一切諸佛唯以 一乘得出生死"(同前) 일승이라는 용어가 나온
　　다. 법화경에는 一道라는 용어가 나오지 않는다. '一道淸淨'은 《남본열
　　반경》 권제12 〈성행품〉(대정장12, 685중)의 "實諦者 一道淸淨無有二也"
　　에 나온다. '平等大慧'는 법화경 〈견보탑품〉(대정장9. 32중하)의 "能以
　　平等大慧 敎菩薩法佛所護念妙法華經 爲大衆說"이란 구절에 있다.

所言異者略明五種 一化主異 花嚴化主多名盧遮那 法花化主
稱爲釋迦 又花嚴一佛所說 法花則普集分身諸佛說 花嚴則菩薩
說 法花則佛自說 二者徒衆有異 花嚴爲直往菩薩說 法花爲迴小
入大人說 花嚴純爲菩薩說 法花雜爲五乘人說 花嚴頓爲菩薩說

法花漸漸爲菩薩說 三時節異 花嚴始說一乘 法花終明究竟 四教
門異 直說一乘平等大道無所破斥名爲花嚴敎 此經破三乘執固然
後始得歸於一極也 五約處異 花嚴七處八會說 此經一處一會說

이른바 차이란 대략 다섯 가지가 있다.

첫째는 교화의 주체(化主)가 다른 것이다. **화엄경**의 화주(化主)는 대부분 노사나불이지만 **법화경**의 화주는 주로 석가모니불이다. 또한 **화엄경**은 한 분의 부처님이 설한 것이지만 **법화경**은 두루 운집한 분신의 제불들이 설한 것이다. **화엄경**은 보살이 설한 것이지만 **법화경**은 바로 부처님 자신이 설한 것이다.

둘째는 따르는 사람들(徒衆)의 차이가 있다. **화엄경**은 직접 깨달음에 들어가는 보살(직왕보살)을 위해 설한 것이라면, **법화경**은 소승에서 마음을 돌려 대승에 들어가는 사람(회소입대보살)들을 위해 설한 것이다. **화엄경**은 순수하게 보살을 위해 설한 것이라면, **법화경**은 뒤섞여 있는 5승의 사람을 위해 설한 것이다. **화엄경**은 돈오의 보살을 위해 설한 것이라면, **법화경**은 점오(漸悟)의 보살을 위해 설한 것이다.

셋째는 시기의 차이이다. **화엄경**이 처음부터 일승을 설한 것이라면, **법화경**은 마지막에 구경의 가르침을 밝힌 것이다.

넷째는 가르치는 방법(敎門)의 차이이다. 일승의 평등한 대도를 직접 설해도 배척당하지 않으므로 **화엄경**의 가르침이라 한다. 이 **법화경**은 삼승의 집착을 타파한 뒤에 비로소 일승의 궁극으로 돌아간다.

다섯째는 약속된 장소의 차이이다. **화엄경**은 일곱 곳에서 여덟 번 모이는(7처8회) 가르침이고, **법화경**은 한곳에서 한 번 모이는(1처1회) 가르침이다.

問 法華亦有多處多會以不

答 同在靈鷲山故唯有一處 而約前後凡有淨穢三時 初分之經
在穢土中說 見塔品已去竟於屬累 第二分經在淨土中說 神力一
品十方通爲一土中合在淨穢中說 始自藥王終訖普賢勸發品還
在穢土中說

🔠 법화경도 역시 여러 장소와 여러 번의 모임이 있지 않았는가?

🔡 함께 영취산에 있었기 때문에 오직 한 곳에서만 있었을 뿐이
다. 그러나 전후로 보면 대략 정토와 예토의 세 시기가 있었다. 경전
의 초반부에선 예토 중에서 설하셨으며, 〈견보탑품〉 이하에서 〈촉루
품〉이 끝날 때까지 경전의 중반부에선 정토 중에서 설하였다. 〈여래
신력품〉은 시방을 하나의 국토 속에 통합하고, 정토와 예토를 융합
한 가운데 설하셨다. 〈약왕보살본사품〉부터 〈보현보살권발품〉이 끝날
때까지는 다시 예토 가운데서 설하셨다.

問三種法輪法花具幾種

答一往則花嚴爲根本法輪 自花嚴之後法花之前爲枝末之敎
此經則屬攝末歸本 然法花結束一化該羅頓漸則具足三輪 然此
三輪皆是無名相中爲衆生故假名相說 然寂滅之道未曾有三亦
無不三 無所依止也

📖 세 가지 법륜은 **법화경**에 몇 가지가 있는가?

📖 표면적147)으로는 화엄을 근본법륜이라 한다. **화엄경** 이후부터
법화경 이전을 지말의 가르침이라 한다. 이 **법화경**은 섭말귀본법륜에
속한다. 그러나 **법화경**은 일대의 교화를 묶어서 돈교와 점교로 나열
했으니 세 가지의 법륜(三輪)을 구족한다. 이 세 가지의 법륜은 모두
명상(名相)이 없는 가운데서 중생을 위해 명상에 가탁해 설하는 것
이다. 또한 적멸의 도는 일찍이 3승이었던 적도 없으며, 또한 3승이
아니었던 적도 없었다.

【역 주】

147) 일왕(一往)이란 단어를 해석한 것. 의미를 논할 때 얕고, 문자를 표면상
    으로만 해석하는 것을 일왕이라 하고, 깊이 문장의 이면에서 그윽한 뜻
    을 밝히는 것을 재왕(再往)이라 한다.

七者欲釋聲聞菩薩二種疑故演說此經 聲聞二種疑 一者舊疑
如身子[148]云 我等同入法性 云何如來以小乘法而見濟度 又云
欲以問世尊爲失爲不失 四十餘年常懷此疑 謂舊疑也 如云初聞
佛所說心中大驚疑 則是新疑也 菩薩舊疑者 昔稟三乘之教旣執
道理有三 或疑退墮二乘地 或疑進成佛道 今疑者 疑佛所說今昔
相違 昔說有三今不應明一 今辨有一昔不應說三 大小二人聞說
此經兩疑皆息 故方便品云 菩薩聞是法疑網皆已除 千二百羅漢
悉亦當作佛

일곱째는 성문보살의 두 가지 의심을 풀어주고자 하기 때문에 이
경전을 설하셨다. 성문은 두 가지의 의심이 있다.

하나는 예전의 의심이다. 사리불이 "우리들은 함께 법성에 들어
갔는데 왜 여래께서는 소승의 가르침으로 제도하시는가?"[149]라 말
한 것이다. 또한 "세존께는 여래의 한량없는 지견을 잃었는지 잃지
않았는지 여쭈어보고자 했다."[150]고 말한다. 이것은 40여 년 동안
항상 품어온 의심으로 예전의 의심(舊疑)이라 한다. 예컨대 "처음으
로 부처님의 말씀을 듣고 마음속으로 크게 놀라고 의심했다."[151]고
말한 것은 바로 새로운 의심(新疑)이다.

보살이 예전부터 의심했다는 것은, 예전에 3승의 가르침을 받아
서 도리에 세 가지가 있다고 집착하거나 혹은 2승의 경지로 타락할
까 의심하거나, 내지는 불도를 완성할 수 있을까 의심하는 것이다.

지금 의심하는 것이란, 부처님께서 말씀하신 것은 옛날과 지금이
서로 다르다고 의심하는 것이다. 즉 예전에는 3승이 있다고 설했는
데 지금도 일승을 밝히지 않으시고, 지금은 일승이 있다고 설하시면
서 예전에는 3승을 설하지 않았다는 점이다.

그러나 대승인과 소승인은 이 경전의 설법을 듣고 두 가지의 의심
이 모두 사라졌다. 그러므로 〈방편품〉에서 "보살은 이 법을 듣고 의
혹의 그물이 모두 제거되었으며, 천이백 아라한도 모두 마땅히 부처
가 되리라."152)고 하였다.

【역 주】────────

148) 신자(身子): 신골(身骨)이라는 뜻을 가진 사리(舍利)에서 온 말로, 신자
(身子)는 부처님의 제자인 사리불을 말한다.

149) 법화경 〈비유품〉(대성장9, 10하) "我等同入法性 云何如來以小乘法而見
濟度"

150) 법화경 〈비유품〉(상동, 11상) "我昔從佛聞如是法 見諸菩薩授記作佛 而
我等不豫斯事 甚自感傷 失於如來無量知見"라고 부처님께 사리불이 하
는 말을 게송으로 "欲以問世尊 爲失爲不失 我常見世尊"이라고 한 데 나
온다.

151) 법화경 〈비유품〉(상동) "初聞佛所說 心中大驚疑"

152) 법화경 〈방편품〉(대정장9, 1상) "菩薩聞是法 疑網皆已除 千二百羅漢 悉
亦當作佛"

問 聲聞新舊二疑所有文證 菩薩新舊疑出何文耶

答 身子三請中云 求佛諸菩薩大數有八萬 欲聞具足道 當知菩
薩亦有疑也

🈵 성문이 지니고 있는 신구의 두 가지 의문은 경문으로 증명이
되지만, 보살이 지니고 있는 신구의 의심은 어느 경문에 나오는가?

🈳 사리불이 세 번에 걸쳐 법을 청하는 내용153) 중에 "부처가 되고
자 하는 보살 대중들은 8만 명인데, 이들은 완벽한 가르침을 듣고자
합니다."154)라 말한다. 보살도 역시 의심하고 있음을 알아야만 한다.

【역 주】 ─────────

153) 〈방편품〉에서 사리불이 세존에게 3회에 걸쳐 설법을 해줄 것을 요청한
일.

154) 〈방편품〉에서 사리불이 보살들의 의심을 풀어달라고 청하면서 게송으
로 말한 것 중 두 번째에 나온다. 즉 "佛口所生子 合掌瞻仰待 願出微妙
音 時爲如實說 諸天龍神等 其數如恒沙 求佛諸菩薩 大數有八萬 又諸萬
億國 轉輪聖王至 合掌以敬心 欲聞具足道"(대정장9, 6하)

問 八萬大士皆法身菩薩 何容有此疑也

答 身子權行接引實人 法身菩薩府同新學 故無過也

問 菩薩聲聞疑有何異也

答 聲聞自謂究竟聞非究竟 是故生疑 菩薩無此疑也 而但有上
二種之疑 所以爲異

🈯 8만 명의 대사(大士)들은 모두 법신보살155)인데 어째서 이러한
의심을 용납할 수 있는가?

🈩 사리불은 방편행으로 진실한 사람을 인도하며, 법신보살은 신
학보살들과 부합하므로 잘못이 없다.

🈯 보살과 성문의 의심에는 어떤 차이가 있는가?

🈩 성문은 스스로 구경의 가르침이라 하면서도 구경의 가르침이
아닌 것을 듣는다. 때문에 의심이 생긴다. 보살에게는 이러한 의심
이 없지만 다만 이상에서 언급한 두 가지의 의심은 있다. 때문에 차
이가 있는 것이다.

【역 주】━━━━━━━

155) 法身菩薩: 2종(생신보살과 법신보살) 보살의 하나로 법신대사라고도 하
    는데 한쪽의 무명을 다 끊어서 한쪽의 법성을 나타내는 보살, 즉 초지
    이상의 보살을 말한다.《대지도론》권제38(대정장25, 342상) "菩薩有二
    種一者生身菩薩 二者法身菩薩一者結使 二者不斷結使 法身菩薩結使得
    六神通 不斷 或離欲次得五神通"

問 釋疑有何益耶

答 若不釋疑 則聲聞無進道菩薩有退路 今開方便門示眞實相
釋大小之疑 則菩薩無退路聲聞有進道 是故此經爲益之深也

🈁 의심을 해소하면 어떤 이익이 있는가?

🈂 만약 의심을 해소하지 않으면 성문은 나아갈 길이 없고, 보살
은 물러날 길만 있게 된다. 이제 방편의 문을 열어 진실한 모습을 보
여주고156) 대승과 소승의 의혹을 풀어준다면 보살에겐 퇴로가 없어
지고, 성문에겐 나아갈 길이 생기게 된다. 그러므로 이 경전의 이익
은 매우 큰 것이다.

八者欲說中道法故說此經

問 何以知欲說中道耶

答 二周說初皆放眉間白豪光明 上不以頂下不以足 放眉間光
明者 表二周之說皆明中道法也 初周明一道淸淨 一道淸淨卽是
中道 第二周明一法身 一法身亦是中道 然法身更無有二 隨義立
名 故知二周皆明中道也

여덟째는 중도의 가르침을 설하고자 하기 때문에 이 경전을 설하
셨다.

🈁 어떻게 중도를 설하고자 했는지 아는가?

🈂 이주의 설법157)이니 처음에는 모두 미간의 백호에서 광명을
뿌렸다.158) 위로는 정수리에 이르지 않았고 아래로는 발에 미치지
않았다. 미간에서 광명을 뿌렸다는 것은 2주의 설법이 모두 중도의
가르침을 밝힌 것임을 천명하는 것이다.

처음의 법설주는 일승의 도가 청정함을 밝힌 것이다. 일승의 도가 청정하다는 것은 바로 중도이다. 두 번째 비설주는 유일한 법신은 역시 중도이지만 그러나 법신은 둘이 있을 수 없으므로 의미에 따라 명칭을 세운 것이다. 그러므로 2주의 설법이 모두 중도를 밝히고 있다는 것을 알아라.

【역 주】

156) 법화경 〈법사품〉(대정장9, 31하) "此經開方便門 示眞實相"
157) 법설(法說)과 비설(譬說), 인연설(因緣說)을 삼주설법이라 한다. 여기서는 법설과 비설을 지칭.
158) 법화경 〈서품〉(상동, 2중) "爾時佛放眉間白毫相光 照東方萬八千世界 靡不周遍 下至阿鼻地獄 上至阿迦尼吒天", 〈견보탑품〉(상동, 32하~33상) "爾時佛放白毫一光 卽見東方五百萬億那由他恒河沙等國土諸佛"

問 何故明中道耶

答 道未曾偏中 但爲對昔偏病是故說中 所以然者 如來昔說五乘爲顯不五 旣無有五亦無不五 本性寂然無所依倚名爲中道 中道卽是妙法 但稟敎之徒聞昔說五乘遂作五乘異解故墮在諸邊 稟人天乘者墮在生死邊 求聲聞緣覺乘者墮涅槃邊 學三藏敎者墮在小邊 學摩訶衍者墮在大邊 乃至昔稟五乘異墮在異邊 今聞一乘作一乘解者墮在一邊 今破此諸邊令心無所著 卽是妙法蓮花經 故名中道也

🈷 어째서 중도를 밝혔는가?
🈵 도는 일찍이 치우친 적이 없는 중도이지만 예전의 치우친 병을 치료하기 위해서 중도를 설하셨다. 왜냐하면 여래는 예전에 5승을 설하셨지만 5승이 아닌 것을 드러내셨다. 이미 5승이 있을 수 없다

는 것은 또한 5승 아닌 것도 없다는 것이다.

본성이 적연하여 의지할 곳이 없는 것을 중도라 하며, 중도가 바로 묘법이다. 다만 부처님의 가르침을 받은 무리들이 예전에 5승을 설한 것을 듣고 마침내 5승에 대한 이해를 달리했기 때문에 일체의 이변(二邊: 변견, 극단적인 사고)159)에 떨어진 것이다.

인천승160)의 가르침을 받은 자들은 생사의 변견에 떨어지고, 성문과 연각승의 가르침을 추구하는 자들은 열반의 변견에 떨어지며, 3장의 가르침을 배우는 자들은 소승의 변견에 떨어지고, 마하연을 배우는 자들은 대승의 변견에 떨어진다.

말하자면 예전에 5승의 차별을 배운 자들은 다름이라는 차이의 변견에 떨어지고, 지금 일승을 듣고 일승의 견해를 내는 자들은 동일함의 변견에 떨어진다. 이제 이러한 각종의 변견을 타파하여 마음 어디에도 집착함이 없게 하면, 바로 이것이 **묘법연화경**이며, 그렇기 때문에 중도라 한다.

【역 주】 ────────────

159) 극단적인 사고. 치우쳐 집착하여 본질을 곡해하게 만드는 견해.
160) 인천승: 5승의 하나이며 인천교라고도 한다. 즉 5승은 일반적으로 인승, 천승, 성문승, 연각승, 보살승을 말하는데 인·천승과 같이 세간에 태어나게 하는 교를 세간승이라 하고, 성문·연각·보살승과 같이 생사를 넘어선 깨달음에 인도하는 교를 출세간승이라고 한다. 천태종에서는 성문승, 연각승을 합해서 2승으로 하여 하나로 치고, 불승을 더하여 5승으로 한다. 화엄종에서는 소승, 성문성, 연각승, 보살승, 일승을 5승이라 한다. 이 외에도 5승을 天乘, 梵乘, 聲聞乘, 緣覺乘, 人天乘이라 하고도 한다.

九者欲顯諸菩薩念佛三昧故說是經 自昔已來未具足顯身眞實 眞161)身方便故 凡夫二乘及始行菩薩猶未識佛 故不解念佛亦不

解禮佛 但以有所得(162)心念佛者 便是念有所得竟不念佛 有所得
心禮佛 乃是禮有所得亦不禮佛 不禮不念則佛非彼師彼非弟子
今旣開身方便身眞實方解禮念 始名師弟子

   아홉째는 여러 보살들의 염불삼매를 나타내고자 해서 이 경전을
설하셨다. 예로부터 지금까지 불신(佛身)의 진실과 불신(佛身)의 방
편을 충분하게 드러내지 못했기 때문에 범부와 2승, 그리고 시행보
살163)은 미처 부처를 알지 못했다. 그러므로 염불과 예불을 이해하
지 못했다.

   단지 유소득의 마음으로 염불을 하는 자는 바로 유소득을 생각하
는 것이지 결코 염불을 하는 것은 아니다. 유소득의 마음으로 예불
하면 이것은 유소득을 예배하는 것이지 역시 예불은 아니다. 예불도
염불도 아니라면 부처님은 저들의 스승도 아니요, 저들은 제자도 아
니다.

   이제 불신의 방편과 진실을 열어 비로소 예불과 염불을 이해하므
로 스승과 제자라 한다.

【역 주】 ─────────

161) 저본은 眞으로 되어 있지만 대장경에 의하면 갑본은 身으로 되어 있다.
    신이 의미상 무리가 없다.
162) 유소득(有所得): 절대평등의 진리를 깨닫지 못하기 때문에 사물에 집착
    되어 가늠하고 취사선택하는 것을 말한다. 반면 유무를 여읜 공의 진리
    를 체득해서 모든 것에 집착됨이 없는 것을 무소득이라 한다.
163) 시행보살(始行菩薩): 시행인(始行人)이라고도 하는데, 시행인은 불제자
    로 들어와서 수행일자가 얕은 사람을 가리킨다. 반대로 입도한 지 오래
    되어 오랜 세월 수행을 쌓은 사람을 구수업(久修業), 구행인(久行人)이라
    한다.

問 昔緣云何未識佛耶

答 昔執雖多不出三種 一者不識本一跡多 二者不識本無生滅
應用有生滅 三者不識釋迦久證法身非伽耶成佛 爲對此三病故
示三種敎門. 一者普集分身示本一跡多 明釋迦之與淨土之佛皆
是應跡 非此淨穢乃爲法身 故法身不二跡身不一 又若執應身不
一法身不二者 亦未免二見 有所得心 卽是不動而應十方現前 旣
不動而應 雖應常寂 故此應身則是法身

🈁 예전에는 무슨 이유로 부처를 알지 못했는가?

🈁 예전에는 집착하는 것이 비록 많았다고 하지만 세 가지를 넘지
않았다. 하나는 근본은 하나이지만 자취는 많다는 것을 알지 못했
고, 두 번째는 본래는 생멸이 없는 것이지만 작용에 따라 생멸이 있
다는 것을 알지 못했고, 세 번째는 석가는 오래전에 법신을 증득했
으며, 부다가야에서 성불한 것이 아님을 알지 못했다. 이러한 세 가
지의 병을 치료하기 위해 세 가지 가르침의 문을 보여주는 것이다.

먼저 두루 분신을 집합시킨 것은 근본은 하나이지만 자취는 많다
는 것을 보여주는 것이다. 즉 석가와 정토의 부처님은 모두 응신의
자취(應跡)164)임을 밝히는 것이다. 이것은 정토와 예토의 법신이 아
니므로 법신은 둘이 아니요 응신은 하나가 아니다. 또한 응신은 하
나가 아니요 법신은 둘이 아니라는 것에 집착한다면, 이 또한 두 가
지 견해(이변)를 벗어난 것이 아니므로 유소득의 마음이다. 바로 이
것은 움직이지 않고도 시방세계를 따라 나타나는 것이니, 이미 움직
이지 않고도 응현하는 것이다. 항상 고요함(常寂)에 따른다고 하므
로 이 응신이 바로 법신인 것이다.

如涅槃云 吾今此身則是法身165) 常寂而應 不失應身故不二而
二 開於本跡二而不二 未始二身

예컨대 **열반경**에서 "나의 지금의 이 몸이 바로 법신이니, 항상 고
요(常寂)166)하지만 응현한다. 응신을 잃지 않았기 때문에 둘이 아니
지만 둘이라 한다."라 말한 것과 같다. 본적(本迹)의 두 몸167)을 설
하지만 둘이 아니니, 아직 두 몸에서 시작된 적이 없다.

【역 주】

164) 응적(應迹): 응화수적(應化垂迹)이란 말의 약어. 다시 말해서 기연(機緣)
에 응하여 불보살이 그 본지에 가까이 가지 못하는 중생들을 위해 임시
로 화현하여 나타내는 몸이다. 석존의 불신불이 시방의 정토에 머물고
있으므로 정토의 부처이다. 〈견보탑품〉 참조.

165) 이 구절은《열반경》권4에 "我今此身即是法身隨順世間示現入胎"라고
한 것을《열반경소》권3에서 "吾今此身即是法身 作用爲力遍一切處用無
窮盡"이라 설명하고 있다. 원문은 이를 바탕으로 인용한 것이다.《남본
열반경》권제4〈사상품〉(대정장12, 628하) "我今此身即是法"

166) 상적(常寂): 참다운 體가 멸함이 없는 相을 여읜 것을 常이라 하고, 번뇌
의 相을 끊은 것을 寂이라 한다.

167) 본적이신(本迹二身): 불보살의 진실한 본지(本地)의 몸과 중생을 교화하
기 위해 그 진신(眞身)으로부터 일부러 화현한 응적신(應迹身)을 말한다.

二者開塔竝坐生滅互顯 多寶滅旣不滅 則顯釋迦雖生不生 不
生不滅名爲法身 方便唱滅稱爲應用 若復言法身自不生不滅應
身自生滅 還成生滅無生滅二見 今明王宮生生而不起 雙樹唱滅
滅而不失 故生滅宛然未曾起謝 生滅宛然故是應用 未曾起謝稱
爲法身

　두 번째, 탑문을 열어 함께 앉은 것168)은 생멸하는 모습을 서로
나타낸 것이다. 즉 다보여래는 적멸한 것이지만 불멸이다. 그렇다면
석가모니불은 태어났으나 태어나지 않았음을 나타낸다. 태어나지도
생멸하지도 않는 불생불멸을 법신이라 부른다. 방편으로 소멸한다
고 말하는 것은 응신의 작용이다.

　만일 다시 법신은 저절로 불생불멸하고, 응신은 자체로 생멸한다
고 말한다면, 생멸과 무생멸이라는 두 가지의 견해를 만드는 것이
된다. 이제 왕궁에 태어났다는 것은 태어났지만 생기지 않은 것이
고, 사라쌍수 아래서 입멸을 말한 것은 입멸했지만 사라지지 않았음
을 밝히는 것이다. 때문에 생멸하는 모습은 분명한 것이지만, 일찍
이 생겼던 적도 사라진 적도 없다. 생멸하는 모습이 분명한 것은 응
신의 작용이며, 일찍이 생겼던 적도 없고 사라진 적도 없다는 것은
법신을 말하는 것이다.

【역 주】────────────

168) 여기서 '탑'은 석존이 영축산에서 법화경을 설할 때 다보여래의 진신사
　　리를 모셔 둔 탑이 땅 밑에서 솟아나 그 탑 속에서 소리를 내어 석존의
　　설법을 찬탄하고 증명함을 뜻한다. 그리고 '좌'는 사자좌를 말한다.

三者過去久成佛未來不滅稱爲法身 燃燈授記伽耶成道自爲方便身

세 번째, 과거 오래전에 성불했으며, 미래에도 불멸하는 것을 법신이라 한다. 연등불이 수기를 주고, 가야에서 성도한 것은 그 자체로 방편의 몸인 것이다.

問 釋迦久證法身 法身有久近不

答 法身無久近 以法身無久近故則知悟亦無久近 所以然者 悟本悟於法身 法身旣無久近故 則知悟亦無久近 若爾釋迦久悟而實無久 當知今近悟亦無有近 故知遠悟亦無有遠故知近遠無二不二而二不失古今也

🈯 석가모니부처님께서 오래전에 법신을 증득했다고 하는데, 법신에도 오래되고 가까운 것이 있는가?

🈭 법신에는 오래되고 가까운 것이 없다. 법신에는 오래되고 가까운 것이 없기 때문에 역시 깨달음에도 오래되고 가까운 것이 없음을 알라. 왜냐하면 근본을 깨닫는다는 것은 법신을 깨닫는 것이다. 법신에는 이미 오래되고 가까운 것이 없기 때문이다. 바로 깨달음에도 역시 오래되고 가까운 것이 없음을 알게 된다. 그렇다면 석가모니부처님께서 오래전에 깨달았다는 것은 기실 오래된 것이 아니다. 마땅히 알아야만 한다. 지금 최근에 깨달았다는 것 역시 최근이 있을 수 없다는 것을.

그러므로 오래전에 깨달았다는 것 역시 오래전이란 것이 있을 수 없음을 알며, 때문에 가깝거나 멀다고 하는 두 가지가 없는 것

을 알라. 둘이 아니면서도 둘이란 것은 고금(古今)을 상실하지 않
는 것이다.

問 何以故但明此三義耶
答 就釋迦應身必備此三 初則法身不二跡身不一 未知不二之
身爲有生滅爲無生滅 故次明法身無生滅應身有生滅 雖明法身
無生滅應身有生滅 未知釋迦爲始證法身爲久證法身 故第三次
明久近 一切諸佛多具前二義 釋迦則具足有三句

🔲 왜 단지 이 세 가지의 의미만을 밝히는 것인가?
🔲 석가라는 응신은 반드시 이 세 가지를 갖춰야만 한다. 먼저 법
신은 둘이 아니며, 자취의 몸(跡身=응신)은 하나가 아니다. 둘이 아
닌 몸을 생멸이 있다고 생각하고 생멸이 없다는 사실을 아직 모르고
있다. 그러므로 이어서 법신에는 생멸이 없고, 응신에는 생멸이 있
다는 점을 밝히는 것이다.
비록 법신에는 생멸이 없지만 응신에는 생멸이 있다고 밝혔는데,
석가모니부처님은 비로소 법신을 깨달은 것인지 아니면 이미 오래
전에 법신을 증득했는지를 아직 모르고 있다. 그러므로 세 번째로
오래되고 가까운 것을 밝히는 것이다. 일체의 제불은 대부분 앞의
두 가지 의미를 갖추고 있지만 석가모니부처님은 세 가지 의미를 모
두 구족하고 있다.

問 三身云何辨於權實

答 法身但實而非權 化身但權而非實 應身有二句 一者內與法
身相應名爲應身 法身旣常故應身亦常 此卽應身是實而非權 故
涅槃經云 諸佛所師所謂法也 以法常故諸佛亦常

🈯 삼신은 방편과 진실(權實)을 어떻게 분별하는가?

🈸 법신은 단지 진실일 뿐 방편이 아니며, 화신은 단지 방편일 뿐
진실이 아니다. 응신은 이 두 가지를 다 지니고 있다.

먼저 안으로 법신과 상응하면 응신이라 한다. 법신은 상주하기 때
문에 응신 역시 상주한다. 이것이 바로 응신은 진실이고 방편이 아
니라 보는 점이다. 그러므로 **열반경**에서 "제불이 스승으로 삼는 것
을 법이라 한다. 법은 상주하기 때문에 제불 역시 상주한다."169)고
한다.

【역주】────────────

169) 이 구절은《열반경》〈여래법성품〉권4 "復次迦葉 諸佛所師所謂法也 是
故如來恭敬供養 以法常故諸佛亦常"이란 구절을 인용한 것이다.《남본열
반경》권제4(대정장12, 627하) "諸佛所師所謂法也 是故如來恭敬供養 以
法常故諸佛亦常"

二者外與大機相應淨土成佛故名應身 此之應身是權而非實
故七卷金光明云 應化兩身是假名有非是眞實 念念生滅故名曰
無常 則其證也 旣識三義即便識佛 故今念佛三昧倍復增益 又合
此三種以爲二義 前之二義以明身之權實 後之一義以明壽之權
實 涅槃經亦 明長壽與金剛身 所以但明此二者 衆生唯有形與壽
命 隨順之亦明斯二也

이어서 바깥으로는 대근기와 상응하여 정토에서 성불하기 때문에
응신이라 한다. 이러한 응신은 방편이지만 진실은 아니다. 그러므로
7권 **금광명경**에서, "응신과 화신은 가명이며 진실은 아니다. 생각 생
각마다 생멸하기 때문에 무상이라 한다."170)고 하였으니, 이것이 바
로 그것을 증명한다. 세 가지 뜻을 알면 바로 부처를 안다. 그러므로
이제 염불삼매의 이익이 배가 된다.

또한 이 세 가지를 합해 두 가지 의미로 정리한다. 앞의 두 가지
의미는 불신의 방편과 진실을 설명하는 것이고, 뒤의 한 가지 의미
는 수명[壽]의 방편과 진실을 밝힌 것이다. **열반경**에서도 "장수와 금
강신을 밝히고 있다." 때문에 이 두 가지 의미만을 밝히는 것이
다.171) 중생은 오직 형체와 수명을 지니고 있을 뿐이므로, 그 순서에
따라서 이 두 가지를 밝히는 것이다.

【역 주】

170)《합부금광명경》권제1 〈삼신분별품〉(대정장16, 363중) "二身假名不實
　　念念滅不住故"
171)《남본열반경》의 〈장수품〉과 〈금강신품〉을 가리킨다.

問 大品云 云何念佛 以無憶故 旣其無憶 云何念也

答 了衆生與佛本來不二 卽不見佛爲所念衆生爲能念故 內外
竝忘緣觀俱寂 故名無憶也

🈁 대품경에서 "무엇을 염불이라 하는가? 무억(無憶: 억념하지 않
음)172) 때문이다. 이미 그것이 무억이라면 무엇을 생각하는가?"

🈁 중생과 부처가 본래 둘이 아님을 깨달으면, 부처를 생각의 대
상으로 여기거나 중생을 생각의 수체로 여기지 않는다. 때문에 안과
밖을 동시에 잊으며, 주객이 함께 고요해진다. 그러므로 무억이라
한다.

---

172)《대품반야경》권제23〈삼차품〉(대정장8, 385중) "云何菩薩摩訶薩修念
佛 菩薩摩訶薩念佛 不以色念 不以受想行識念 何以故 是色自性無 受想
行識自性無 若法自性無 是爲無所有 何以故 無憶故 是爲念佛"

問 大品可有斯文 今經何處明斯念佛也

答 壽量品云 如來如實知見三界之相 無有生死若退若出 亦無
在世及滅度者 非實非虛非如非異 不如三界見於三界 三界即是
衆生 故知衆生與佛無二 寧有能念所念義耶 故中論云 生死涅槃
無有二際 衆生法身義亦如是 斯即經論大宗 必須依斯禮念也

🈷 대품경에는 이러한 경문이 있다고 하지만 **법화경**은 어느 곳에
서 염불을 밝히고 있는가?

🈷 〈**여래수량품**〉에서 "여래는 삼계의 모습을 참답게 알고 보나니,
생사가 사라지거나 생겨나거나 하는 일은 있을 수 없다. 또한 세상
에 존재하거나 소멸하는 것도 없나니, 진실도 아니고 허망한 것도
아니며, 같은 것도 아니고 다른 것도 아니라, 삼계를 삼계로 보지 않
는다."173)고 하였다.

여기서 삼계는 바로 중생이다. 그러므로 중생과 부처는 둘이 아님
을 알게 된다. 어찌 생각의 대상과 생각의 주체가 있을 것인가? 그
러므로 **중론**에서 "생사와 열반에는 두 극단이 있을 수 없다."174)고
하였는데, 중생과 법신의 의미도 이와 같다. 이것이 바로 경전과 논
서의 핵심이니 반드시 이러한 생각에 의지해서 예불하고 염불해야
만 한다.

十者欲爲現在未來十方衆生 如實分別罪福果報故說是經 如
一言毁法及謗持經人 則獲廣大罪報 一念隨喜則招無邊之福 所
以然者 夫論罪福從乖符理生 此經旣說實理 故信之福多毁呰之
罪重 一舊疏本明說經因緣甚廣 今略明十門也

열 번째, 현재와 미래의 시방의 중생들을 위해, 여실하게 죄복(罪福)의 과보를 분별하고자 하기 때문에 이 경전을 설하셨다.

마치 한 번이라도 법을 헐뜯거나 경전을 소지한 사람을 비방했다면 광대한 죄의 과보를 얻고,175) 한 생각이라도 따라 기뻐한다면 가없는 복을 불러들이는 것과 같다.176) 왜냐하면 죄와 복을 논하자면 이치를 어기느냐 아니면 부합하느냐에 따라 생기는 것이다.

이 경전은 이미 진실한 이치를 설했기 때문에 그것을 믿으면 얻는 복이 많고, 비방하면 죄가 무서운 것이다. 예전의 어떤 논소에서는 경전을 설하는 인연이 매우 광대함을 밝히고 있다. 여기서는 대략 십문으로 밝힌다.

【역 주】────────

173) 〈여래수량품〉에 "諸善男子 如來所演經典 皆爲度脫衆生 或說己身 或說他身 或示己身 或示他身 或示己事 或示他事 諸所言說 皆實不虛 所以者何 如來如實知見三界之相 無有生死 若退若出 亦無在世及滅度者 非實非虛 非如非異 不如三界見於三界 如斯之事 如來明見 無有錯謬"라고 하였다. 또한 "如來如實知見三界之相 無有生死 若退若出 亦無在世及滅度者 非實非虛 非如非異 不如三界見於三界"(대정장9, 42하)라 한다.

174) 《중론》 운운한 것은 "不說離生死別有涅槃 如經說 涅槃即生死 生死即涅槃 如是諸法實相中 云何言是生死是涅槃"을 말한다.(《중론》 권3 〈관박해품〉) 《중론》〈관박해품〉(대정장30, 36상)에선 "涅槃之實際 及與世間際 如是二際者 無毫釐差別"라 한다.

175) 법화경을 비방하는 죄는 예를 들면, 〈법사품〉(대정장9, 31상)에서 "若人以一惡言 毀呰在家 出家讀誦法華經者 其罪甚重"라 한다.

176) 법화경을 믿는 공덕은 법화경이 있는 곳을 말하게 하고 있다. 예를 들면, 〈법사품〉(대정장9, 3하) "如是等類 咸於佛前 聞妙法華經一偈一句 乃至一念隨喜者 我皆與授記 當得阿耨多羅三藐三菩提" 등을 참조하거나 〈수희공덕품〉 참조.

第二 明宗旨門者
종지문을 밝힌다

自古至今明宗旨與體 或言是一 或言是有異 言其異者 以敎爲
體 以理爲宗 故涅槃釋七善文云 知法知義 知法者謂十二部經 知
義者謂敎所表理 故以能表之敎以爲經體 所表之理用以爲經宗

　예로부터 지금까지 종지와 본체를 밝힘에 있어서 혹은 동일하다
고 말하거나, 혹은 차이가 있다고 말한다. 그 차이를 말하자면 가르
침을 본체로 삼고 이치를 종지로 삼는다.
　그러므로 **열반경**의 칠선(七善)177)을 해석하는 문장에서 "법을 알
고 뜻을 아는 것이다."라 말했다. 법을 안다는 것은 12부경을 말하
고, 의미를 안다는 것은 가르침으로 표현되는 이치를 말한다.178) 그
러므로 능히 표현할 수 있는(能表) 가르침으로 경전의 본체를 삼고,
표현되는(所表) 이치의 작용으로 경전의 종지를 삼는다.

言宗體一者 所表之理旣是理宗旨 能詮之文還詮宗旨故宗體
不二 今明一之與異隨時用之 貴在得悟義無定也 昔在會稽撰釋
法華宗旨凡有十三家 今略明即世盛行有其三說

　종지와 본체가 동일하다는 것은, 표현되는 이치가 바로 이치의 종
지이고, 능히 표현할 수 있는 문장이 또한 종지를 드러내는 것이기
때문에 종지와 본체는 둘이 아니다. 이제 동일함이 차이와 더불어
수시로 작용한다는 것을 밝힌다. 귀중한 것은 깨달음을 얻는데 있지
만 의미는 고정된 것이 아니다. 옛날 회계에는 **법화경**의 종지를 찬술

하고 해석하는데 무릇 13명의 학자가 있었다. 이제 간략하게 설명하면 세상에 유행한 것으로 세 가지의 설이 있다.

【역주】 ───────

177) 칠선(七善): 일반적으로 불법에는 정법, 상법, 말법이 있다고 하는데 칠선은 정법에 속한다. 이를 《성실론》에서는 時, 義, 語, 獨法, 具足, 淸淨調柔, 梵行 등으로 분류하였고, 법화경 〈서품〉에서는 시절, 義, 語, 獨一, 圓滿, 調柔, 慈悲 등으로 분류하였다. 그리고 《열반경》 〈명자공덕품〉에서는 語善(上語中語下語), 義善(意味深遠), 文善(文), 獨一善(純備具足), 行善(淸淨), 慈善(梵行), 備具善(金剛寶藏滿足無缺)로 분류하고 있다.

178) 《남본열반경》 권제14 〈범행품〉(대정장12, 693하~694상) "菩薩摩訶薩 住於大乘大般涅槃 住七善法得具梵行 何等爲七 一者知法 二者知義… 菩薩若能如是了知十二部經 名爲知法 云何菩薩摩訶薩知義 菩薩摩訶薩若於一切文字語言廣知其義 是名知義." 인용문 중에서 '12부경'은 불전의 내용이나 형식적인 측면에서, 經, 重頌, 問答, 詩偈, 感興語, 如是語, 本生談, 敎理問答, 未曾有法, 因緣, 過去世物語, 釋尊 등의 12가지로 分類한 것이다.

　一云以萬善之因爲此經宗 所以然者 斯經文雖有七軸而宗歸一乘 是者卽因也 故乘以運出爲義 運載行人從因至果 至果則更無進趣 是故非乘 如大品云 是乘從三界出到薩波若中住 智度論釋此語云 乘到菩提變名種智 故知以因爲乘 勝鬘經云 於佛果上更無說一乘法事 故則知果非乘矣

　하나는 만선의 원인을 이 경전의 종지로 삼는다고 말한다. 왜냐하면 이 경문에는 비록 일곱 개의 주축이 있지만 궁극적으로는 일승으로 돌아간다. 이것이 바로 원인이다. 때문에 수레(乘)는 운반해 나오는 것을 의미로 삼는다. 행인을 운반하는 것은 원인(출발)으로부터 결과(목적지)에 이르는 것이다. 결과에 도달하면 다시 나갈 방향[進趣]179)이 없으므로 (그때는 이미) 수레가 아니다.

예컨대 **대품경**에서 "이 수레는 삼계로부터 나와 살파야(지혜) 가운데 도달해 머문다."180)고 말한 것과 같다. **지도론석**에서 이러한 말씀에 대해 풀이하길 "수레가 보리에 도달하면 일체종지(一切種智)로 이름이 바뀐다."181)고 했다. 그러므로 원인을 수레로 삼는다는 것을 안다. **승만경**에선 "부처님의 과보 위에서는 다시 일승법을 설하는 일이 없다. 때문에 결과는 수레가 아니라는 점을 안다."182)고 하였다.

【역 주】

179) 진취(進趣): 여기에는 두 가지 뜻이 있다. 하나는 더 높은 수행의 단계로 나아가는 것. 다른 하나는 윤회의 고에서 벗어나는 것.

180) 《대품반야경》 권제6 〈출도품〉(대정장8, 259하) "是乘從三界中出 至薩婆若中住" 경문 중의 薩婆若는 사르와즈나(sarvajna)의 音寫다. 一切智라고 한다.

181) 《대지도론》 권제15(대정장25, 42하) "是乘是菩薩法 乃至金剛三昧 是諸功德淸淨 變爲佛法"

182) 《승만경》 〈一乘章〉(대정장12, 221상) "說一乘道法 得究竟法身 於上更無說一乘法身"('身'을 '事'로 쓰는 경우가 있다)

問 此經初分明因門後分辯果門 云何偏以因乘爲宗

答 後章辯果爲成前因 以行一乘之因得壽量之果故擧果成因
以因爲宗

🈵 이 경은 초반부에서 원인의 문을 밝히고, 후반부에서 결과의
문을 분석했다. 그렇다면 어째서 편벽되이 원인의 수레[因乘]로 종
지를 삼았는가?

🈲 이후의 문장에서는 결과를 밝히고, 이전의 원인을 완성했다.
일승의 원인을 실행하여 수량이라는 과보를 얻었다. 때문에 결과를
들어서 원인을 완성하고, 원인을 종지로 삼는다.

二者有人言 此經以果爲宗 所以然者 夫欲識經宗宜觀經題 題
云妙法者謂如來靈智爲體也 陶冶塵滓衆塵斯盡故名爲妙 動爲
物作軌即所以稱法 自因位以來麤法未盡 不得稱爲妙 旣以果德
爲妙法 即以果德爲經宗 是以釋迦以玄音 始唱歎佛智甚深 多寶
讚善稱大惠平等即其證也

두 번째 어떤 사람이 말했다. "이 경전은 결과를 종지로 삼는다.
왜냐하면 대저 경전의 종지를 알고자 하면 마땅히 경전의 제목을 관
찰해야하기 때문이다."[183] 경전의 제목에서 묘법이라 하는 것은 여
래의 신령한 지혜(靈智)로 본체를 삼는다는 말이다. 먼지와 찌꺼기
를 닦아내어 모든 먼지가 이미 사라졌기 때문에 미묘하다고 한다.

【역 주】────────

183) 광택법운의 《법화의기》 권제1(대정장33, 574중) "夫欲識經旨歸 唯應諦
思經題"

움직이는 것[현상]은 중생을 위해 규범을 만들었기 때문에 법이라
한다. 원인의 계위(因位) 이래로 거친 법[麤法]이 아직 사라지지 않
았으므로 미묘하다고 부를 수 없다. 이미 과보의 공덕으로 묘법을
삼았다면 바로 과보의 공덕을 경전의 종지로 삼은 것이다. 이 때문
에 석가는 현묘한 음성으로 부처님의 지혜가 매우 깊다는 것을 찬탄
하기 시작했고[184] 다보여래는 만선을 찬탄하며 위대한 지혜가 평등
하다고 칭찬했다.[185] 이것이 바로 그 증거이다.

【역 주】 ─────────────

184) 법화경 〈방편품〉(대정장9, 5중) "爾時 世尊從三昧安詳而起 告舍利弗 諸
　　　佛智慧甚深無量"

185) 법화경 〈견보탑품〉(대정장9, 32중하) "爾時寶塔中出大音聲歎言 善哉善
　　　哉 釋迦牟尼世尊 能以平等大慧 教菩薩法 佛所護念 妙法華經 爲大衆說"

三有人言 此經具以一乘因果爲宗 故初分明一乘之因 後章明
一乘之果 借蓮花爲喩者 此花不有而已 有即花實俱含 此經不說
而已 說即有因果雙辨也

세 번째 어떤 사람이 말했다. "이 경전은 일승의 인과를 종지로
삼는다."고. 그러므로 초반부에서는 일승의 원인을 밝히고, 후반부
의 경문에서는 일승의 결과를 밝히고 있으니 연화를 빌려서 비유한
것이다. 이러한 꽃은 존재하지 않는 것이니 존재한다면 꽃과 열매를
함께 내포한다. 그러나 이 경전에선 말하고 있지 않을 뿐이다. 말하
자면 바로 원인과 결과를 함께 밝히고 있는 것이다.

問 今所明者爲與舊同爲將他異

答 今總觀經論 宜開四句不同 一破而不取 二取而不破 三亦
取亦破 四不取不破 言破而不取者 今不與舊同亦不與舊異 所以
然者 求上來義不成 或不可與其同或不可與其異 求上諸義旣不
可得 與誰論同異耶

📖 지금 설명한 것이 예전(에 설한 것)과 같다면 다른 점은 무엇인
가?

📖 이제 전체적으로 경론을 살펴보면 네 가지의 구문이 다르다는
점을 설명해야만 한다.

먼저 논파하더라도 받아들이지 않는 것, 둘째는 받아들이되 논파
하지 않는 것, 셋째는 받아들이기도 하고 논파하기도 하는 것, 넷째
는 받아들이지도 않고 논파하지도 않는 것이다.

논파하되 받아들이지 않는다는 것은, 지금은 예전과 같지도 않고
다르지도 않다는 것을 말한다. 왜냐하면 이전부터 내려오는 의미를
찾아보면 성립하지 않는다. 그와 동일할 수도 없고 다를 수도 없다.
이상에서 찾아본 일체의 의미를 파악할 수 없다면, 누구와 함께 같
고 다름을 논하겠는가?

問 云何求上義不成耶

答 今以三意往推 即知其前義爲失 一者總攝三師不出因果 而
正觀論盛破十家因果 則一切因果不成 今略題數門示不成相 三
師旣以萬善爲因壽量爲果 爲萬行因内有壽量之果爲無果耶 如
若其有果 即因無生果之能 果無酬因之用 若萬行之因無壽量之
果 雖修萬行終不生果 若萬行因無果而生果者 萬惡亦無佛果應

生佛果 又大品經云 若言因中有果因中無果 亦有亦無非有非無
如是之人即 謗佛法僧繫屬於魔 是魔眷屬 豈是一乘因果義耶 又
因中有果因中無果亦有亦無非有非無 是僧佉 衛世師 勤沙婆 若
提子外道之義非佛法矣

🔖 이상의 의미는 어째서 성립하지 않는가?

🔖 이제 세 가지 의미로 추측해볼 수 있는데, 바로 그 전의 의미가
상실되었음을 알라.

먼저 세 스님(三師)의 주장을 전체적으로 살펴보면 인과를 벗어나
지 않는다. **정관론**186)에선 열 명(十家)187)의 불교사상가가 주장한 인
과를 크게 논파하고 있다. 즉 일체의 인과는 성립하지 못한다고 본
다. 세 스님은 이미 만선을 원인으로 삼고, 수량을 결과로 삼았다.

모든 행위의 원인 안에 수량이란 결과를 지니게 된다면 (그것은)
결과가 없다는 것인가? 만약 거기에 결과가 있다면 원인은 결과를
파생할 능력이 없는 것이며, 결과는 원인에 대응하는 작용이 없는
것과 같다.

만일 모든 행위의 원인 안에 수량의 결과가 없다면 비록 일체의
행업을 닦더라도 끝끝내 결과를 발생시킬 수 없다. 만일 모든 행위
의 원인에 결과가 없는데도 결과를 발생시킨다면 모든 악에도 역시,
부처라는 결과(佛果)도 없이 부처라는 결과를 발생시켜야만 한다.

또한 **대품경**에서 "만약 원인 속에 결과가 있다고 하거나 원인 속
에 결과가 없다고 하거나188), 혹은 있기도 하고 없기도 하며, 있는
것도 아니고 없는 것도 아니라고 말한다면 이러한 사람은 바로 삼보
를 비방하며, 악마에 묶어버리는 것이니 악마의 권속189)이다."라고
하였다. 어찌 일승의 인과라는 의미가 있겠는가?

【역 주】

186) 《정관론》은 《중론》의 별명. 정관론이란 길장의 교판론에서 밝히고 있은 것으로 불교의 궁극적 목표는 결국 오직 하나의 진리이며 이것을 바르게 관찰·체득시키는 것이 삼론이라는 것이다. 이 통찰을 길장은 정관이라 하고 무득의 정관, 불이의 정관이라고도 하였다. 여기서 무득은 개념적인 집착이 없는 것, 불이란 상대적·대립적이 아닌 것이다. 그는 진리와 정관의 관계를 다음과 같이 논하였다. "만약 마음에 내외의 구별이 있고 생각이 대소의 어느 쪽인가에 기울어진 듯 일방적인 치우침에 빠져버려 진리가 보이지 않게 된다. 이미 진리가 보이지 않게 되어버리면 정관은 생기지 않는다. 만약에 정관이 생기지 않으면 단·상의 어느 쪽엔가 치우친 사람의 견해(현세주의와 영원주의)는 소멸되지 않는다. 따라서 고통스러운 윤회는 정지하는 일이 없다. 반면 내외·대소의 구별이 완전히 사라진 경지를 비로소 진리라고 부른다. 이 진리를 깨달으면 정관이 생긴다. 만약에 정관이 생기면 잘못된 무익한 의론은 사라져버린다. 이것이 사라져버리면 고통스러운 윤회는 즉시 파괴되어 버린다." 고 하였다.

187) 십가(十家)란 중국불교의 교판을 "南三北七"로 표현하는데 남쪽의 三師와 북쪽의 七師를 더하여 십가라 한다(지의의 《법화현의》 권10)

188) 여기서 말하는 인중유·무과는 인도 상키야철학이 주장하는 인과론으로 원인 속에 이미 결과가 있다는 것이 인중유과이고 그 반대가 인중무과이다. 다시 말해서 과로서 나타나는 현상계는 인 속에 반드시 내제하며 인과 과는 그 성질이 동일하다고 생각하는 것이 바로 상키야 철학에서 말하는 인중유과론이다. 그들에 의하면, 어떤 결과는 생성되기 이전에 이미 결과가 원인 속에 들어 있다는 인중유과론을 주장하였다. 반면 인중무과론은 어떤 사물의 결과는 그것이 생성되기 전에는 존재하지 않는다는 이론이다. 그러나 이들은 인중무과론보다 인중유과론을 내세운다. 그리하여 전변설과 가현설이라는 두 가지 형태로 인중유과론을 전개시켰다.

189) 《남본열반경》 권제23, 〈광명변조고귀덕왕보살품〉(대정장12, 760중) "若言因中先定有果及定無果定有無果定非有非無果 當知是等皆魔伴黨 繫屬於魔"

또한 원인 속에 결과가 있다(因中有果)고 하거나 원인 속에 결과
가 없다(因中無果)고 하거나, 있기도 하고 없기도 하며(亦有亦無),
있는 것도 아니고 없는 것도 아니(非有非無)라고 하는 것은 승가
(僧法)190), 위세사(衛世師)191), 늑사파(勒沙婆)192), 약제자(若提
子)193) 등 외도들이 주장하는 것이니 부처님의 가르침은 아니다.

　二者縱有此因果者 彼便謂道理有此因果 則成有所得 經云有
所得者無道無果 以何爲宗 又有所得者經云不動不出 都非乘義
云何用爲經宗 涅槃經云有所得者名爲無明 寧用無明爲平等大
慧經宗 有所得者名二十五有 云何用二十五有爲衆德經宗

　두 번째로 설사 이러한 인과가 있다고 하더라도 저들이 문득 도리
에는 이런 인과가 있다고 말한다면 유소득(有所得)194)이 된다. 경전
에서 "유소득이란 도리도 없고 결과도 없다고 했는데195) 무엇으로
종지를 삼을 것인가?"라 말한다.
　또한 경전에선 유소득을 "움직이지도 않고 나오지도 않으니196)
모두 수레의 의미는 아니다."고 말했다. 어떠한 작용으로 경전의 종
지를 삼을 것인가?
　열반경에서 "유소득이란 무명을 말한다."197)고 했는데, 어찌 무명
으로 평등하고 위대한 지혜198)를 설하는 경전의 종지로 삼을 것인
가? 유소득이란 25유를 말한다.199) 어찌 25유로 일체의 공덕을 밝
히는 경전의 종지를 삼을 것인가?

【역 주】 ─────────────

190) 인도의 상키야파, 수론파 외도

191) 인도의 자이나파, 승론파 외도

192) 자이나교의 한 사람인 리샤파. 길장의《백론소》권상6중(대정장41, 244
중) "勒沙婆者 此云苦行仙 其人計身有苦樂二分 若現世倂受苦盡而樂法
自出 所說之經名尼健子有十方偈"라 한다. 쟈이나교조의 한 사람인 나간
타 나타풋타. (원문의 '勤' 은 '勒' 의 오자이므로 여기서 수정한다)

193) 이들은 모두 인도철학의 외도들로 僧佉는 상키야학파, 衛世師는 승론학
파, 勒沙婆는 석존에 태어나기 전 인도에 성행한 3종 외도선인 중 한 사
람, 若提子는 尼健子의 중국적 표기로 勒沙婆를 선두로 하고 있는 외도
중 한 사람이다. 이들은 고행을 통해 열반에 드는 것을 제일 조건으로
삼는다. 불교에서는 이들을 無慘外道, 苦行外道, 裸形外道, 露形外道 등
으로 부른다.

194) 유소득과 무소득(有所得과 無所得): 절대평등의 진리를 깨닫지 못하기
때문에 사물에 집착되어 가늠하고 취사선택하는 것을 말하고, 반면 무
소득은 유무를 여읜 공의 진리를 체득해서 모든 것에 집착됨이 없는 것
을 말한다.

195) 출전 미상

196) 출전 미상

197)《남본열반경》권제55 〈범행품〉(대정장12, 76하) "有所得者 名爲無明"

198) 평등대혜를 번역한 것인데, 평등대혜는 법화경을 지칭하기도 한다.

199)《남본열반경》권제15 〈범행품〉(상동) "有所得者 名二十五有" 二十五有
란 중생이 윤회하는 세계를 二十五種으로 나눈 것으로 구체적으로는 사
악도(지옥, 아귀, 축생, 아수라), 사주(불파제, 구아니, 윤단월, 염부제),
육욕천(사천왕, 삼십육천, 염파천, 도솔천, 화락천, 타화자재천)의 욕계
十四有, 초선천, 대범천, 이선천, 삼선천, 사선천, 무상천, 오정거천(무
번천, 무열천, 선해천, 선견천, 색구경천)의 세계 七有(五정기천을 一有
색구경천)의 세계 七有(五정기천을 一有로 센다), 사공처천(공무변천천,
식무변처천, 무소유처천, 비상비비상처천)의 무색계의 四有를 합해서
二十五有라 한다.

問 大品與涅槃自可論有得無得 法華經明低頭擧手一豪善之
竝皆成佛道 豈簡有得之善非一乘耶

答 得與無得蓋是衆經之旨歸聖觀之淵府 辨得失之根本示佛
敎之偏正 豈不該羅法花 又卽此經文自辨得與無得

🈁 **대품경**과 **열반경**에서는 유소득과 무소득을 논하고 있다. **법화경**
에서 "머리를 숙이거나 손을 한 번 드는 등의 아주 사소한 선행이라
도 모두 불도를 완성한다."[200]고 하였는데, 어찌 유소득의 선이 일
승이 아니라고 판정하는가?

🈁 유소득과 무소득은 대개 모든 경전의 종지요, 성스러운 관찰의
근원으로 귀착하는 것이다. 득실의 근본을 밝혀서 불교의 치우침과
올바름(偏正)을 보여주는 것이니, 어찌 **법화경**을 망라하지 않겠는
가? 또한 이 경문에선 유소득과 무소득을 자체적으로 밝히고 있다.

今略擧三文 一初開宗卽云我以無數方便引導衆生令離諸著

이제 간략하게 세 가지 경문을 들고자 한다. 먼저 처음 종지를 개
창한 것은 바로 "무수한 방편으로 중생을 인도하여 모든 집착을 떠
나게 했다."는 것을 말한다.

二者後流通富樓那歎佛云 甚奇世尊以智惠方便拔出衆生處處
貪著 處處貪著者著小著大著三著一 故知此經正明無所得也 又
此經盛談寂滅 如云是法不可示言辭相寂滅 又云諸法從本來常
自寂滅相 寂滅相卽是無得實相異名 不應言此經辨有所得也

둘째 이후의 〈**유통분**〉에서 부루나가 부처님을 찬탄해서 "매우 기특합니다, 세존이여. 지혜와 방편으로 '중생들이 처처에서 탐착하는 것'을 제거해 주십니다."고 하였다.[201] 인용문에서 말하는 '처처에서 탐착한다는 것'은 소승이나 대승, 삼승이나 일승에 집착하는 것이다. 그러므로 이 경전은 바로 무소득을 밝히는 것임을 알라.

또한 이 경전에선 적멸이라는 말도 자주 나온다. 예컨대 "이 법은 보일 수 없는 것이니 말씀의 모양이 적멸했다."고 하거나, 또는 "제법은 본래부터 상주하니 그 자체로 적멸한 모습"이라 하는 것과 동일하다. 적멸한 모습이란 바로 무소득의 실상을 지칭하는 다른 이름이다. 그러므로 이 경전이 유소득을 설하고 있다고 주장해선 안 된다.

【역 주】 ─────────

200) 법화경 〈방편품〉에 "或有人禮拜 或復但合掌 乃至擧一手 或復小低頭 以此供養像 漸見無量佛 自成無上道"라고 한 내용을 말한다.

201) 〈오백제자수기품〉에 "爾時富樓那彌多羅尼子 從佛聞是智慧方便隨宜說法 又聞授諸大弟子阿耨多羅三藐三菩提記 復聞宿世因緣之事 復聞諸佛有大自在神通之力 得未曾有 心淨踊躍 卽從座起 到於佛前 頭面禮足 卻住一面 瞻仰尊顔目不暫捨 而作是念 世尊甚奇特 所爲希有 隨順世間若干種性 以方便知見而爲說法 拔出衆生處處貪著"라고 한 내용을 말한다.

三者則用此經文責之 若言乘是因者 是義不然 今講法花宜以
法花爲證 法花明三車一車皆悉是果 故譬喩品云今此三車皆是
在門外 即三界外果德爲車 故下合譬談皆以果德合之 擧涅槃合
羊車 擧自然惠合鹿車 擧佛果四德智合牛車 擧大涅槃果德合大
車 故云皆以如來滅度而滅度之 又擧佛果衆德以合大車 故云悉
與諸佛解脫三昧故名等賜大車 則知三車一車皆是果乘非因乘
矣 又此經秤名妙法 妙法者佛果 德無不圓累無不盡故名爲妙 因
德未圓累猶未盡不名爲妙 則應以果爲正宗 因非正宗也

셋째는 바로 경문을 활용해서 비판하는 것이다. 만약 수레가 원인
이라고 한다면 틀린 것이다. 이제 **법화경**을 강의해서 **법화경**으로 증
명을 삼는 것이 마땅하다. **법화경**은 3거(三車)와 일거(一車)가 모두
결과임을 설명한다. 그러므로 〈비유품〉에서 "지금의 이 3거는 모두
문 바깥에 있는 것이다."202)고 하였다. 바로 3계의 바깥에선 결과의
공덕(果德)을 수레로 삼는다. 그러므로 아래의 종합적인 비유(合
譬)203)에서는 모두 결과의 공덕으로 이들을 융합하고 있다.

열반경을 들어 양거(양이 끄는 수레)에 부합시키고, 자연적인 지혜
는 녹거(사슴이 끄는 수레)에 부합시키며, 불과(佛果)의 네 가지 공
덕과 지혜는 우거(소가 끄는 수레)에 부합시켰다. 그리고 대열반의
과덕(果德)은 대거(커다란 수레)에 배당했다.204) 그러므로 "여래의
멸도로써 그들을 멸도시킨다."205)고 모두 말했다.

또한 부처라는 결과(佛果)의 다양한 공덕을 들어 큰 수레에 부합
시켰다. 그러므로 "모두 제불의 해탈삼매와 함께 하기 때문에 평등
하게 큰 수레(大車)를 준다."고 말한다. 바로 여기서 3거와 일거는
모두 결과를 의미하는 수레(果乘)이고, 원인을 의미하는 수레(因乘)

가 아님을 알 수 있다.

또한 이 경전을 묘법이라 하는데 묘법이란 부처라는 결과(佛果)이다. 공덕은 원만하지 않음이 없고, 번뇌는 다하지 않음이 없으므로 미묘하다고 한다. 원인과 공덕이 원만하지 못하고, 번뇌가 아직 다 사라지지 않았다면 미묘하다고 지칭하지 않는다. 그렇다면 마땅히 결과로 올바른 종지를 삼아야만 한다. 원인은 올바른 종지가 아니다.

【역 주】───────────

202) 법화경 〈비유품〉(대정장9, 12하) "如此種種羊車 鹿車 牛車 今在門外可以遊戲"

203) 저본에 있는 합비의 다음 글자인 談을 대장경의 각주에 나오는 갑본에 의거해 삭제한다.

204) 법화경 〈비유품〉(대정장9, 13중하) "舍利弗若有衆生內有智性從佛世尊聞法信受慇懃精進欲速出三界自求涅槃是名聲聞乘如彼諸子爲求羊車出於火宅 若有衆生從佛世尊聞法信受慇懃精進求自然慧 … 若有衆生從佛世尊聞法信受勤修精進求一切智佛智自然智無師智如來知見力無所畏 … 我有無量無邊智慧力無畏等諸佛法藏 是諸衆生皆是我子等與大乘不令有人獨得滅度皆以如來滅度而滅度之 是諸衆生脫三界者 悉與諸佛禪定解脫等娛樂之具 皆是一相一種聖所稱歎能生淨妙第一之樂 六中 涅槃 自然慧 四種智(一切智, 佛智, 自然智, 無師智)", 대열반의 과덕은 "爾時長者 各賜諸子等一大車" 구절에 대비함.

205) 법화경 〈비유품〉(대정장9, 14하) "以如來滅度而滅度之"

次問第二 若偏以佛果爲乘者 是亦不然 諸子求車佛即賜車 諸
子得車即諸子得果 故云乘是實車直至道場 即知以因爲乘寧非
乘也 又大品等經皆明乘是因義 何得偏用果爲乘耶

다음은 두 번째 질문이다. 만일 부처라는 결과(佛果)로 수레를 삼
는 것에 치우친다면 이 역시 틀린 것이다. 여러 자식들이 수레를 원
하면 부처님께서 바로 수레를 하사한다. 여러 자식들이 수레를 얻으
면 여러 자식들이 결과를 얻은 것이다. 그러므로 "이 보배로운 수레
를 타고 곧장 도량에 이른다."고 말한다. 바로 원인으로 수레를 삼은
것이다. 어찌 수레가 아니란 말인가?

또 **대품경** 등의 경전은 모두 수레는 원인이란 의미라 밝히고 있는
데, 어찌 결과로 수레를 삼는 것에 치우칠 수 있겠는가?

次破第三 因果爲宗是亦不然 此經初分始終盛談果德 今略引
三證 一者開宗略說歎佛智惠甚深 二者廣說開佛知見 三者多寶
證說歎大惠平等 故知初分始終盛談果德 非明因矣 以此衆義求
三家解釋竝皆不成 故無可與同異

다음은 세 번째를 논파하는 것이다. 인과로 종지를 삼는다는 것도
역시 틀렸다. 이 경전은 초반부에서 시종일관 결과의 공덕(果德)을
말하고 있다. 여기서는 대략 세 가지를 인용해 증명하겠다.

하나는 종지를 개창하여 간략하게 설명하되 부처님의 지혜가 매
우 깊음을 찬탄한다.

둘째, 부처님의 지견을 여는 것에 대해 널리 설한다.

셋째, 다보여래께서 증명하여 설하되 위대한 지혜가 평등함을 찬

탄한다.

그러므로 초반부에선 시종일관 결과의 공덕을 말하고 있을 뿐, 원인을 밝히고 있는 것이 아님을 알라. 이처럼 여러 가지의 의미로 세 스님의 해석을 살펴보았지만 모두 성립하지 않는다. 그러므로 같다거나 다르다거나 할 수 없다.

問 何故要須洗破諸計

答 若有因果等見卽是有所得 有所得名之爲麤 不名爲妙 有所得名爲非法 不名爲法 有所得卽是不淨染著 非是蓮花 今息因果等見卽是無所得 無所得故名曰妙法稱爲蓮花 故是經宗

問 왜 반드시 모든 계교(計較: 헤아림)를 말끔히 씻어내고 논파해야만 하는가?

답 만약 원인과 결과(因果) 등의 견해가 있다면 바로 유소득이다. 유소득은 거칠다[麤]고 하지 미묘하다고 하지 않는다. 유소득은 비법이라 하지 법이라 하지 않는다.

유소득은 바로 청정하지 않은 오염된 집착이며 연꽃이 아니다. 지금 인과(因果) 등의 견해를 멈추면 바로 무소득이며, 무소득이기 때문에 묘법이라 하고 연꽃이라 한다. 그러므로 이것이 경전의 종지이다.

問 何以得知息有所得見即是妙法蓮花耶

答 今略引三證 一正觀論云 從因緣品來推求諸法 有亦無 無
亦無 亦有亦無亦無 非有非無亦無 是名206)名如法性實際涅槃
故知求有所得因果不可得即是妙法

▣ 유소득의 견해를 멈추면 그것이 바로 묘법연화라는 것을 어떻
게 알 수 있는가?

▣ 간단하게 세 가지를 들어 증명하겠다. 먼저 **정관론**에서 "인연
의 품성으로 모든 존재를 궁구하면 있는 것도 없고, 없는 것도 없으
며, 있기도 하고 없기도 한 것도 없고, 있는 것도 아니고 없는 것도
아닌 것도 없다."고 하였다. 이것을 진여, 법성, 실제, 열반이라 한
다.207) 그러므로 유소득의 인과는 불가득임을 추구하는 것이 바로
묘법이란 것을 안다.

【역 주】
206) 名을 대장경의 각주에 나오는 갑본에 의거해 삭제하고 해석한다.
207)《중론》〈관열반품〉(대정장30, 36중) "從因緣品來 分別推求諸法 有亦無
無亦無 有無亦無 非有非無亦無 是名諸法實相 亦名如法性實際涅槃"

二者法花論釋方便品云 我以無數方便引導衆生令離諸著 著
有四種 一者著界 謂三界等 二者著地 謂欲界地乃至滅盡定地
三者分著 謂在家著五欲出家著名利 四者乘著 著小乘著大乘等
故知有所著不名妙法 無所著即是經宗

두 번째는 **법화론**에서 〈**방편품**〉을 풀이해서 말했다. "내가 무수한
방편으로 중생을 인도하여 모든 집착으로부터 떠나게 하였다. 집착

에는 네 가지가 있다. 하나는 경계에 집착하는 것이니 바로 삼계 등을 말한다. 둘째는 경지에 집착하는 것이니 욕계의 경지 내지 멸진정의 경지를 말한다. 셋째는 분수에 집착하는 것이니 바로 재가자는 오욕에 집착하고 출가자는 명리에 집착한다. 넷째는 수레에 집착하는 것이니 소승에 집착하거나 대승에 집착하는 것 등이다."208) 그러므로 집착하는 것이 있으면 묘법이라 하지 않으며, 집착하는 것이 없는 것이 바로 경전의 종지임을 알라.

三者關中肇公百論序云 蕭焉無寄理自玄會 儻然靡據事不失眞 變本之道著乎玆矣 故知心無所依著即是妙法 爲此經宗也

셋째는, 관중의 승조209)가 **백론**의 〈**서문**〉에서 "쓸쓸함이여, 의지하지 않고도 도리를 저절로 현묘하게 아는구나. 그렇다면 현상에 의지하지 않고도 진실을 상실하지 않는 것이니, 본질을 변하게 하는 도리는 이에 집착하는 것이다."210)고 하였다. 그러므로 마음에 의지하거나 집착하는 것이 없다면 이것이 바로 묘법이고, 이 경전의 교의가 됨을 알라.

【역 주】────────────

208)《대정장》26, 5하. "彼處處著 或著諸界 或著諸地 或著諸分 或著諸乘"

209) 관중(關中)의 네 성인 중의 한 사람인 승조(僧肇)를 가리킨다. 관중사성은 구마라습의 제자인 도생(道生), 승조(僧肇), 도융(道融), 승예(僧叡)를 말한다. 이들을 라집 문하의 네 성인이라고도 한다.

210)《백론서》(출삼장기집 권제11, 대정장55, 77중) "儻然靡據 而事不失眞 蕭焉無寄 而理自玄會 反本之道 著于玆矣"

第二取而不破者 要須前來破洗有所得 執斷常心畢竟無遺 然
後始得辨佛因緣假名方便用 若衆生應聞因爲宗得悟即爲說因
應聞果爲宗得悟者即爲說果 應俱聞因果爲宗得悟 則爲說因果
三世諸佛菩薩說經造論 意在衆生得悟爲正宗 而敎無定也

두 번째로 받아들이되 논파하지 않는 것이란, 먼저 유소득의 단견
과 상견에 집착하는 마음을 논파하고 씻어내어 마침내 아무것도 남
는 것이 없어야만 한다. 그런 뒤에 비로소 부처님의 인연은, 가명과
방편의 작용임을 설명해야만 한다. 만약 중생이 원인을 종지로 여긴
다고 듣고 깨달으면 바로 원인을 설하는 것이며, 결과를 종지로 삼
는다고 듣고 깨닫는다면 바로 결과를 설하는 것이 된다. 혹은 인과
를 종지로 삼는다고 듣고 깨닫는다면 바로 인과를 설하는 것이 된
다. 3세의 제불보살이 경전을 설하고 논서를 만들었지만, 그 본질적
인 의미는 '중생이 깨달음을 얻게 하는 것'으로 올바른 종지를 삼는
다. 가르침에는 고정된 것이 없다.

問 何以知然耶

答 凡引六證 一者文殊問經云 十八部論及本二皆從大乘出 無
是亦無非 我說未來起

문 어떻게 그런 것을 아는가?

답 대략 여섯 가지를 들어 증명하겠다.

하나는 **문수사리문경**에서 "18부론과 근본 2부는 모두 대승에서 나
왔다."[211]고 하였으니 옳은 것도 아니고 틀린 것도 아니다. 나는 미
래에 발생할 것을 설한다.

【역 주】 ────────

211) 《문수사리문경》의 인용문은 다음과 같다. "摩訶僧祇部 分別出有七 体毗
履十一 是謂二十部 十八及本二 悉从大乘出 無是亦無非 我說未来起"
여기의 '18'은 남방의 부파불교로서 통상 '소승 18부'라 한다. '본이(本
二)'는 대중부와 상좌부의 근본 2부를 가리킨다. 이는 소승불교의 부파
를 설명한 것으로 이른바 '소승 18부', '소승 20부'로 나눈다. 전자는 남
방의 부파불교이고 후자는 북방의 부파불교이다. 이 18부는 불멸 후
200여 년 경에 비야리의 발기비구가 종래에 지계하던 법을 깨고 새로운
10조목을 주장하므로 야사장로가 많은 학승들을 소집하여 비법인 10개
조의 가부를 논의하게 된다. 이때 자유로운 관용파인 대중부는 이를 동
조하고, 전통적으로 엄숙한 상좌부에서는 이를 부정하여 결국 2파로 나
누어진다. 대중부는 6파, 상좌부는 12파가 되어 모두 18부가 된 것이다.
이에 대한 논서가 바로 《18부론》이고 진제가 번역하였다.

二者大集經云 雖有五部不同 皆不妨如來法界及大涅槃 三者
攝大乘論云 諸佛唯以利益爲定而敎無有定 四者智度論明 六家
釋波若論主不判其是非 以皆出佛口竝能開道常益物故 無非正
經 五者中論觀法品云 諸法無決定相 諸佛有無量方便 或說一切
實或說一切不實 亦實亦非實 非實非非實 四句竝皆得道 皆是佛
法 六者求那跋摩三藏遺文偈云 諸論各異端修行理無二 偏執有
是非達者無違諍 故知適緣所宜敎無定也

둘째 **대집경**에서 "비록 5부에 차이가 있지만 모두 여래의 법계와
대열반을 방해하지 않는다."[212]고 하였다.

셋째 **섭대승론**에서 "제불은 오직 이익으로 결정하므로 가르침에는
고정된 것이 있을 수 없다.[213]"고 하였다.

넷째 **지도론**에서 밝히고 있는데, 여섯 불교사상가는 반야를 해석
하는 논서에서 "그 시비를 판별하지 않는다."고 주장한다.[214] 모두
부처님의 입에서 나온 것이다. 동시에 도법을 개창하여 항상 중생을
이롭게 할 수 있기 때문이니, 올바른 경전 아닌 것이 없다.

다섯째 **중론** 〈관법품〉에서 "제법에는 결정된 모습이 없으니, 제불
에겐 무량한 방편이 있어서 혹은 일체가 진실이라 설하고, 혹은 일
체가 진실이 아니라 설하기도 한다. 진실이면서도 진실이 아니며,
진실이 아니면서도 진실 아닌 것도 아니다. 이 네 가지의 문구로 모
두 불도를 얻으니 모두가 불법인 것이다."[215]라 하였다.

여섯째 구나발마[216] 삼장이 남긴 글의 게송에서 "각종의 논설은
그 단서를 달리하지만 수행의 이치는 둘이 없다. 치우쳐 집착하면
시비가 있지만 통달하면 상반하는 다툼이 없다. 그러므로 적당한 인
연에 따를 뿐, 가르침에는 고정된 것이 없음을 알라."[217]고 했다.

【역 주】─────────────

212)《대방등대집경》(대정장23, 159중) "如是五部雖各別異 而皆不妨諸佛法界及大涅槃"

213) 출전미상

214)《대정장》25, 193상하. "問曰 般若波羅蜜 是何等法 答曰 有人言 無漏慧根是般若波羅蜜相… 復有人言 般若波羅蜜是有漏慧… 復有人言 從初發意乃至道樹下 於其中間所有智慧 是名般若波羅蜜… 復有人言 從初發意乃至道樹下 於其中間所有智慧 是名般若波羅蜜… 復有人言 菩薩般若波羅蜜 無漏無爲 不可見無對 復有人言 是般若波羅蜜…"

215)《중론》〈관법품〉(대정장30, 25상중) "諸佛無量方便力 諸法無決定相 爲度衆生或說一切實 或說一切不實 或說一切實不實… 而此中於四句無戲論 聞佛說則得道", (상동, 24상) "一切實非實 亦實亦非實 非實非非實 是名諸佛法"

216) 구나발마(求那跋摩): 인도 계빈국의 왕족으로 20세에 출가하여 삼장에 통달하였기에 '구나발마삼장'이라고 한다. 그는 30세에 국왕이 죽었는데 후계자 없어 신하들이 왕위에 오를 것을 간청했으나 듣지 않고 산중으로 들어가 수행하였고, 뒤에 사자국에 건너가 불법을 펴고 송나라 원가 8년(431)에 혜관(慧觀) 등의 초청으로 중국에 건너가 기원사에 있으면서 법화경,《십지경》을 강설하고,《보살선계경》과 〈사분비구니갈마법〉 등 10부 18권을 번역하였는데 그 뒤 기원사에서 65세로 입적했다고 한다.

217)《양고승전》권제3의 구나발마(Gunavarman)의 음사. 주로《보살선계경》등의 대승계율을 번역하고, 중국에 들어와 남림사(南林寺)에 처음으로 계단(戒壇)을 세웠다고 전해진다. 출전은 대정장50, 342상.

第三亦立亦破者 因果等三雖出經文非是正意 故須破之 所言
立者 今一往對上三師所明 此經以非因非果中道爲體 因果等爲
經大用

세 번째로 입증하기도 하고 논파하기도 한다는 것은, 인과 등의
세 가지는 비록 경문에서 나왔다고는 하지만 올바른 의미가 아니다.
그러므로 반드시 논파해야만 한다. 이른바 입증이란 표면적으로는
위의 세 스님에 대해 소명한 것이다. 이 경전은 원인도 아니고 결과
도 아닌 중도를 근본으로 삼고, 인과 등을 경전의 커다란 작용으로
삼는다.

問 因果等爲用非因果爲體 此出何文
答 方便品中明如是大果報種種性相義 此偈頌上因果之法 次
偈即云是法不可示言辭相寂滅 此偈即明非因果義 故知以非因
果爲體 因果等爲用 因果非因果旣爾 三一近遠權實亦然 非三非
一爲體 三一爲用 非近非遠爲體 近遠爲用 非權非實爲體 權實
爲用

🈁 인과 등으로 작용을 삼고, 인과가 아닌 것으로 본체를 삼는다
고 하는데, 이것은 어느 경문에서 나온 것인가?
🈀 〈**방편품**〉 중에서 "이와 같이 커다란 과보의 가지가지의 본성과
형상의 의미"218)를 밝히고 있다. 이 게송은 인과법219)을 기록한 것
이고, 다음의 게송은 "이 법은 보여줄 수 없는 것이니 언어의 모습이
적멸"하다는 것을 말한다. 이 게송은 바로 인과가 아니라는 의미를
설명한 것이다. 그러므로 인과가 아닌 것을 본체로 삼고, 인과 등을

작용으로 삼았음을 알라.

인과와 인과 아닌 것이 이미 그러하니, 3승과 일승, 가까운 것과 먼 것, 방편과 진실도 그러한 것이다. 3승도 아니고 일승도 아닌 것을 근본으로 삼고, 3승과 일승을 작용으로 삼는다. 가깝지도 않고 멀지도 않은 것을 근본으로 삼고, 가깝고 먼 것을 작용으로 삼는다. 방편도 아니고 진실도 아닌 것을 근본으로 삼고, 방편과 진실을 작용으로 삼는다.

【역 주】
218) 법화경 〈방편품〉(대정장9, 5하) "如是大果報 種種性相義"
219) 십여시(十如是)가 나오는 문장 "所謂諸法如是相 如是性 如是體 如是力 如是作 如是因 如是緣 如是果 如是報 如是本末究竟等"을 가리킨다.

然他義但得經用不識經體 旣不得體云何得用 設使得用用義 不成 若執因是乘者即斥於果 執果是乘者便破於因

그러나 다른 의미에서 보자면, 단지 경전의 작용을 얻었을 뿐, 경전의 근본을 모른 것이다. 이미 경전의 근본을 체득하지 못했는데, 어떻게 작용을 알겠는가? 설사 작용을 알았다고 하더라도 작용의 의미를 성취하지 못했다. 만약 원인이 수레라는 것에 집착한다면 결과를 배척하는 것이고, 결과가 수레라는 것에 집착한다면 역시 원인을 논파한 것이다.

而此經始終具四句明乘義 一者因乘非果乘 卽諸子乘此寶車
直至道場 二者果乘非因乘 故云佛自住大乘如其所得法定慧力
莊嚴以此度衆生 三者雙用因果爲乘 卽含前二句 四者非因非果
爲乘 謂是法不可示 言辭相寂滅

그러나 이 경전은 시종일관 모두 4구를 갖추어 수레의 의미를 설
명한다.

첫째, 원인의 수레(因乘)요 결과의 수레(果乘)가 아니다. 즉 여러
자식들이 이 보배의 수레를 타고 곧장 도량에 도달한다.

둘째, 결과의 수레(과승)이지 원인의 수레(인승)가 아니다. 때문
에 "부처님께서는 몸소 대승에 머무시는데, 마치 얻은 바의 법과 같
이 선정과 지혜의 힘으로 장엄하고 이것으로 중생을 제도한다."고
말한다.

셋째, 인과를 동시에 활용하는 것으로 수레를 삼는다. 바로 앞의
2구를 포함하는 것이다.

넷째, 원인도 아니고 결과도 아닌 것을 수레로 삼는다. "이 법은
보여줄 수 없는 것이니 언어의 모습이 적멸하다."고 말한다.

問 乘是運出義 非因非果云何是乘耶
答 說非因果令衆生出四句越百非 故名眞運出義也 又經云佛
性有五種名 五種名中名爲一乘 而經旣明佛性是非因果 一乘豈
不得是非因果耶 雖有三句四句[220]爲乘用 第四句爲乘體 故說
上三句歸於非因非果 第四句亦由非因非果故有因果等用也

🈲 수레는 운반한다는 뜻인데, 원인도 아니고 결과도 아닌 것이

어떻게 수레인가?

답 인과가 아닌 것을 설해 중생들이 4구를 뛰어 넘고 백 가지의 온갖 부정(百非)을 초월하게 한다. 그러므로 진실로 옮겨준다는 의미라 한다.

또한 경전에서 "불성에는 다섯 가지 이름이 있다. 이 다섯 가지 이름 중에 일승이 있다."221)고 한다. 그러나 경전에서 이미 불성은 인과가 아니라고 밝히고 있는데222), 일승은 어찌해서 인과가 아닐 수 있는가?

비록 4구가 있다고 하더라도 3구를 수레의 작용으로 삼고, 제4구를 수레의 근본으로 삼는다. 그러므로 이상에서 설한 3구는 원인도 아니고 결과도 아닌 것으로 귀착하지만, 제4구도 역시 원인도 아니고 결과도 아닌 것으로 말미암기 때문에 인과의 평등한 작용을 지니게 된다.

【역 주】 ───────

220) 저본과 달리 대장경의 각주에 나오는 갑본을 참고로 하여 三句四句를 四句三句로 순서를 바꾸어 번역한다.

221) 《남본열반경》 권제25 〈사자후보살품〉(대정장12, 767하~769중)에 불성의 이명(異名)으로 第一義空, 十二因緣, 中道, 一乘, 首楞嚴經을 거론하고 있다.

222) 《남본열반경》 권제25 〈사자후보살품〉(상동, 768중) "非因非果名爲佛性 非因果故常恒無變"

問 古舊誰用非因非果爲經體耶

答 注法花經採江左安 林 一 遠 河右什 肇 融 恒 八師要說著
於經序 故云出宅求車何小何大 滅城採寶孰近孰遠 敎凝於三一
之表 果玄乎丈六之外也

📖 예전에는 누가 원인도 아니고 결과도 아닌 것으로 경전의 근본
을 삼았는가?

📖 법화경의 주석에서 강좌(江左)223)의 안, 림, 일, 원과 하우(河
右)224)의 십, 조, 융, 항225) 등 여덟 명의 스님들의 핵심 주장을 채
록해 경전의 서문을 만들었다. 그러므로 "집을 나와 수레를 구하는
데 무엇이 작고 무엇이 큰 것이며, 화성을 없애고 보성을 취하는데
누가 가깝고 누가 멀다 하리오?"226)라고 말했다. 가르침이란 삼승
과 일승의 표현에 집중되어 있으니, 결과는 장육(一丈六尺: 등신상)
의 밖에서 현묘하구나!

第四非破非立者 然實未曾有三家義之可破 亦未曾有今義之
可立 若有破有立即是可以言宣 何謂諸法寂滅相不可以言宣耶
肇公涅槃論云 須菩提無言以顯道 釋梵絶聽以雨花 釋迦掩室於
摩竭提 淨名杜口227)於毘耶離

네 번째로 논파하지도 않고 입증하지도 않는 것이란, 기실은 논파
할 세 스님의 주장이 일찍이 있었던 적이 없으며, 입증해야할 지금
의 논의가 일찍이 있었던 적이 없었다. 만약 논파할 것과 입증할 것
이 있다면 마땅히 선언해야만 할 것이다. "제법의 적멸한 모습은 말
로 표현할 수 없다."고 말한 것은 무엇인가?228)

승조는 **열반론**에서 "수보리는 말없이 도리를 드러냈고, 제석과 범천은 귀를 막고 꽃을 뿌렸다. 석가는 마갈타에서 방문을 닫아걸고 말하지 않았으며,229) 정명은 비야리에서 입을 닫고 말하지 않았다."230)고 하였다.

【역 주】

223) 강좌는 중국의 양자강 하류의 동남지역을 일컫는다. 지금의 강소성 지역.

224) 하우는 황하의 오른쪽, 즉 서쪽으로 지금의 감숙성, 섬서성 일대.

225) 열거한 사람들은 차례대로 道安, 道林, 曇一, 僧遠, 구마라집, 승조, 도융, 도항을 말한다.

226) 〈화성유품〉에서 어떤 도사(導師)가 여러 사람들을 거느리고 보물이 있는 성에 이르기 위해 여러 가지 방편으로 대중들에게 성을 만들어 보이면서 보물을 찾을 때까지 그 성을 허물어 버리기를 반복하여 그들을 인도했다는 이야기가 있다. 그 내용은 다음과 같다. "導師多諸方便而作是念 此等可愍 云何捨大珍寶而欲退還 作是念已 以方便力 於險道中過三百由旬 化作一城 告衆人言 汝等勿怖 莫得退還 今此大城 可於中止 隨意所作 若入是城 快得安隱 若能前至寶所 亦可得去 是時疲極之衆 心大歡喜歎未曾有 我等今者免斯惡道 快得安隱 於是衆人前入化城 生已度想 生安隱想 爾時導師 知此人衆旣得止息 無復疲惓 即滅化城 語衆人言 汝等去來 寶處在近 向者大城 我所化作 爲止息耳"

227) 두구(杜口)는 법의 이치나 경지가 심원하고 헤아릴 수 없이 미묘함은 말로 설할 수 없는 것이므로 그 입을 막고 그치는 것이 옳다는 뜻이다. 이 내용은 정명거사가 비야리(비사리를 말함)에서 여러 보살들의 병문안을 받고 한 마디도 하지 않은 것을 말한다.

228) 《대정장》9, 10상. "諸法寂滅相 不可以言宣"

229) 이를 '마갈엄실(摩竭掩室)'이라고 한다. 즉 마갈은 부처님의 탄생지인데 여래께서 성도한 뒤 삼칠일 동안 앉아서 곰곰이 생각만 하며 설법하지 않았음을 뜻한다. 이를 선가에서는 언어도단을 표시할 때 사용한다.

230) 《대정장》45, 157하. "所以釋迦掩室於摩竭 淨名杜口於毗耶 須菩提唱無說以顯道 釋梵絕聽而雨華 斯皆理爲神御 故口以之而默豈曰無辯 辯所不能言也"

故口以之而默豈日無辨 辨所不能言 卽是法花言辭相寂滅 寂
滅寧有破立之可存耶 若能如此照達 卽是法花之宗旨也 斯之四
句蓋經論之大宗 開道斥病之妙術也 必須採之以貫通衆義

때문에 입을 막고 침묵했으니 어찌 분명하게 밝히지 않았다고 하
겠는가? 분명하게 밝혔지만 표현할 수 없는 것이라면 바로 **법화경**에
서 말하는 "언어의 모습이 적멸"했다는 것이다. 적멸이라면 어찌 논
파하고 입증할 수 있겠는가?

만약 이와 같이 관조하고 통달할 수 있다면 바로 이것이 **법화경**의
종지이다. 이러한 4구는 대개 경론의 핵심이요, 도리를 열어서 병을
물리치는 묘술이다. 반드시 그것을 채택하여 일체의 의미에 관통해
야만 한다.

第三 釋經題目更開七門
경의 제목을 해석하고 일곱 가지의 문을 열다

一立名意門 二立名不同門 三轉不轉門 四具義多小門 五前後門 六翻譯門 七釋名門

1. 입명의문: 이름을 수립한 의미를 밝히는 부분
2. 입명부동문: 이름을 수립하는 이유가 동일하지 않음을
   밝히는 부분
3. 전부전문: 이름이 변하는가, 변하지 않는가를 다루는 부분
4. 구의다소문: 의미를 갖추는데 약간의 차이가 있음을
   밝히는 부분
5. 전후문: 경전의 번역 이전과 이후 제목이 있고 없음을
   밝히는 부분
6. 번역문: 번역자에 따라 경전의 이름이 달라진 이유를
   밝힌 부분
7. 석명문: 경전의 이름을 풀이하는 부분

第一立名意門者 涅槃經云 低羅婆姨實不食油强名食油 涅槃
亦爾 實無名相强名相說 涅槃即是法花之異名 涅槃旣無名相强
名相說 法花亦無名相强名相說 所以强名相說者 欲令衆生因名
以悟理 因理以起行 因行以得解脫故也

첫째, 입명의문이란, **열반경**에서 "저라파이(低羅婆姨)231)는 실제
로는 먹을 수 없는 기름인데도 구태어 먹는 기름이라 한다."232)고
한다. 열반도 그렇다. 기실은 명상(名相: 개념이나 관념적 특징)이
없는데도 억지로 명상으로 설한다. 열반이란 바로 **법화경**의 다른 이
름이다. 열반은 이미 명상을 초월했지만 억지로 명상으로 설한다.
법화경도 역시 명상을 초월했지만 억지로 명상으로 말한다. 억지로
명상으로 설하는 이유는, 중생이 개념[名]으로 인해서 이치를 깨닫
도록 하고자 하는 것이다. 즉 이치 때문에 행업을 일으키며, 행업 때
문에 해탈을 얻을 수 있기 때문이다.

【역 주】 ─────────────

231) 원문의 '저라파이(低羅婆姨)'는 범어 navamakika의 음역으로 '나파마
리(那婆摩利)'라 하고 '여차제화(如次第華)'로 번역한다. 일종의 덩굴식
물로서 香油, 香水를 짠다고 한다. '저라파이(低羅婆姨)'는 타이라·빠
인(taila – payin)의 음사.(대정장의 원문에 의해 '坻羅婆夷'로 고침)

232)《열반경》운운한 구절은 "實非蛇蓋是名無因强立名字 如坻羅婆夷名爲
食油 實不食油强爲立名名爲食油 是名無因强立名字 善男子 是大涅槃亦
復如是 無有因緣强爲立名"이라고 한 내용을 말한다.(《열반경》권21)
《남본열반경》권제21(대정장12, 747중), "光明遍照高貴德王菩薩品
如坻羅婆夷名爲油油 實不食油强爲立名名爲食油 是名無因强立名字 善
男子 是大涅槃亦復如是 無有因緣强爲立名"

二立名不同門者 衆經或佛自立名 或待弟子發問 然後方立 或
序品之中預前立名 或正說之內方始立名字 或隨說一義即立名
字 或說一經竟最後制名 或一經之內但標一題 或一經之內立於
多名 或有衆經立於一名字 或有一部無別立名

둘째, 입명부동문이란, 여러 경전에선 혹은 부처님 자신이 손수
이름을 세웠다고 하거나, 혹은 제자들의 질문을 기다린 연후에 비로
소 이름을 세웠다고 한다. 간혹 서품 가운데서 앞서 미리 이름을 세
웠다고 하거나, 혹은 본문 안에서 비로소 이름이란 글자를 세웠다고
한다. 혹은 일승을 설하는 의미에 따라 이름이란 글자를 세웠다고도
한다.

혹은 하나의 경전을 다 설하고 나서 마지막에 이름을 세웠다고 한
다. 혹은 하나의 경전 안에서 단지 하나의 제목만 나타낼 뿐이거나,
혹은 하나의 경전 안에서 많은 이름을 세우기도 한다. 혹은 여러 경
전이 있지만 하나의 이름만 세우기도 하거나, 혹은 일부는 있지만
특별히 이름을 세우지 않기도 한다.

立名不同略有五雙十義 具如淨名玄義已廣述之 今此法花是
佛於正說中自立名字 若依經佛但立一名 若法花論明一部始終
有十七種名字 如彼廣說也

입명부동문에는 대략 다섯 가지의 대척(5쌍)과 열 가지의 의미가
있다. **정명현의**에서 이미 널리 설하고 있는 것과 같다. 지금 이 **법화
경**은 부처님께서 본문 가운데서 손수 이름을 세운 것이다. 경전에
의거할 것 같으면 부처님은 단지 하나의 이름만 세운 것이다. **법화론**

에 의거할 것 같으면 일부의 처음과 끝을 밝히고 있으며, 17종의 이름이 있다. 그곳에서 널리 설한 것과 같다.

三轉不轉門者 一切佛經立名有二 一者名字古今不轉 二者隨佛出世名字改易 如涅槃云 或名法鏡 或云名甘露鼓等 今此法花經於二種中名字古今不轉 故大通智勝佛 · 威音王 · 二萬日月燈明 · 及釋迦佛所說皆稱妙法蓮花 所以有轉不轉門者 蓋是隨宜不同 適時而說也

셋째, 전부전문이란, 일체의 불경은 이름을 세우는데 두 가지가 있다. 하나는 이름이 시간적(古今)으로 변하지 않은 것이고, 둘째는 부처님이 세상에 출현하심에 따라 이름을 바꾸는 것이다. 예를 들자면 **열반경**에서 "혹은 진리의 거울(法鏡), 혹은 감로의 북(甘露鼓)"233)이라 한 것과 같다. 이 **법화경**은 두 가지 중에서 시간적으로 이름이 변하지 않는 것이다. 그러므로 대통지승불, 위음왕불, 이만일월등명불, 석가불 등이 설한 것을 모두 묘법연화라 부른다. 때문에 전부전문이 있는 이유는 대개 마땅함에 따라서 동일하지 않기 때문이다. 시기에 맞추어 적절하게 설한다.

【역 주】 ─────────

233) 《남본열반경》 권제14 〈범행품〉(대정장12, 693하~694상) "何等名蕱伊帝目多加經 比丘當知 我出世時所可說者 名曰戒經 鳩留秦佛出世之時 名甘露鼓 拘那含牟尼佛時 名曰法鏡 迦葉佛時 名分別空 是名伊帝目多伽經" 법경은 묘법을 거울에 비유한 것, 감로고는 묘법의 소리를 감로의 북에 비유한 것이다.

四具義多少門者 衆經立名多小無定 或一義立名 或二義立名
或三義標名 一義立名者 或但人但法但處但時但事但喩 但人者
提謂之流 但法者如涅槃之例 但處者如楞伽也 此翻爲度處 但
時者即時非時經也 但事者謂枯樹經等也 但喩者金光明等也

넷째, 구의다소문이란, 여러 경에선 이름을 수립하는데 있어서 다
소 일정하지 않다. 혹은 동일한 의미로 이름을 세우거나, 혹은 두 가
지 의미로 이름을 세우거나, 혹은 세 가지 의미로 이름을 내세운다.

동일한 의미로 이름을 세운다는 것은, 간혹 사람이나 법, 장소, 시
간, 사물, 비유에 한정해서 이름을 세우는 것이다. 사람에 한정한 것
은 **제위경**과 같은 부류이며, 법에 한정한 것은 **열반경**과 같은 사례이
다. 장소에 한정한 것은 **능가경**과 같은 것이니, 이 경전은 '제도하는
장소'로 번역하기도 한다. 시간에 한정한 것은 **즉시비시경**이며, 사물
에 한정한 것은 **고수경** 등을 말한다. 비유에 한정한 것은 **금강명경** 등
이다.

二義立名者 或法譬雙擧 如妙法蓮花 或人法俱題 如維摩詰不
思議解脫等也 三義立名者 如勝鬘師子吼一乘大方便 勝鬘者謂
爲人名也 師子吼謂喩名 一乘大方便即法名也

두 가지 의미로 이름을 세운다는 것은, 혹은 법과 비유의 두 가지
를 거론하는 것이니 **묘법연화경**과 같다. 혹은 사람과 법을 함께 제목
으로 삼으니 **유마힐부사의해탈경** 등과 같은 것이다.

세 가지 의미로 이름을 세우는 것은 **승만사자후일승대방편경**과 같
은 것이다. 승만이란 사람의 이름을 지칭하며, 사자후는 비유적인

이름이고, 일승대방편이란 바로 법의 명칭이다.

 五前後門者 依天竺梵本前皆無題 但云悉曇 此言好法亦名成
就 立名皆在經末 而迴後在初者蓋是翻經之人 隨震旦國法 欲
令因名字不同識部類差別故也

 다섯째 전후문이란, 천축의 범본에 따르면 이전에는 모두 제목
이 없고 단지 실담234)이라고만 했다. 이것은 '진리를 좋아한다(好
法)' 235)란 의미를 말하거나 또는 성취란 의미이다.

 이름을 세우는 내용은 모두 경전의 끝에 있다. 그러나 끝에 있던
것을 앞으로 옮긴 것은 대개가 경전을 번역한 사람들이다. 중국의
국법에 따른 것236)이니, 이름이 다름에 따라서 부류(部類)의 차이를
알게 하고자 했기 때문이다.

【역 주】 ────────

234) 싯담(siddham)의 음사. 成就, 吉祥으로 한역.

235) 저본의 '好'를 갑본에 따라 '吉'로 고친다. 《정명현론》 권제2(대정장38,
  863하) "天竺經題在後, 而初皆云悉曇 悉曇云成就 亦云吉法"

236) 국법에 따랐다고 말하고 있지만 풍속과 문화의 차이를 존중한 것으로
  볼 수 있다.

六翻譯門者 依梵本云薩達摩分陀利修多羅 竺法護翻薩爲正
故云正法花經 晋羅什翻薩爲妙 故云妙法蓮花經 逕山慧遠雙用
前二更加兩名 謂眞法好法

여섯째 번역문이란, 범본에 의거하면 '**살달마분다리수다라**' 라고 한
다. 축법호가 올바르다는 의미의 정(正)이라 번역했기 때문에 **정법화
경**이라 불렀다. 진나라의 라집은 살(薩)을 묘(妙)라 번역했기 때문에
묘법연화경이라 했다. 경산237)의 혜원은 전술한 두 가지를 모두 사용
하고, 거기에 다시 두 가지의 명칭을 첨가하였으니, 이것을 진법(眞
法)과 호법(好法)이라 한다.

【역 주】────────

237) 경산은 알 수 없다. 실재로는 여산의 혜원을 지칭한 것으로 생각된다.
《법화현론》권제2(대정장34, 371하) "遠公雙用二說 加以多名謂眞法好
法等也"

今謂天竺一題名具含衆義 譯經之人隨取一義故各別翻之耳
所言具含多義者 然諸佛所行之道未曾邪正

이제 말하자면 천축에선 하나의 제명에 많은 의미를 동시에 포함
하고 있었다. 경전을 번역하는 사람이 하나의 의미만을 취했기 때문
에 따라서 각각 다르게 번역했을 뿐이다. 이른바 다양한 의미를 포
함하고 있다고는 하지만 제불이 행하는 도리에는 일찍이 삿되거나
올바르거나 한 적이 없다.

爲對內外二邪故立爲正 一者九十六種所說之法 稱之爲邪 如
來所說之法目之爲正 故對彼異道之邪明佛道爲正 二者昔執五
乘之異乖於一道名之爲邪

안팎의 두 가지 삿됨을 치료하기 위해 올바름[正]을 세웠다. 하나
는 96종의 주장인데 그것을 삿되다고 한다. 여래께서 설하신 법238)
은 올바르다고 한다. 그러므로 저들 외도들의 삿됨에 대치해서 불도
가 올바르다고 밝힌다. 둘째는, 예전에는 5승의 차이에 집착하여 일
승의 도리와 어긋났다. 그것을 삿되다고 하였다.

所以然者 道尙無二 寧得有五 故執於五異乖於一道故稱爲邪
以對彼二邪 故明佛所行道稱爲正法 言妙法者 諸佛所行之道未
曾麤妙 爲對二麤故歎美爲妙 一者外道所說之法有字無義 是卽
淺近之法故名爲麤 出世之法有字有義 目之爲妙 二者對五乘
之麤故歎佛乘爲妙 又五乘是方便之說故稱爲麤 一乘是眞實之
法故稱爲妙

왜냐하면 도리에는 둘이 없는데 어찌 5승이 있을 것인가? 그러므
로 5승의 차이에 집착하여 일승의 도리에 어긋났기 때문에 삿되다
고 한 것이다. 저 두 가지의 삿됨에 대치하기 때문에 부처님께서 행
하신 도를 밝혀 정법이라 한다. 묘법이란 제불이 행하신 도에는 거
침(麤)239)도 미묘함(妙)도 없지만, 두 가지의 거침에 대치하기 위해
미묘함을 찬탄하는 것이다.

첫째 외도가 주장하는 가르침에는 문자는 있지만 의미가 없
다.240) 이것은 바로 얕고 근시안(淺近)적인 가르침이기 때문에 거칠

다고 한 것이다. 출세간의 법에는 문자도 있지만 의미도 있기 때문에 미묘하다고 한다.

둘째로 5승의 거침(麤)에 대치하기 때문에, 부처의 수레(佛乘)를 미묘하다고 찬탄한다. 또한 5승은 방편의 설법이기 때문에 거칠다고 하며, 일승은 진실한 설법이기 때문에 미묘하다고 한다.

【역 주】 ─────────

238) 제목(題目): 題는 책의 표제, 즉 이름을 붙이는 것이고, 目은 篇名, 書名을 가리킨다. 편명은 또한 細名, 小名, 小題라고도 하며 書名은 總名, 大名 또는 大題라고도 한다.

239) 추(麤): 불교에서 말하는 추(麤)는 여러 가지 뜻이 있다. ①거칠게 나타나는 번뇌, ②육체를 가리킴, ③상대적인 것 등이다. 추묘승열(麤妙勝劣)은 거칠고 잡스러워 품위가 없는 곳과 뛰어나게 좋은 곳을 말한다. 추상(麤相)은 기신론에서 무명을 3종의 細相과 6종의 麤相으로 나누고 있으니 이것이 6상(六相)이다.

240) 정확한 출전 미상.《남본열반경》권제2,〈애환품〉(대정장12, 617중)"世間法者有字無義 出世間者有字有義"

次言眞法者亦有二義 一者外道之法目之爲僞 諸佛所行稱之
爲眞如 涅槃云 是諸外道虛假詐稱無有眞諦 故明佛法有於眞諦
次對五乘之僞以辨一乘之眞 故方便品云 唯此一事實餘二則非
眞 二尙非眞況五乘實耶

이어서 진법(眞法) 역시 두 가지 뜻이 있다. 하나는 외도의 가르침
을 거짓(僞)이라 하고, 제불이 행한 것은 진여라 한다. **열반경**에선
"모든 외도는 허가(虛假)하고, 사칭(詐稱)하므로 진제가 있을 수 없
다."241)고 하였다. 때문에 불법에 진제가 있다는 것을 밝힌다.

다음에는 5승의 허위에 대치해서 일승의 진실을 설명한다. 〈**방편
품**〉에서 "오직 이 하나의 사실이 있을 뿐, 나머지 두 가지는 진실이
아니다."242)고 했다. 2승도 오히려 진실이 아닌데, 하물며 5승이 진
실이겠는가?

言好法者亦有二 一對外道邪見名爲惡法 諸佛法正見稱爲好法
涅槃經云 求二乘者名爲不善 求大乘者名爲之善243) 卽是好法

호법(好法)에도 두 가지가 있다. 하나는 외도의 사견에 대해서 악
법이라 하고, 일체 불법의 정견을 호법(好法)이라 한다. **열반경**에서
"2승을 추구하면 불선(不善)이라 하고, 대승을 추구하면 선이라 한
다."244)고 하였으니, 이것이 바로 호법이다.

問 一乘敎起但應對彼五乘 何故亦對外道耶
答 涅槃敎乃斥三修比丘 而復簡外道故 外道無有眞諦及盜竊
佛常 今明佛法爲妙 豈不對外道非妙及五乘之麤耶

問 일승의 가르침은 단지 저 5승에 응대하기 위해 일으킨 것인데, 무슨 이유로 또한 외도에 대치하는가?

答 **열반경**의 가르침은 삼수245)비구를 배척하였다. 다시 외도를 가려내기 때문이다. 외도에겐 진제가 있을 수 없고, 동시에 부처의 상주를 도둑질한다. 이제 불법이 미묘하다는 것을 밝힌다. 어찌 외도의 미묘하지 않음과 5승의 거침을 대치하지 않을 것인가?

【역 주】 ───────

241) 《남본열반경》 권제13 〈성행품〉(대정장12, 688하) "我佛法中有眞實諦 非於外道"

242) 법화경 〈방편품〉(대정장9, 8상) "唯此一事實 余二則非眞"

243) 저본의 '名爲之善'을 갑본에 의해 '名之爲善'으로 고친다.

244) 정확한 출전은 알 수 없다. 《남본열반경》 권제8 〈여래성품〉(대정장12, 651중) "修餘法苦者皆名不善 修餘法樂者則名爲善"

245) 삼수(三修): 3가지 법을 관하는 방법인데 여기에 다시 勝劣 두 가지 삼수가 있다. 劣三修는 無常修(모든 유위법은 무상이라고 관함), 非樂修(모든 법은 다 고라고 관함), 無我修(오온은 공하여 아 및 아의 소유물이 무라고 관함)인데, 이는 성문의 관법이다. 그리고 勝三修는 常修(법신은 상주불멸임을 관하고 모든 것은 무상이라는 데 집착하는 성문의 잘못을 타파함), 樂修(열반에는 적멸락이 있음을 관하여 일체개고라는 데 집착하는 성문의 잘못을 타파함), 我修(무아법 중에 진아의 자유가 있음을 관하여 모든 것이 무아라는 데 집착하는 성문의 잘못을 타파함)인데 이는 보살의 관법이다(북본 《열반경》 권2에 나옴). 《南本涅槃經》 권제2(대정장12, 616상) "汝等若言我亦修習無常苦無我想 是三種修無有實義"

問 旣具四名 何故獨稱爲妙

答 凡有三義 一者經有妙文而無正稱 如云我法妙難思 又云是
乘微妙淸淨第一 卽其證也 二者妙是精微深遠之稱立妙名 則稱
歎義 便以我法微妙凡夫二乘及以始行菩薩不能思量義 若云我
法正難思義 則方言不巧於義不便也 三者次就義推 夫正以形耶
受稱妙以待麤得名 宜以九十六法爲邪 如來五乘之法稱正

🈁 이미 네 가지 이름을 갖추고 있는데, 어째서 오직 미묘하다고
만 말하는가?

🈔 여기에는 세 가지 뜻이 있다. 하나, 경전에는 미묘한 문장이 있
지만 올바른 칭호는 없다. 예컨대 "나의 법은 미묘하여 생각하기 어
렵다."고 한 것과 같다.246) 또한 "이 수레는 미묘하고 청정하기가
제일이라"247)고 하는데, 바로 이것을 증명한다.

둘, 미묘하다는 것은 정치하고 미세하며 심원한 호칭이라 미묘하
다는 이름을 세운 것이니 찬탄한다는 의미이다. 문득 "나의 법은 미
묘하여 범부나 2승, 시행(始行)보살은 그 의미를 생각하거나 헤아릴
수 없다. 만약 나의 법은 올바르기 때문에 그 의미를 생각하기 어렵
다."고 한다면 말은 그럴듯하지만 의미는 틀린 것이다.

셋, 순서대로 의미를 유추하는 것이다. 무릇 올바르다는 것(正)은
형태로 일컫는 것이고, 미묘하다는 것은 거침에 상대해서 얻은 이름
이다. 마땅히 96법으로 삿됨을 삼으니, 여래는 5승의 가르침을 올바
르다고 한다.

【역주】

246) 법화경 〈방편품〉(상동, 6하) "我法妙難思"

247) 법화경 〈비유품〉(상동, 15상) "是乘微妙淸淨第一 於諸世間爲無有上"

故正在五乘之法也 五乘雖正正而猶麤唯一乘之法乃稱爲妙
故妙主於一也 不得云外道爲麤五乘爲妙 亦不得云五乘爲邪一
乘爲正 外道之形佛法其猶石之與玉 五乘之與一乘同皆是玉 但
玉有精麤 故以五乘爲麤一乘爲妙也

그러므로 올바르다는 것은 5승의 가르침에 있다. 5승이 비록 올
바르다고는 하지만, 바르다는 것은 오히려 거침과 같으므로, 오직
일승의 가르침만을 미묘하다고 한다. 그러므로 미묘한 것은 하나라
주장한다. 부득이 외도를 거칠다고 하고 5승을 미묘하다고 하며, 역
시 부득이 5승을 삿되다고 하고 일승을 올바르다고 한다. 외도의 형
태와 불법은 그것이 돌과 옥의 관계와 같으니, 5승과 일승은 모두
동일한 옥인 것이다. 다만 옥에는 정밀한 것과 거친 것이 있기 때문
에 5승을 거칠다고 하고 일승을 미묘하다고 한다.

第七釋名門 今解達摩之法則釋妙義 此經文雖七軸宗歸一乘
宜以一乘之法爲妙 故譬喩品云 是乘微妙清淨第一 於諸世間爲
無有上 此偈對四乘之麤歎佛乘爲妙 上半對二乘之麤嘆佛乘爲
妙 下半對人天乘之麤嘆佛乘爲妙 是乘者謂佛乘也 微妙清淨者
歎佛乘也 以德無不圓故云微妙 累無不盡故名清淨 又夫論累者
所謂麤也

일곱째 석명문이란, 이제 달마의 가르침을 풀이하니, 바로 미묘하
다는 것의 의미를 해석한다. 이 경문은 비록 일곱 개의 주축으로 되
어 있지만 궁극적으로는 일승으로 귀착한다. 그래서 일승의 가르침
으로 미묘함을 삼은 것이다.

때문에 〈비유품〉에서 "이 수레는 미묘하며 청정하기가 제일이라."
고 하였다. 일체의 세간에서 최고이다. 이 게송은 4승의 거침에 대치
해서 불승(佛乘)의 미묘함을 찬탄하는 것이다. 이상의 반쪽 게송은 2
승의 거침에 대치해 불승의 미묘함을 찬탄하였으며, 아래의 반쪽 게
송은 인천승의 거침에 대치해서 불승의 미묘함을 찬탄한 것이다. 이
수레란 불승을 말하는 것이며, 미묘하고 청정하다는 것은 불승을 찬
탄한 것이다. 덕은 원만하기 때문에 미묘하다고 하며, 번뇌가 모두
사라졌기 때문에 청정하다고 한다. 또한 번뇌란 거친 것을 말한다.

在麤旣盡則衆德竝圓 累盡德圓故稱爲妙 又累無不盡 不可爲
有 德無不圓不可言無 非有非無則中道之法 故稱爲妙 同大涅槃
空不空義 以空無二十五有 不可言有 有常樂我淨 不可言無 而
一乘與大涅槃更無有異

거침이 사라지면 모든 공덕은 함께 원만해진다. 번뇌가 소멸하고
공덕이 원만해지기 때문에 미묘하다고 한다. 또한 번뇌가 모두 사라
지면 있다고도 할 수 없으며, 공덕이 원만하면 없다고도 할 수 없다.
있는 것도 아니고 없는 것도 아니면 중도의 가르침이기 때문에 미묘
하다고 한다.

열반경에서 말하는 공(空)과 불공(不空)의 의미와 같다.248) 공 때
문에 25유가 없으니 있다고도 할 수 없고, 상락아정이 있으므로 없
다고도 할 수 없다. 그래서 일승과 대열반은 더 더욱 차이가 있을 수
없다.

故譬喩品云 擧大涅槃合於大車故 云不令有人獨得滅度皆以
如來滅度而滅度之 則其證也 所言第一者 方便品云唯有一佛乘
無有餘乘若二若三 則知第一之名對二三而起也 以二三乘累猶
未盡德猶未圓

　그러므로 〈비유품〉에서 "대열반은 대승에 부합한다. 특정한 사람
만이 멸도를 얻는 것이 아니라, 모두가 여래의 멸도로 멸도하게 한
다."고 하는데, 이것이 바로 그 증거이다.
　이른바 제일이란, 〈방편품〉에서 "오직 일불승이 있을 뿐, 나머지
수레인 2승이나 3승은 있을 수 없다."[249]고 했으니, 제일이라는 명
칭은 2승이나 3승에 대치해서 생긴 것임을 알라. 2승이나 3승의 번
뇌가 아직 다 사라지지 않았기 때문에 공덕도 아직 원만하지 못한
것이다.

【역 주】
248)《남본열반경》권제25 〈사자후보살품〉(대정장12, 767하) "智者見空及與
　　不空… 空者一切生死 不空者謂大涅槃"
249) 법화경 〈방편품〉(대정장9, 8상) "唯有一乘法"(同前, 7중) "無有余乘若
　　二若三"

如涅槃云 二乘之人但見於空不見不空 故不行中道不得稱爲
第一 諸佛如來德無不圓累無不盡 具見空與不空義 行於中道故
稱爲第一也 於諸世間爲無有上 人天爲世間 世間乘則非妙 故云
於諸世間爲無有上也 上來總釋偈竟 今次別釋偈文

열반경에서 "2승인은 단지 공을 볼 뿐, 불공을 보지 않는다.250) 그
러므로 중도를 행하지 않으며, 제일이라 지칭할 수 없다."고 하였다.
제불여래의 공덕은 원만하지 않음이 없고, 번뇌는 다 사라지지 않음
이 없어서 함께 공과 불공의 의미를 보고, 중도를 행하기 때문에 제
일이라 지칭하는 것이다. 일체의 세간에서 최고이다. 인천으로 세간
을 삼으니 세간의 수레는 미묘하지 않다. 때문에 일체의 세간에서
최고라 하였다.

　이상 전체적으로 게송을 풀이했다. 이제 다음에는 개별적으로 게
송의 문장을 해석한다.

【역주】
250)《남본열반경》권제25〈사자후보살품〉(대정장12, 767상) "聲聞緣覺見一
　　切空 不見不空"

夫造十惡業報感三途故稱爲麤 五戒招得人報則以人乘爲妙
人乘樂少苦多故稱爲麤 十善感得天身則苦少樂多則天乘爲妙
人天未勉生老病死故名爲麤 聲聞得出三界故名爲妙 聲聞福少
鈍根稱之爲麤 緣覺福厚利根名之爲妙 聲聞緣覺累猶未盡德猶
未圓故稱爲麤 唯有佛乘德無不圓累無不盡故稱爲妙

무릇 십악의 업보를 만들어 3악도를 받기 때문에 거칠다고 하고, 5계로 인간의 업보를 초래하므로, 바로 인승(人乘)을 미묘하다고 한다. 인승은 즐거움이 적고 괴로움이 많기 때문에 거칠다고 한다. 십선으로 하늘의 몸(天身)을 얻으면 괴로움이 적고 즐거움은 많으니, 바로 천승(天乘)으로 미묘함을 삼는다.

인천승은 아직 생노병사를 면하지 못했기 때문에 거칠다고 하고, 성문은 삼계를 벗어났기 때문에 미묘하다고 한다. 성문은 복이 적고 우둔한 근기이므로 거칠다고 하고, 연각은 복력이 두텁고 근기가 예리하기 때문에 미묘하다고 한다. 성문과 연각은 아직 번뇌가 모두 사라지지 않았고, 공덕도 원만하지 못하기 때문에 거칠다고 한다. 오직 불승(佛乘: 부처의 수레, 일승과 동일한 개념)만이 덕이 원만하고, 번뇌가 모두 사라졌으므로 미묘하다고 한다.

問 今明一乘爲妙與舊何異
答 釋此經者凡有三說 一云 此經雖辨一乘之因猶感無常之果
是以文云過去過塵沙未來復倍上數 又藥草喩品云究竟涅槃常寂
滅相終歸於空 終歸於空者 終灰身滅智入無餘涅槃 故猶是無常
至大涅槃方辨常住 旣是無常則應是麤 但對前諸經未辨過去過
塵沙未來復倍上數 故歎此經以爲妙耳 若望涅槃敎則猶是麤也

🈷 여기서 일승이 미묘한 것이라 설명하고 있는데, 그렇다면 이전과 무엇이 다른가?

🈶 이 경전을 해석하는데 세 가지 설이 있다.

첫 번째 해석은, 이 경전이 비록 일승의 원인을 분석하지만 오히려 무상의 결과를 받는 것과 같다. 때문에 경문에서 "과거에 항하사와 같은 시간을 지났지만 미래에는 이상에서 말한 숫자의 배가 된다."고 하였다.251) 또한 〈약초유품〉에서는 "궁극적으로 열반의 상주와 적멸의 모습은 결국 공으로 돌아간다."고 하였다.252) 결국 공으로 돌아간다는 것은, 마침내 회신멸지하여 무여열반253)에 들어간다는 것이다. 그러므로 오히려 무상한 것과 같다. 대열반에 이르러서야 상주한다고 밝히고 있는 것이다. 이미 이것이 무상한 것이라면 마땅히 이것은 거친 것이다. 다만 '앞에서 일체의 경전은 과거에 항하사와 같은 시간을 지났지만 미래세에는 이상에서 말한 숫자의 배가 된다.'고 한 것에 대치하기 때문에 이 경전을 찬탄해서 미묘하다고 한 것이다. 만약 **열반경**의 가르침에 의거해서 본다면 오히려 이것은 거친 것과 같다.

【역 주】

251) 법화경 〈여래수량품〉에 설명한 부처님의 수명을 말한다. 석존은 過去五百塵劫前에 성불하였다는 것을 말하고, 미래에 있어서는 "我本行菩薩道所成壽命 今猶未擇復倍上數"(대정장9, 42하)이다. 塵沙는 塵이나 沙같이 많다는 뜻이다. 《법화의소》의 〈여래수량품〉에서 "第二得失門者釋此經壽量凡有三師 一用五時敎者云過去過塵沙未來倍上數 猶是無常 終歸盡滅故前云終歸於空 故如來壽有限量也"라고 한 내용을 말한다.

252) 법화경 〈약초유품〉(대정장9, 19하) "如來知是一相一味之法… 所謂 解脫相 離相 滅相… 究竟涅槃常寂滅相 終歸於空"

253) 신체(身体)라고 하는 것이 아직 남아 있는 열반을 有餘涅槃이라 말하고, 신체를 소멸한 완전한 열반은 無余涅槃이라 한다.

第二釋云 此經已辨於常猶未顯了 但是覆相254)明常 所以然者
此經未除八倒不明四德255) 但明壽命無窮故是覆相辨常 至涅槃
教方顯了辨常

두 번째 해석에서 "이 경전은 이미 상주함을 판별했지만 아직 드
러낸 적이 없는 것과 같다."고 했다. 다만 이것은 형상을 가리는 것
으로 상주함을 밝히는 것이다. 왜냐하면 이 경전은 아직 여덟 가지
의 전도(八倒)256)를 없애지 못했고, 네 가지의 공덕을 밝히지도 못
했다. 단지 수명이 무궁함을 밝히고 있기 때문에 형상을 가리고 상
주함을 설명한 것이다. **열반경**의 가르침에 이르러 비로소 상주함을
드러내게 되었다.

【역 주】────────

254) 복상(覆相)은 '나타낸다'의 반대어로서 진상을 숨긴다는 의미이다.

255) 대열반이 있는 常, 樂, 我, 淨의 네 가지의 대공덕.

256) 8도(八倒): 8전도라고도 하는데, 범부와 소승 등이 미혹한 고집으로 바
른 이치를 뒤바뀌게 하는 8종의 그릇된 견해를 말한다. 즉 有爲生滅하
는 법을 常, 樂, 我, 淨하다고 고집하는 범부의 4倒와 무위열반의 법을
無常, 無樂, 無我, 不淨이라고 고집하는 2승의 4倒를 합한 것이다.

第三釋云 自小乘之教則辨無常覆相之說 一切大乘經皆是常
住顯了無餘

세 번째 해석에서 "소승의 가르침부터는 무상과 부상(覆相: 형상
을 덮다. 가리다)의 설을 판별한다. 일체의 대승경전은 모두 상주설
(常住說)이며, 무여열반을 드러낸다."고 말한다.

今總評此三說 初釋是下根之人 次釋是中根之人 第三是上根
之人也 所以然者 初釋爲謗法過甚深故是下根 次說毁呰少輕秤
爲中根 第三乃言究竟而封執成迷教[257]故是上根人也 此皆就有
所得中自開三品

이제 이 세 가지 설을 종합해서 평가하면, 처음의 해석은 하근기
의 사람이고, 두 번째의 해석은 중근기의 사람이고, 세 번째의 해석
은 상근기의 사람이다.

왜냐하면 처음의 해석은 법을 비방하는 허물이 매우 깊기 때문에
하근기이고, 다음의 주장은 허물을 비방하는 것이 조금 가볍기 때문
에 중근기라 하며, 세 번째는 구경을 말하고 있지만 집착하면 미혹
하게 된다. 그러므로 상근기의 사람이다. 이것은 모두 유소득(有所
得) 가운데서 스스로 세 가지의 품성을 밝힌 것이다.

問 初釋云何謗法過深

答 今以四處徵之 則知爲謗深也 一用法花前敎爲難 二用法花
正文責之 三尋關河²⁵⁸⁾舊說 四以義推難 法花前敎 謂大小波若
及淨名等經 大品常啼品云 諸佛色身有去來法身無去來

問 처음의 해석은 왜 법을 비방하는 허물이 깊다고 하였는가?

답 이제 네 군데서 그 이유를 밝히고자 하는데, 비방하는 허물이
깊음을 알아라.

하나는 **법화경** 이전의 가르침을 활용해서 비판하는 것이다.

둘째는 **법화경**의 올바른 경문을 써서 꾸짖는 것이며,

셋째는 관중과 하서의 옛 교설을 살펴보는 것이고,

넷째는 의미상 유추해서 비판하는 것이다.

법화경 이전의 가르침은 대품과 소품의 **반야경**과 **정명경** 등을 말한
다. **대품반야경**의 〈상제품〉에서 "제불의 색신에는 오고 가는 것이 있
지만, 법신에는 오고 가는 것이 없다."²⁵⁹⁾고 하였다.

【역 주】

257) 저본에는 敎가 있지만 대장경의 각주에 있는 갑본에는 없으므로 삭제하
고 번역한다.

258) 뒤의 본문에서 관중(東의 函谷關, 南의 武關, 西의 散關, 北의 蕭關의 중
간 地域)의 승예와 하서(黃河의 서쪽 지역)의 도명(道明)을 지명으로 표
현한 것.

259) 《대품반야경》 권제27 〈법상품〉(대정장8, 412하) "諸佛不可以 色身見 諸
佛法身無來無去"

金剛波若論云 三身異體故離彼是如來 故知如來非有爲法
身即是常住 淨名方便品云 此身可患厭 當樂法身 蓋是毁生死身
無常 即歎法身常住 故逼引之敎成 欣厭之觀立 若生死無常法身
復改起滅者 則同可厭棄 何所欣哉 故逼引之敎不成欣厭之觀行
不立

금강반야론에서 "3신은 신체를 달리하기 때문에 그런 것을 여의는
것이 여래"260)라고 한다. 그러므로 여래는 유위법이 아니지만, 몸은
곧 상주한다는 것을 알라. 정명경의 〈방편품〉에서 "이 몸은 근심하고
싫어할 것이 있으므로 법신을 즐겨야만 한다."261)고 했다.

대개 생사를 훼손하는 몸은 무상하고, 법신은 상주한다고 찬탄한
다. 때문에 유인하는 가르침이 이루어지고, 좋아하고 싫어하는 관법
(欣厭觀)262)을 세운다. 만일 생사가 무상한데도 법신을 다시 바꾸어
서 생멸을 일으킨다면, 함께 싫어하고 버려야 할 것이니 무엇을 기
뻐할 것인가? 그러므로 유인하는 가르침을 완성하지 못하고, 기뻐
하거나 싫어하는 관행을 수립하지 못하는 것이다.

弟子品云 法身無漏諸漏已盡 此明無有無常因也 法身無爲不
墮諸數 此明佛果無爲常住也 尋波若淨名 是法花前敎當辨常住
法花居二經之後 寧是無常耶

〈제자품〉에서 "법신은 무루이니, 모든 번뇌가 이미 없어진 것"263)
이라고 하였다. 이것은 무상의 원인이 있을 수 없다는 것을 밝힌 것
이다. "법신은 무위라서 일체의 헤아림에 떨어지지 않는다."264)고
하는 것은, 불과(佛果)는 무위이며 상주임을 밝힌 것이다. 반야경과

정명경을 살펴보면 **법화경** 이전의 가르침이며, 마땅히 상주(常住)설임을 밝히고 있다. **법화경**은 두 경전의 이후에 있는 것인데, 어찌 무상의 가르침일 수 있겠는가?

【역 주】 ────────

260) 《금강반야바라밀경론》(대정장25, 782하) "三相異本故 離彼是如來". 3상(三相)은 유위법의 3가지 특성으로 生, 住, 滅이다.

261) 《유마경》〈방편품〉(대정장14, 539중하) "此可患厭 當樂佛身 所以者何佛身者 即法身也"

262) 흔염관(欣厭觀): 유부 등에서 말하는 6행상관(六行相觀)이라는 것이 있는데, 아래로는 厭을 관하고 위로는 欣을 관한다고 한다. 즉 견도에 들어가기 전에 이 관법을 써서 修惑을 끊어야 견도에 들어간다고 한다. 《구사론》 권24에 의하면 무간도에서 자타와 다음의 아래 경지를 대상으로 하면 적정(寂靜)하지 않기 때문에 麤하고, 미묘하지 않기 때문에 苦이고 자타를 출리하지 못하기 때문에 막힌다(障)고 한다. 그 麤, 苦, 障의 삼행상의 하나를 관조하여 이것을 싫어하고(厭), 해탈도에서 역으로 이것은 靜, 妙, 離라고 삼행상의 하나를 관조하여 이것을 기뻐한다(欣). 상하를 합하여 육행상을 관하기 때문에 육행관이라고 한다. 무간도의 염추관(厭麤觀)이 해탈도의 흔정관(欣靜觀)에 대응한다는 것처럼 순서는 일정하지 않다. 또 유식에서는 육행관이 번뇌의 현행을 항복시킬 수는 있지만 번뇌의 종자를 끊을 수는 없다고 본다.

263) 《유마경》〈제자품〉(대정장24, 542상) "佛身無漏 諸漏已盡"

264) 《유마경》〈제자품〉(대정장24, 542상) "佛身無爲 不墮諸數"

次用法花文破之方便品云 我雖說涅槃是亦非眞滅 諸法從本
來常自寂滅相 此文明今昔大小二滅之眞僞也 昔小滅非眞滅 今
大滅是眞滅 昔小涅槃非眞涅槃 今大涅槃是眞涅槃 若爾者卽昔
小常非眞常 今大常是眞常

다음으로 **법화경**의 경문을 활용해 그것을 논파한다. 〈방편품〉에서
"내가 비록 열반을 말했지만 이것 역시 참된 열반이 아니다. 제법은
본래부터 항상 자체적으로 적멸한 모습"265)이라 하였다. 이 경문은
고금(古今)과 대소(大小)의 두 가지 적멸의 진위를 설명한 것이다.

예전 소승이 말한 적멸은 참된 적멸이 아니고, 지금 대승이 말하
는 적멸은 참된 적멸이다. 옛날 소승이 말하는 열반은 참된 열반이
아니고, 지금 대승이 말하는 열반은 참된 열반이다. 만일 그렇다면
예전 소승이 주장한 상주는 참된 상주가 아니었고, 지금 대승이 주
장하는 상주는 참된 상주인 것이다.

【역 주】————————
265) 법화경 〈방편품〉(대정장9, 8중) "我雖說涅槃 是亦非眞滅 諸法從本來 常
自寂滅相"

譬喩品云 但離虛妄名爲解脫 其實未得一切解脫 聲聞之人但
斷四住惑 名離虛妄 未斷無明住地 即顯今敎具斷五住地 名一切
解脫 若爾者小乘之人二生死之因未傾故是無常 如來五住地竝
盡所以是常住 乃至壽量品云 壽命無量阿僧祇劫常住不滅 文處
甚多不可具列

〈비유품〉에서 "다만 허망함을 떠나면 해탈이라 하지만, 기실은 아
직 일체의 해탈을 얻지 못했다."266)고 말한다. 성문인은 단지 사주
(四住)267)의 미혹만을 끊었을 뿐이지만 허망함을 벗어났다고 한다.
아직 무명주지268)의 미혹을 끊지 못했다면 지금의 가르침(=**법화경**)
을 밝혀서 함께 오주지의 미혹을 끊는다. 이것을 일체의 해탈이라
한다. 만일 그렇다면 소승인은 두 가지 생사의 원인을 아직도 없애
지 못했기 때문에 무상(無常)이다. 여래는 오주지의 미혹을 모두 없
애 버렸기 때문에 상주(常住)이다. 〈**수량품**〉에서 "수명이 무량아승지
겁이라, 항상 머무르며 소멸하지 않는다."269)고 하는데, 이런 경문
이 나오는 곳은 너무나 많아 일일이 열거할 수 없다.

【역 주】────────
266)《대정장》9, 8중, "但離虛妄名爲解脫 其實未得一切解脫"
267) 여기서 4주(四住)는 오주지(五住地) 중 무명주지를 뺀 나머지를 말한다.
　　오주지는 ①見一處住地, ②慾愛住地, ③色愛住地, ④有愛住地, ⑤無明
　　住地이다.
268) 무명주지: 5주지의 하나로 근본무명을 말한다. 무명은 모든 번뇌의 원
　　인과 집착의 대상이 되고, 번뇌를 일으키는 근본이 되기 때문에 주지라
　　한다.
269)《대정장》9, 42하, "如是我成佛已來甚大久遠 言成佛道其實已久 壽命無
　　量阿僧祇劫常住不滅"

問 若此經已明常住 何故壽量品云復倍上數耶
答 法花論云 復倍上數者示現如來常命不可盡故 則知此文非
無常矣

🈁 만일 이 경전이 이미 상주한다는 것을 밝혔다면 왜 〈수량품〉에
서는 "위에 말한 수의 배가 된다."고 하였는가?

🈺 법화론에서 "위에서 말한 수의 배가 된다는 것은, 여래의 상주
하는 수명은 사라질 수 없는 것임을 보여준 것"270)이니, 바로 이 경
문은 무상(無常)을 말하는 것이 아님을 알아라.

三用關河舊釋者 關中僧叡面受羅什法花其經序云 分身明其
不實 壽量定其非數 分身明其不實者 釋迦與諸佛互指爲分身 則
知俱非實佛 實佛者謂如來妙法身也 壽量定其非數者 壽者不可
數 明如來壽命不墮諸數中 是常住 與法花論玄會也 又與淨名經
佛身無爲不墮諸數其義同也 河西道朗著法花疏釋見寶塔品 明
法身常住理無存沒 亦壽量品明如來壽量同虛空 一切世間唯身
與命 今隨從世法亦明斯兩 故前明法身常後辨壽無滅 與涅槃經
前明長壽後辨金剛身無異也

세 번째로 관중과 하서의 옛 주장을 활용해서 해석하자면, 관중의
승예는 직접 라집에게 **법화경**을 전수받는데, 그 경전의 서문에서
"분신은 그것이 진실이 아님을 밝히는 것이고, 수량은 그것이 헤아
릴 수 있는 것이 아니란 점을 결정하는 것"271)이라 하였다.

'분신은 그것이 진실이 아니라는 것'은, 석가와 제불은 서로를 가
리켜 분신이라 했으니, 모두 진실한 부처가 아님을 알아라. 진실한

부처란 여래의 미묘한 법신을 말한다.

'수량은 그것이 헤아릴 수 있는 것이 아니란 것'은, 수명은 헤아릴 수 없는 것이니, 여래의 수명은 어떠한 헤아림 가운데도 떨어지지 않는다는 것을 설명한 것이다. 이것이 상주(常住)이다. 또한 **정명경**에서 "부처의 몸은 무위라서 일체의 헤아림에 떨어지지 않는다."고 하였는데, 그런 의미와 같은 것이다.

하서의 도량은 **법화경소**272)를 저술했는데, 〈견보탑품〉을 해설하면서 "법신은 상주하며, 그 이치에는 있거나 사라지거나 하는 것이 없다."고 설했다. 또한 〈**수량품**〉에선 "여래의 수량은 허공과 같으니 일체의 세상에는 몸과 수명뿐"이라 설했다.

이제 세간의 가르침에 따라 이 두 가지를 밝혔기 때문에 앞에서는 법신의 상주를 밝혔고, 뒤에서는 수명의 불멸을 판별한 것이다. **열반경**에서 "앞에서는 장수를 설명하고, 뒤에서는 금강신을 판별한 것"과 차이가 없다.273)

【역 주】

270)《대정장》26, 9하, "所成壽命復倍上數者 此文示現如來命常善巧方便顯多數故 過上數量不可數知"

271) 승예(僧叡)의《법화경후서》권제8(대정장55, 57중) '然則壽量定其非數 分身明其無實'

272) 하서의 도량에겐《법화통략》이라는 법화주석서가 있었다. 〈법화현론〉(대정장34, 376하)에 나온다. 그렇지만 현존하진 않는다. 그는 담무참(曇無懺)의《대반열반경》의 번역에 참가했으며,《대반열반경》은 현존한다.

273)《남본열반경》〈장수품 제4〉,〈금강신품 제5〉의 전후 관계를 지적한 것이다.

第四明用義難者凡有十義 一者此經雖明因果而妙義在果 因
未圓極則猶未妙 若佛果猶是無常 無常則苦 旣無常苦則無我不
淨 乃是麤法 何名爲妙

네 번째로 의미를 활용해 비판하는 것을 밝히자면 열 가지의 의미
가 있다.

첫째, 이 경전은 비록 인과를 밝히고 있지만 미묘한 의미는 결과
에 있다. 원인이 아직 원만하고 지극하지 않으면 아직 미묘하지 않
은 것과 같다. 만약 불과(佛果)일 것 같으면 오히려 무상한 것과 같
으니, 무상이면 괴로움이다. 이미 무상이 괴로움이라면 무아는 청정
한 것이 아니다. 바로 거친 가르침(麤法)이다. 어찌 미묘하다고 하겠
는가?

二者經云 爲一大事因緣故出現於世 何容終始以無常不了麤
法以化物耶 此則乖父子恩情傷諸佛本意

둘째, 경전에서 "일대사인연 때문에 이 세상에 출현했는데, 어찌
시종일관 무상의 요의하지 않은 거친 가르침(麤法)으로 중생을 교화
할 수 있을 것인가?" 이것은 바로 부자(父子: 아버지와 아들. 즉 부처
님과 중생)의 은정에 어긋나고, 제불의 본래 의미를 해치는 것이다.

三者前明一乘異昔三乘 後明常住異昔無常 以一乘異昔三乘
故 得以一乘爲藥破於三病 以常異昔無常故 亦得以常住爲藥破
無常病 則是雙治之義 若今猶是無常者 但有以一破三 無有以常
破無常 則治病未圓顯理不足

셋째, 앞에서 일승은 예전의 3승과 다르다고 설명하고, 뒤에서는
상주(常住)하는 것이 예전의 무상과 다르다고 설명했다. 일승이 예
전의 3승과 다르기 때문에 일승을 약으로 삼아 3승의 병을 타파한
것이다. 상주하는 것은 예전의 무상함과 다르기 때문에 역시 상주를
약으로 삼아 무상이란 병을 타파하는 것이다. 이것은 바로 동시에
치료한다는 뜻이다. 만일 지금이 무상할 것 같다면, 다만 일승으로
3승을 논파할 수는 있지만, 상주함으로 무상함을 논파할 수는 없다.
곧 병을 치료하는 것이 원만하지 못하고, 이치를 드러내는 것이 부
족한 것이다.

四者若一乘異三而一乘之果猶是無常者 則還同昔異 終是三
乘則無一乘敎 都無兩治也

넷째, 일승이 3승과 다르고, 그래서 일승의 결과가 마치 무상한 것
과 같다면, 옛날의 차이를 동일함으로 되돌린 것이다. 결국 3승의 가
르침이니 일승의 가르침은 없다. 어디에도 두 가지의 치료는 없다.

五者又若今一異昔三而無常猶同昔 則因果[274]果聲聞果同羅
漢 都非義也

다섯째, 만약 지금의 일승이 예전의 3승과 다르지만 그러나 무상
한 것은 마치 예전과 같다면, 원인은 결과인 성문과 다른 것이고, 결
과는 아라한과 같은 것이다. 모든 옳은 의미가 아니다.

六者前文明身子爲請主 而身子小乘中之極執異之窮 故說一
乘令改小入大捨異歸同 則大有接小之義 小有欣大之理 則初分
經機教符會 後分經彌勒爲請主 彌勒是因位之窮無常之極 若說
佛果猶是無常 則果無接因之理 因無欣果之義 便機教相乖也

여섯째, 앞의 문장에선 신자(사리불)가 주인에게 청하는 것을 밝
혔다. 신자는 소승 가운데서 최고이며, 차이에 집착하는 대표자이
다. 그러므로 일승을 설해 소승에서 마음을 돌려 대승에 들어가게
하고, 차이를 버리고 동일함에 돌아가게 하는 것이다. 그런 즉 대승
에는 소승을 유인한다는 의미가 있고, 소승에는 대승을 기뻐하는 이
치가 있다. 즉 경전의 초반부에서는 근기와 가르침이 은연중 통하는
것임을 밝혔고, 후반부의 경전에서는 미륵을 법을 청하는 주체로 삼
고 있다. 미륵은 인위(因位)와 무상의 궁극이다. 만약 불과(佛果)가
무상할 것 같으면, 결과에는 원인을 유도하는 이치가 없는 것이고,
원인에는 결과를 기뻐하는 의미가 없는 것이다. 바로 근기와 가르침
이 서로 어긋나는 것이다.

七者天親釋壽量品明於三身 伽耶成佛爲化身 久已得佛壽命
無量爲報身 無有生死若退若出非實非虛非如非異爲法身 旣具
明三身 豈非是常住

일곱째, 천친(세친)이 〈**수량품**〉을 해석하면서 삼신을 밝히고 있
다.[275] 가야에서 성불한 것을 화신이라 하고, 부처님의 수명은 무량
하여 셀 수 없는 것을 보신이라 한다. "생사가 있을 수 없으니 물러
나기도 하고 나오기도 하며, 진실도 아니고 허위도 아니며, 같은 것
도 아니고 다른 것도 아니므로 법신이라"고 하였다. 이미 함께 삼신
을 밝혔는데 어찌 상주가 아니라 하겠는가?

【역 주】───────────
274) 果는 대장경에 실린 판본의 각주에 의하면 異란 글자의 오식으로 보며,
　　따라서 여기서도 異의 의미로 번역.
275)《법화론》권하(대정장26, 9중) "者示現成大菩提無上故 示現三種佛菩提
　　故 一者示現應佛菩提 隨所應見而爲示現 如經皆謂如來出釋氏宮去伽耶
　　城不遠坐於道場得成阿耨多羅三藐三菩提故 二者示現報佛菩提 十地行
　　滿足得常涅槃證故 如經善男子我實成佛已來無量無邊百千萬億那由他劫
　　故 三者示現法佛菩提 謂如來藏性淨涅槃常恒淸涼不變等義 如經如來如
　　實知見三界之相次第乃至不如三界見於三界故"

八者涅槃經菩薩品云 如法花經八千聲聞 得受記別成大果實
如秋收冬藏更無所作 故知法花顯了究竟 豈不明常耶

여덟째, **열반경** 〈보살품〉에서 "**법화경**에서 8천 명의 성문이 수기를
받고, 각각 위대한 과실을 성취한 것과 같다. 가을에는 거두어 들이
고 겨울에는 저장하되 집착하는 바가 없는 것과 같다."276)고 하였
다. 그러므로 **법화경**은 구경의 가르침을 드러냈음을 알아라. 어찌 상
주함을 밝히지 않았겠는가?

【역 주】────────

276)《남본열반경》 권제9 〈보살품〉(대정장12, 661중) "是經出世如彼果實多
所利益安樂一切 能令衆生見於佛性 如法花中八千聲聞得受記莂成大果實
如秋收冬藏更無所作 一闡提輩亦復如是於諸善法無所營作"이 문장은
《북본열반경》의 경우 〈여래성품〉에 속한다. 본문에서 〈보살품〉이라고
한 것은 길장(吉藏)이《남본열반경》을 사용했음을 증명한다.

九者二萬日月燈明佛說法花經竟便入涅槃 當知說了義之法已
竟然後滅耳 若未說了義之法則便不得滅也

아홉째, 이만의 일월등명불이 **법화경**의 설법을 마치자 바로 열반
에 들어갔으니, 마땅히 요의의 설법을 마친 뒤에 열반에 들어간 것
임을 알아야 한다. 아직도 요의의 가르침을 설한 적이 없다고 한다
면, 바로 열반에 들어갈 수 없다.

十者若言品題如來壽量便是無常者 此有四句 一無量說無量
如涅槃云唯佛睹佛其壽無量 二有量說有量 如釋迦方八十年 三
有量說無量 如無量壽佛 四無量說於有量 如金光明經乃至此經
亦如花嚴云如來深遠境界其量齊虛空也

열 번째, 만약 품의 제목인 여래수량이 바로 무상이라고 말한다면
여기에는 4구가 있다.

하나는 무량으로 무량을 설하는 것이니, **열반경**에서 "오직 부처만
이 부처의 수명이 무량임을 볼 수 있을 뿐이다."277)고 하는 것과 같다.

둘째는 유량으로 유량을 설하는 것이니, 석가는 80세를 살았다는
것과 같다.

셋째는 유량으로 무량을 설하는 것이니, 무량수불과 같다.

넷째는 무량으로 유량을 설하는 것이니, **금광명경**278)이나 이 경전
(**법화경**)에서 설하는 것과 같다. 또한 **화엄경**에서 "여래의 심원한 경
계는 그 양이 허공과 같다."279)고 말한 것과 같다.

【역 주】

277)《남본열반경》권제9, 〈월유품〉(대정장12, 658상) "唯佛睹佛其壽無量喩
如夏日"

278)《합부금강명경》권제1(대정장16, 360하) "釋尊壽命 不可計劫 億百千萬
佛壽如是 無量無邊"

279)《화엄경》권제5, 〈보살명난품〉(대정장9, 429하) "如來深境界 其量齊虛
空"

次破第二說 謂此經是覆相明常者 是亦不然 即上十義明常顯
了 不應妄謂以爲覆相明常 又此經開二方便門顯二眞實義 開二
方便門者 謂乘方便身方便也 顯二眞實義者 謂乘眞實身眞實也
乘方便謂三因三果 乘眞實謂一因一果 身方便謂生滅無常之身
身眞實謂無生滅常住身 若猶是覆相 則是方便之門未開 眞實之
相未顯

다음으로 두 번째의 주장을 논파한다. 이 경전은 형상을 가리고
상주함을 밝힌다고 했는데, 틀린 말이다. 바로 이상의 열 가지 논의
에서 상주함을 밝혔다. 그러므로 망령되이 형상을 가리고 상주함을
밝힌다고 말해선 안된다. 또한 이 경전은 두 가지 방편의 문을 열어
서, 두 가지의 진실한 의미를 드러냈다. 두 가지 방편의 문을 연다는
것은 수레의 방편과 몸의 방편을 말한다.280) 두 가지의 진실한 의미
를 드러냈다는 것은 수레의 진실과 몸의 진실을 말한다.281) 수레의
방편은 세 가지의 원인과 결과(三因三果)를 말하고, 수레의 진실이
란 하나의 원인과 결과(一因一果)를 말한다. 몸의 방편은 생멸하는
무상한 몸을 말하고, 몸의 진실은 생멸함이 없이 상주하는 몸을 말
한다. 만약 이것이 마치 형상을 가린 것과 같다면 이것은 방편의 문
이 아직 열리지 않은 것이고, 진실한 모습이 아직 드러나지 않은 것
이다.

【역 주】

280) 수레의 방편은 삼승을 말하고, 몸의 방편은 화신을 말한다.
281) 일승과 법신을 지칭하는 길장 특유의 표현.

問 若此經已顯了明常 何用涅槃更說也

答 衆經明義各有大宗 法花廣明一乘略辨常義 涅槃廣明常住
略辨一乘 所以然者 法花旣明道理唯一 則知唯一佛性 旣明壽命
無盡 卽知是常 不復廣辨 但鈍根人聞法花一乘不悟 廣明佛性釋
成一乘 廣明常義釋成壽命長遠 方得了悟

🔲문 이 경전은 이미 상주한다는 것을 밝혔는데, 어째서 **열반경**을 통
해 다시 설명하는가?

🔲답 모든 경전에서 의미를 밝힐 때는 각각 핵심이 있다. **법화경**은
널리 일승을 밝히되, 상주한다는 의미는 간략하게 설한다. **열반경**은
널리 상주한다는 것을 밝히되 일승은 간략하게 설한다. 왜냐하면 **법
화경**은 이미 도리가 유일함을 밝혔으니 바로 유일한 불성임을 안다.
이미 수명이 무진함을 밝혔으니 바로 이것이 상주임을 안다. 더는
널리 설명하지 않았지만, 근기가 둔한 사람들은 **법화경**의 일승을 듣
고도 깨닫지 못하므로 광범위하게 불성을 밝혀 일승을 해석한다. 널
리 상주의 의미를 밝혀 수명이 길고도 아득함을 해설한다. 이에 비
로소 깨달음을 얻는 것이다.

問 何故以知涅槃爲鈍根人說耶

答 此經明有二子 一不失心 二失本心 從花嚴至法花 爲不失
心子說竝皆得悟之 不須說涅槃 失心子毒氣深入失於本心 故聞
法花不悟 唱滅說常方得解了

🔲문 **열반경**은 근기가 둔한 사람들을 위해 설했다는 것을 어떻게 아
는가?

답 이 경전에선 두 명의 자식이 있다고 밝혔다. 하나는 본심을 잃지 않은 것이고, 둘은 본심을 잃은 것이다. **화엄경**으로부터 **법화경**까지 본심을 잃지 않은 자식들을 위해 설했으니, 함께 모두 깨달음을 얻었다. **열반경**은 설할 필요가 없었다. 본심을 잃어버린 자식들은 독한 기운이 깊이 들어가 본심을 상실한 것이기 때문에 **법화경**을 듣고도 깨닫지 못했다. 적멸을 주장하고 상주를 설하자 비로소 깨달았다.

二者自說於法花已悟 聞說涅槃便復進解

둘째는 스스로 말하길 "**법화경**에서 이미 깨달았지만 **열반경**의 설법을 듣고 깨달음이 더욱 깊어졌다."고 한다.

三者復有衆生不聞法花直聞涅槃而得悟者

셋째는 또한 어떤 중생은 **법화경**을 듣지 않았지만 **열반경**을 듣자마자 바로 깨닫는다.

相傳云 寶性論云大品等爲利根菩薩說 法華爲中根人說 涅槃爲下根人說 又如雖同是波若而波若有無量部 雖同明常 明常何妨 亦有多部耶 如七卷金光明已廣明常住 可得不復說涅槃耶

서로 전하는 바에 의하면, **보성론**에서 "**대품경** 등은 근기가 예리한 보살을 위해 설한 것이고, **법화경**은 중근기의 사람들을 위해 설한 것이고, **열반경**은 근기가 하열한 사람들을 위해 설한 것"이라 한다. 또한 비록 동일한 **반야경**이라 해도 **반야경**에는 헤아릴 수 없는 부분이 있는 것과 같다. 비록 동일하게 상주를 밝힌다고 하더라도 상주함을 밝히는데 어찌 방해할 것이며, 또한 많은 분야가 있을 것인가? 7권의 **금광명경**에서 이미 상주함을 널리 밝힌 것과 같다. 더 이상 열반을 설명하지 않아도 된다.

次破第三 明此經已辨常住 此語應無簡 然但今以正道望之猶未究竟 若執常住則計生死斷滅 此乃是斷常二見乖傷中道 故中論成壞品云 若有所受法則墮於斷常 當知所受法若常若無常 故知有所得取著皆墮斷常二見 旣墮斷常則非是佛亦不名爲妙

다음으로 세 번째의 주장을 논파한다. 이 경전에선 이미 상주함을 판별했다고 밝혔다. 이것은 더는 설명할 필요가 없다는 말이다. 그러나 다만 지금 정도(正道)로 살펴보니 오히려 아직 구경이 아닌 것과 같다. 만약 상주하는 것에 집착한다면 생사를 헤아리는 단멸인 것이다. 이것은 바로 단견과 상견의 두 가지 견해이니 중도에 어긋난다. 그러므로 **중론**의 〈성괴품〉에서 "만약 수용하게 되는 가르침이 있다면 단상에 빠지니,282) 수용하게 되는 가르침이 상주하기도 하고 무상하기도 함을 알아야만 한다."고 말한다. 그러므로 유소득(얻는 바가 있으면)이면 집착하는 것이며, 모두 단상의 두 견해에 빠진다는 것을 알아라. 이미 단상에 떨어졌다면 부처도 아니요 미묘하다고 할 수도 없다.

【역 주】 ────────

282) 《중론》 권3 〈성괴품〉(대정장30, 28하) "若有所受法 即墮於斷常 當知所受法 爲常爲無常"

外人問云 有所受法者不墮於斷常 因果相續故 不斷亦不常 龍
樹答云 涅槃滅相續是則爲斷滅 此明得大涅槃滅生死相續故是
斷滅 得大涅槃常住則便是常住 經亦云 見生死無常名爲斷見 見
涅槃常名爲常見 故知執斷常則墮二見非佛非妙

외도들이 "수용하게 되는 가르침이 있으면 단상에 떨어지지 않는
다. 인과는 서로 상속하기 때문에 단멸도 아니고 상주도 아니냐?"고
물었다.283) 이에 용수는 "열반은 적멸이지만 상속한다면 이것이 바
로 단멸"284)이라 대답했다. 이것은 대열반을 얻어 적멸하더라도 생
사가 서로 이어지기 때문에 단멸임을 밝힌 것이다. 대열반을 얻어
상주하면 바로 이것이 상주하는 것이다. 또 경전에서 다시 "생사가
무상하다고 보면 단견이라 하고, 열반이 상주한다고 보면 상견"285)
이라 하였다. 그러므로 단상에 집착해서 두 가지의 견해에 떨어지면
이는 부처도 아니고 미묘한 것도 아님을 알아라.

【역주】────────────

283) 《중론》권3 〈성괴품〉(상동, 28하) "問日 所有受法者 不墮於斷常 因果相
續故 不斷亦不常"

284) 이 대답하는 글은 "法住於自性 不應有有無 涅槃滅相續 則墮於斷滅"라
고 한 데 나온다. 《중론》권3 〈성괴품〉(상동, 29상) "答日 法住於自性 不
應有有無 涅槃滅相續 則墮於斷滅"

285) 이 인용문은 《승만경》〈전도진실상〉(대정장12, 222상)에서 "見諸行無常
是斷見非正見 見涅槃常 是常見非正見"이라고 한 내용을 말한다.

問 若三種釋佛俱不成者 今云何辨佛而是妙耶

答 就龍樹中論觀如來品盛談法身破十二種見 初明空有四句
非佛 或言佛是世諦有 或言佛是眞諦空 或言佛具有空有二諦所
攝 或言佛非空非有出二諦之外

問 만약 세 가지로 부처를 해석하되 모두 성립하지 않는다면 지금
은 왜 부처를 판별해서 미묘하다고 하는 것인가?

답 용수가 저술한 **중론**의 〈관여래품〉에서 "누차 법신을 설해 12종
의 견해를 논파한다."286)고 한다. 처음에는 공유의 4구는 부처가 아
니라고 밝힌다. 혹은 부처를 세제의 유(有)라 말하거나 혹은 부처를
진제의 공이라 말한다. 혹은 부처를 공과 유의 이제에 포괄된다고
말하거나, 혹은 부처는 공도 아니고 유도 아니며 2제의 밖으로 벗어
나 있다고 말한다.

【역 주】 ────────

286) 《중론》 권제4 〈관여래품〉(대정장30, 30중)에서 "空則不可說 非空不可
說 共不共叵說 但以假名說"라고 한 것을 청목이 "諸法空則不應說 諸法
不空亦不應說 諸法空不空 亦不應說 非空非不空亦不應說"이라 해설.

如此四見皆非法身 空有四句旣非法身 常無常四句 邊無邊四
句 義亦如是 外人問云 若有十二種計但[287]非佛者 應無佛耶 論
主答云 邪見深厚者則說無如來 故知非是無佛 外人又問 佛若非
無便應是有 論主答云 如來寂滅相 分別有亦非佛也 外人又問
若佛非有非無者 云何運心觀佛身耶 論主答云 如是性空中思惟
亦不可得 故知微欲寄心則乖傷佛矣 若然者豈可用常住之見用
爲佛耶

이러한 네 가지의 견해는 모두 법신이 아니다. 공과 유의 4구는
법신이 아니다. 상과 무상의 4구나 혹은 변과 무변의 4구도 의미는
이와 같다.[288] 외도들이 "만약 12가지의 계교가 있어서 모두 부처가
아니라면 응당 부처가 없다는 것인가?[289]"하고 물었다.

논주는 "사견이 깊고 두터운 자라면 여래가 없다고 설한다.[290] 때
문에 부처가 없는 것이 아님을 알아라."고 대답했다.

외도들이 다시 "부처가 없는 것이 아니라면 마땅히 있다는 것인
가?[291]하고 물었다.

이에 논주는 "여래의 적멸한 모습에서는, 있다고 분별한다면 역
시 부처가 아니다."[292]고 대답했다.

외도들은 다시 "만약 부처가 있는 것도 아니고 없는 것도 아니라
면 어떻게 마음을 움직여 부처의 몸(佛身)을 관조하는가?[293]"고 물
었다.

이에 논주는 "이처럼 성품이 공한 가운데서는 생각도 역시 파악
할 수 없다."[294]고 대답했다.

그러므로 미미하게라도 마음에 의지하고자 한다면 부처를 해치는
것임을 알아라. 만일 그렇다면 어찌 상주한다는 견해를 활용하여 부

처로 여길 것인가?

問 蓋是中論遣蕩之言對邪之術耳 未知法花明佛 其相云何
　答 中論云 如來寂滅相分別有亦非佛 法花云 諸法寂滅相不可
以言宣 論主猶引法華寂滅相明於法身 論旣辨法身出於四句 此
經豈有不絶百非耶 故壽量品略明法身具足十不 謂不如三界見
於三界 無有生死若退若出 亦無在世及滅度者 非實非虛非如非
異 然能乘佛旣非常非無常 所乘之法亦非常非無常 所乘之法亦
非三非一 但爲對昔三故强歎爲一 爲對昔謂佛無常故假說常耳
說一說常名爲用妙 非常非無常不三不一言辭相寂滅秤爲體妙

🔒 대체적으로 중론이란 쓸어버리는 말이요, 삿됨을 대치하는 기
술일 뿐이다. **법화경**이 부처를 밝힌다는 사실을 아직도 모르고 있다
면 그 모습은 어떠한가?

답 중론에서 "여래의 적멸한 모습에 분별이 있다면 역시 부처가 아니라"고 하였고, 법화경에서는 "제법의 적멸한 모습은 말로 표현할 수 없다."고 하였다.

논주는 오히려 법화경의 적멸한 모습을 인용하여 법신을 밝히고 있으며, 논에서는 이미 법신은 4구에서 나온다는 것을 판별했다. 그런데 이 경전은 어찌하여 백비(온갖 부정)를 끊지 않고 있는가?

〈여래수량품〉에선 대략 법신이 열 가지의 부정(十不)을 갖추고 있다고 하는데, "삼계를 삼계로 보지 않으며, 생사가 있을 수 없어서 물러가기도 하고 나오기도 하며, 세상에 있지도 멸도하지 않으며, 진실도 아니고 허위도 아니며, 같은 것도 아니고 다른 것도 아니라"고 하였다. 그러나 능히 이끄는 부처(能乘佛)는 상주도 아니고 무상도 아니다. 태우는 가르침(所乘法) 역시 상주도 아니고 무상도 아니다. 타게 되는 가르침은 역시 3승도 아니고 일승도 아니다. 다만 예전의 3승에 대치하기 위해, 때문에 억지로 일승이라 찬탄한 것이다. 예전의 3승에 대치하기 위해서라는 것은, '부처는 무상이기 때문에 임시로 상주임을 설하는 것일 뿐' 임을 말한다. 일승을 설하고 상주를 설한 것은 작용의 미묘함을 말한다. '상주도 아니고 무상도 아니며, 3승도 아니고 일승도 아니며, 언어의 모습이 적멸하다는 것' 은 본체의 미묘함을 말한다.

問 旣以佛乘爲妙 一化始終皆辨於佛 亦得竝是妙不

答 約一化始終五種論之 一根本妙 二枝末妙 三攝末歸本妙 四絶待妙 五無麤妙

🈲 이미 불승(부처의 수레)을 미묘함으로 삼으니, 일대의 교화는 시종일관 모두 부처를 밝히는 것이다. 역시 동시에 이 미묘함을 얻는 것은 아닌가?

🈸 대략 일대의 교화에 대해 시종일관 다섯 가지로 논한다. 하나는 근본의 미묘함이요, 둘은 지말의 미묘함이며, 셋은 섭말귀본의 미묘함이요, 넷은 절대의 미묘함이요, 다섯은 거칠고 미묘함(麤妙)이 없는 것이다.

根本妙者 謂花嚴之會明一乘因果究竟法身 故彼文云 欲令衆
生生歡喜善故現王宮生 欲令衆生生戀慕善故示雙林滅 如來實
不出世亦不涅槃 何以故 法身常住同法界故

첫째, 근본의 미묘함이란, **화엄경**의 법회에서 일승의 인과가 구경의 법신이라 밝히고 있는 것을 말한다. 그러므로 저 경문에서 "중생들이 선을 즐기도록 하고자 해서, 때문에 왕궁에 태어나는 것을 보인다. 중생들이 선을 연모하도록 하고자 해서, 때문에 쌍림에서 열반하는 것을 보여준다. 여래는 진실로 세상에 나오지도 않고 열반하지도 않는다."295)고 말한다. 왜냐하면, 법신은 상주해서 법계와 동일하기 때문이다.

【역 주】────────
295) 이 구절은 출전 미상이지만 부분적인 내용은 《화엄경》 권제14 〈도솔천
　　궁보살운집찬불품〉(대정장9 · 485하)의 "如來不出世 亦無有涅槃"이라
　　고 한 데 보인다.

二枝末妙 於一佛乘分別說三 三中之二目之爲麤佛乘爲勝 故
稱爲妙 故此經云 唯一事實餘二則非實

　두 번째, 지말의 미묘함이란, 일불승을 분별하여 3승을 설한 것이
니, 3승 중의 2승을 거칠다고 하고, 불승을 뛰어나다고 한다. 그러
므로 미묘하다고 한다. 해서 이 경전에서 "오직 일승만이 사실일 뿐,
나머지 2승은 진실이 아니다."고 하였다.

三攝末歸本妙 即此經中所辨佛乘究竟圓滿 故稱爲妙

　세 번째, 섭말귀본의 미묘함이란, 바로 이 경전에서 밝힌 바의 불
승(부처의 수레)이 궁극적으로 원만한 것이다. 때문에 미묘하다고
한다.

四絶待妙者 上來三種妙是皆對麤明妙 未是好妙 然第四妙
非麤非妙 不知何以目之强歎爲妙 故是絶待妙也

　네 번째, 절대의 미묘함이란 이상에서 언급한 세 가지의 미묘함은
모두 거침에 대치해서 미묘함을 밝힌 것이라 아직 호묘(好妙)는 아
니다. 그러나 네 번째로 미묘한 것은 거친 것도 아니고, 미묘한 것도
아니다. 왜 그것을 미묘하다고 찬탄하는지 모른다. 때문에 이것을
절대의 미묘함이라 한다.

問 何處有此絶待妙文

答 涅槃云對苦說樂樂還成苦 非苦非樂方名大樂 又云不因小
涅槃名大涅槃 故智度論云 十八空爲相待空 獨空非相待空 旣有
待不待二空 寧無待不待兩妙 又羅什學士道場惠觀 著法花序云
秤之爲妙 而體絶精䴠 寄花宣微 道玄像表 頌曰是法不可示 言
辭相寂滅 二乘所以息慮 補處所以絶崖 作序竟示羅什 羅什歎曰
善男子自不深入經藏 不能作如是說也 又注法花經云 非三非一
盡相爲妙 非大非小通物爲法 故知絶待釋妙 關河舊宗也

📋 이 절대의 미묘함에 관한 경문은 어디에 있는가?

📋 **열반경**에서 "괴로움을 대치해서 즐거움을 설하지만 즐거움 또
한 괴로움이 된다. 괴로움도 아니고 즐거움도 아닌 것을 비로소 커
다란 즐거움"[296]이라 하였다. 또한 "소승의 열반을 따르지 않으므
로 대승의 열반이라"[297]고 하였다. 그러므로 **지도론**에서 "18공은 상
대적인 공이고, 독공(獨空)은 상대적인 공이 아니다."[298]고 하였다.
이미 상대와 상대가 아닌 두 가지의 공이 있는데 어찌 상대와 상대
가 아닌 두 가지의 미묘함이 없겠는가?

【역 주】

296)《남본열반경》권제21 〈光明普照高貴德王菩薩品〉(대정장12, 747상)에
"若有苦者不名大樂 以斷樂故則無有苦 無苦無樂乃名大樂 涅槃之性無苦
無樂 是故涅槃名爲大樂"이라고 하였다

297)《남본열반경》권제21 〈광명보조고귀덕왕보살품〉(상동, 747중)에 "是大
涅槃亦復如是 無有因緣强爲立名 善男子 譬如虛空不因小空名爲大空也
涅槃亦爾 不因小相 名大涅槃"이라고 하였다.

298)《대지도론》권70(대정장25, 551상)에 "十八空皆因緣相待 如內空因內法
故名內空 若無內法 則無內空 十八空皆爾 是獨空無因無待 故名獨空"이
라고 하였다.

또한 구마라집의 제자인 도량의 혜관은 **법화경**의 서문을 짓고 "그것을 미묘하다고는 하지만 본질은 정밀함과 거침(精麤)이 끊어졌다. 꽃에 의탁하여 미묘함을 펼치는데 도는 현묘하여 형상으로 표현한다. 게송에서 '이 법은 보여줄 수 없는 것이니 언어의 모습이 적멸하다'고 했다. 2승은 그러므로 생각을 끊었고, 보처299)는 그러므로 속진을 단절했다."300)고 했다. 서문을 지어 구마라집에게 보여주니 라집이 찬탄하며 "선남자야, 자신이 경장에 깊이 들어가지 않으면 이러한 주장을 할 수 없다."301)고 하였다. 또 **법화경**을 주석하면서 "3 승도 아니고 일승도 아니어서 형상을 없애버린 것을 미묘하다고 하며, 대승도 아니고 소승도 아니어서 사물에 통달한 것을 법이라 한다."302)고 하였다. 그러므로 절대로 미묘함을 해석하는 것303)은 관하의 옛날 주장임을 알아라.

五無麤妙者即淨土法門 故香積菩薩云我土無有聲聞辟支佛名
即無麤也 唯有淸淨大菩薩衆 謂有妙也 智度論云 七珍世界純
諸菩薩 亦是其事 此五種妙即是次第 又攝十方三世諸佛淨穢二
土一切敎門

다섯째, 거침과 미묘함이 없다는 것은 바로 정토의 법문이다. 그러므로 향적보살이 "나의 국토에는 성문과 벽지불이란 이름이 없다."고 하였다.304) 바로 거침이 없는 것이다. 오직 청정한 대보살들만 있을 뿐이니305) 미묘함이 있다는 것을 말한다. **지도론**에서 "일곱 가지의 보배로운 세계에는 순수하게 보살들만 있으니306) 역시 그것을 말한다. 이 다섯 가지의 미묘함이란 바로 순서이다. 정토와 예토의 모든 가르침에서 시방삼세의 제불을 받아들이는 것이다.

【역 주】

299) 보처(補處): 일생보처를 말하는데 이는 일생만 미혹의 세계에 계박되어 있는 자, 혹은 최후의 有, 곧 생존해 있는 자라는 뜻이다. 즉 미혹의 경계에 묶여 있다가 마지막의 일생을 지나면 불타를 도와야 할 자를 말한다. 줄여서 補라고도 하며 보살의 최고위인 등각을 가리킨다. 또 특히 미륵을 일생보처의 보살, 보처의 미륵이라고 부른다. 미륵은 지금 도솔천에 계신데 그 일생이 끝나면 인간계에 하생해서 석존를 도와야 할 보살이기 때문이다.

300) 혜관의 《법화종요》(출삼장기집 권제8, 대정장55, 57상)에서 "雖寄華宣微而道玄像表 稱之曰妙 而體絕精麤 頌曰 是法不可示 言辭相寂滅 二乘所以息慮 補處所以絕塵"이라고 하였다. 여기서 崖는 塵으로 되어 있으므로 속진이라 번역.

301) 《양고승전》〈혜관전〉(대정50, 368중)에선 "酒著法華宗要序以簡什 什曰 善男子 所論甚快"라 하였다.

302) 경문에서 법화경을 주해했다고 한 것은 유규(劉虬)의 《주법화경》인데, 이 책은 현존하지 않으며 동일한 문장이 《법화의소》(대정34, 494하)에 보인다. 그 내용은 법화경 〈방편품〉(대정장9, 7상)에서 "佛告舍利佛 如是妙法 諸佛如來是乃說之"란 구절과 같다.

303) 절대묘(絕待妙): 여기의 절대(絕待)는 절대(絕對)와 같은 뜻. 절대묘는 천태와 길장의 법화경 해석에서 중요한 개념 중의 하나이다. 묘란 글자를 해석하는 데 상대묘와 절대묘가 있다.

304) 《유마경》〈향적불품〉에서 "彼土無有聲聞辟支佛名"(대정장14, 552상)이라 하였다. 단 《유마경》에서는 향적보살이라 하지 않고 향적불이라 했다.

305) 《유마경》〈향적불품〉에서 "唯有淸淨大菩薩衆"이라 하였다.(상동)

306) 《대지도론》(대정장25, 130상)에서 "彼聞菩薩 七寶世界種種寶樹 心念飮食 應意卽得"이라 하였다.

問 已知此經辨正果妙亦得辨因妙不

答 有人言 此經明因未辨佛性 但明萬善緣因成佛 望前三乘之
因故名爲妙 若望後涅槃佛性正因 未是妙也 今以十種文義推之
不同此釋

🈷 이미 알고 있듯이 이 경전은 올바른 결과(正果)의 미묘함을 설
명한 것이지만, 또한 원인의 미묘함도 밝히고 있는가?

🈸 어떤 사람이 말하길 "이 경전은 원인을 밝히고 있을 뿐, 아직
불성을 밝히고 있는 것은 아니라"고 하였다. 단지 만선의 연인의 성
불을 밝히고 있을 뿐이다. 앞에서 3승의 원인을 기대했기 때문에 미
묘하다고 했다. 만일 뒤에서 열반의 불성이 정인(正因)이길 기대한
다면, 이것은 아직 미묘한 것이 아니다. 이제 열 가지 경문의 의미로
추리하면 이 해석과 다르다.

一者大乘若有三則有三性 旣道理唯一佛乘 所以唯一佛性也

첫째, 만약 대승에 3승이 있다면 세 가지의 성품도 있는 것이다.
도리는 오직 일불승뿐이므로 그래서 유일한 불성뿐이다.

二者若言此經但明善人有佛性 惡人無佛性 異涅槃經者 常不
輕菩薩見增上慢四衆惡人云 我不輕汝等 汝等行菩薩道 必當作
佛 法花論釋云 示一切衆生皆有佛性 故悉當作佛以此推之 知非
善人獨有佛性 又譬喩品勸信文云 汝等若能信受是語 一切皆當
得成佛道 此分明說一切成佛豈簡惡人

둘째, 만일 이 경전이 '단지 착한 사람에게만 불성이 있고, 악인에게는 불성이 없다'고 밝혔기 때문에 **열반경**과 차이가 있다고 한다면, 상불경보살이 증상만인 사부대중 가운데의 악인을 보고 "나는 그대들을 가볍게 여기지 않는다. 너희들이 보살도를 행하면 반드시 성불하기 때문이라."307)고 말하거나, **법화론**에서 "일체의 중생은 모두 불성을 지니고 있다는 것을 보여준다."308)고 해설하고 있는 것은 무엇인가?309) 그러므로 당연히 성불한다는 것을 이것으로 미루어 알 수 있다. 착한 사람이 아니더라도 불성을 지니고 있다는 것을 알아라. 또한 〈비유품〉의 믿음을 권유하는 글에서 "그대들이 만일 이 말을 믿고 받아들인다면 마땅히 일체가 모두 불도를 이루리라.310)"고 하였다. 이것은 분명히 일체의 성불을 설한 것인데 어찌 악인을 구분하겠는가?

【역 주】

307) 〈상불경보살품〉에 "是無智比丘從何所來 自言我不輕汝 而與我等授記, 當得作佛 我等不用如是虛妄授記 如此經歷多年 常被罵詈 不生瞋恚 常作是言 汝當作佛 說是語時 衆人或以杖木瓦石而打擲之 避走遠住 猶高聲唱言 我不敢輕於汝等 汝等皆當作佛"이라고 하였다.

308) 《법화론》하(대정장26, 9상)에서 "菩薩記者 如下不輕菩薩品中示現應知 禮拜讚歎作如是言 我不輕汝 汝等皆當得作佛者 示現衆生皆有佛性故"라고 하였다.

309) 밑줄 친 부분은 문맥의 의미를 살리기 위해 무엇인가? 하는 의문을 역자가 첨가한 것이다.

310) 〈비유품〉(대정장9, 15상)에서 "汝等若能 信受佛語 一切皆當 成得佛道"라고 하였다.

三者若此經但有一乘名故不明佛性者 蓋是未識一法多名故生
此謬耳 涅槃云 佛性有五名 一乘則五中之一 又言佛性亦一非一
云何爲一 一切衆生同一乘故爲一 云何非一 非數法故 則知佛性
與一乘皆是異名

셋째, 만일 이 경전에는 단지 일승이란 명칭만 있을 뿐이고, 때문
에 불성을 밝히지 않는다고 한다면, 대개는 하나의 가르침에 여러
가지의 이름이 있다는 사실을 아직 모르고 있기 때문에 이러한 오류
가 발생한 것일 뿐이다. **열반경**에서 "불성에는 다섯 가지의 이름이
있으니, 일승이란 바로 그 다섯 가지 중의 하나이다. 또한 불성은 하
나이면서도 하나가 아니라고 하는데, 어째서 하나라 하는가? 일체
의 중생은 일승과 동일하기 때문에 하나이다. 어째서 하나가 아니라
하는가? 헤아리는 가르침이 아니기 때문"311)이라 하였다. 바로 불성
과 일승은 모두 다른 이름인 것을 알아라.

【역 주】 ─────────────

311) 《남본열반경》 제25 〈사자후보살품〉(대정장12, 770중~하)에서 "佛性者
亦色非色非色非非色 亦相非相非相非非相 亦一非一非一非非一 … 云何
爲一 一切衆生悉一乘故 云何非一 說三乘故 云何非一非非一 無數法故"
라고 하였다.

四引例釋之 若言此經無佛性語卽是未明佛性者 涅槃花嚴無
八識之名 亦無變易生死之語 則涅槃花嚴應未明八識及二生死也

넷째, 사례를 들어 해석한다. 만약 이 경전에 불성이란 말이 없다
고 한다면 바로 이것은 아직 불성을 밝히지 못한 것이다. **열반경**과
화엄경에는 8식이란 이름이 없고, 역시 변역생사란 말도 없다. **열반
경**과 **화엄경**은 아직 8식과 분단생사와 변역생사의 두 가지를 밝히지
않은 것이다.

五者寶性論云 究竟一乘經說有如來藏及三寶無差別 此經旣
明究竟一乘 則知亦辨如來藏 故信解品云 而不爲我分別汝等當
有如來知見寶藏之分 其證也

다섯째, **보성론**에서 "구경일승경은 여래장과 삼보의 무차별성을
설한다."312)고 하였다. 이 경전은 이미 구경의 일승을 설명하고 있
으므로, 역시 여래장을 밝히고 있는 것임을 알아라. 그러므로 〈**신해
품**〉에서 "나는 너희들이 여래의 지견과 보배 창고의 성분을 지니고
있다는 것을 분별하지 않는다."313)고 말했는데, 그 증거이다.

【역 주】────────
312)《구경일승보성론》권제1(대정장31, 813하)에서 "無障淨智者 如實見衆生
     自性淸淨性 佛法僧境界"
313) 〈신해품〉(대정장9, 17중)에서 "不爲分別汝等當如來知見寶藏之分"

六者中論四諦品云 雖復勲精進修行菩提道 若先無佛性 終不
得成佛 長行釋云 如鐵無金性 雖復鍛鍊終不成金 若此經不明佛
性 雖修萬善不得成佛

여섯째, **중론**의 〈사제품〉에서 "비록 다시 은근히 깨달음의 길에 정
진하고 수행한다고 하더라도 만일 선천적으로 불성이 없다면 결국
성불할 수 없다."314)고 하였다. 장행315)을 풀이하면서 "철에 금속의
속성이 없다면 비록 철을 제련해도 결국 금속이 될 수 없는 것과 같
다."316)고 했다. 만약 이 경전이 불성을 설명하지 않는다면, 비록 만
선을 닦는다고 하더라도 성불할 수 없다.

七者天親釋金剛波若上已明佛性 況法花耶

일곱째, 천친이 금강반야를 해석하면서, 이미 불성을 밝혔다.317)
하물며 **법화경**이야 말할 것이 있겠는가?

【역 주】
314) 《중론》권제4 〈관사제품〉(대정장30, 34상)에서 "雖復勤精進 修行菩提
道 若先無佛性 不應得成佛"
315) 장행(長行): 불전 가운데 게송의 운문에 대해 산문체의 장문을 일컫는
다. 즉 字句의 제한을 받지 않고 長行으로 설명되는 경문의 부분.
316) 《중론》권제4 〈관사제품〉(상동)에서 "以先無性故 如鐵無金性雖復種種鍛
鍊終不成金"
317) 정확한 출전은 미상이지만 천친보살조 보리유지역(天親菩薩造 菩提流
支譯), 《금강반야바라밀경론》권상(대정장25, 784중)에서 "佛有三種 一
者法身佛 二者報佛 三者化佛"이라고 삼신을 언급하고 있다.

八者涅槃經引摩訶波若云 我無我無有二相 此明眾生無我與
佛性眞我更無有異 而大品已明佛性 況法花耶

여덟째, **열반경**에서 마하반야를 인용하여 "아와 무아에는 두 가지
의 모습이 있을 수 없다."고 했는데, 이 경전에서는 중생의 무아와
불성의 진아(眞我)는 조금도 차이가 없음을 밝히고 있다. **대품경**에서
이미 불성을 밝혔는데, 하물며 **법화경**이야 말할 것이 있겠는가?

九者夫見佛性方得常身 壽量品旣明常 豈得此經不明佛性

아홉째, 무릇 불성을 보고서야 비로소 상주하는 불신318)을 얻는
다. 〈**수량품**〉에서 이미 상주하는 것을 밝혔는데 어찌 이 경전에서 불
성을 밝히지 않았겠는가?

十者人語難依聖語宜信

열째, 사람의 말은 의지하기 어렵지만 성인의 말씀은 당연히 믿어
야만 한다.

【역 주】 ────────

318) 상신(常身): 불신에는 두 가지가 있으니 하나는 생신이고 다른 하나는
화신이다. 예컨대 자성법신과 응화법신, 진신과 응신, 법성신과 부모수
생신, 법신과 생신이 그것이다. 여기서 상신은 법신을 지칭한다.

天親法花論七處明佛性

천친은 **법화론**의 일곱 군데서 불성을 밝히고 있다.

一者方便品云 唯佛與佛乃能究竟盡諸法實相 論云諸法實相
者 謂如來藏法身體不變故 乃至釋法師品云 知去佛性水不遠故
以十種文義往推 即知此經已明佛性 即因門究竟謂因妙也

첫째, 〈**방편품**〉에서 "오직 부처님과 부처님만이 모든 제법실상을
통달할 수 있다."고 하였다. 논에서 "제법실상이란 여래장이나 법신
의 본체는 변하지 않는 것을 말하기 때문"이라 한다. 내지는 〈**법사품**〉
을 해설하면서 "불성이라는 물로부터 멀지 않다는 것을 알기 때문
에"라고 하였다. 열 가지 경문의 의미로 유추해보면 이 경전은 이미
불성을 밝혔다는 것을 알 수 있다. 바로 인문(因門)319)의 구경이 원
인의 미묘함(因妙)이란 것을 말한다.

次釋蓮華 經言無名相法爲衆生故假名相說 欲令衆生因此名
相悟無名相 蓋是垂敎之大宗群聖之本意 所以無名相中假名相
說者

다음으로 연화를 해석한다. 경전에서 "명상이 없는 법으로 중생
을 위하기 때문에 명상에 가탁해 설한다."고 말한다. 중생들로 하여
금 이 명상으로 인해 명상이 없다는 것을 깨닫게 하고자 한다. 대체
적으로 이것은 수적(垂迹)320)의 핵심이요 대다수 성인의 본의(本意)
이다. 그래서 명상이 없는 가운데서도 명상에 가탁해 설한 것이다.

如大品云 一切衆生皆是名相中行 今欲止其名相故 借名相令
悟無名相矣 通而言 妙法與蓮華皆悉是名相 故經云 說大乘經名
妙法蓮華 據別而言 妙法則是無名而名 蓮花是無相而相 故此經
之題法喩雙擧名相俱陳也

대품경에서 "일체의 중생은 모두 명상 중에서 실행321)한다. 이제
그러한 명상을 멈추게 하고자 하기 때문에 명상에 가탁해서 명상이
없음을 깨닫게 한다."322)고 하는 것과 같다. 일반적으로 말하면 묘
법과 연화는 모두 명상이다. 그러므로 경전에서 "대승경을 설하면
묘법연화323)라 이름한다."고 한다. 특별하게 말하면 묘법은 바로 이
름이 없는 이름이고, 연화는 모습이 없는 모습이다. 따라서 이 경전
의 제목은 법과 비유를 동시에 거론하고, 이름(개념)과 모습을 함께
진술한다.

【역 주】

319) 인문(因門): 여기에는 여섯 가지 뜻이 있으니 ①空有力不待緣 ②空有力
待緣 ③空無力待緣 ④有有力不待緣 ⑤有有力待緣 ⑥有無力待緣을 말
한다.

320) 수적(垂迹): 여래의 깨달음의 본지를 직접 깨우칠 수 없는 중생을 위해
방편으로 화신불의 형상을 나타내는 것.

321) 명상(名相): 五法(五事)의 하나로 오법이란《입능가경》권7에 의하면 명,
상, 분별, 정지, 진여이다. 이 중 명은 현상에 거짓으로 붙인 이름이고
상은 현상의 차별적인 모습이다. 행은 행의 5법을 말하는데, 마하지관의
주장에 의하면 25방편 중에 欲, 精進, 念, 巧慧, 一心을 말한다.

322) 정확한 출전은 미상이나《대품반야경》권24〈선달품〉(대정장8, 398중)
에 "衆生但住名相虛妄憶想分別中 是故菩薩行般若波羅蜜 於名相虛妄中
拔出衆生"이라 하였다.

323)〈서품〉(대정장9, 4중)"今日如來當說大乘經名妙法蓮花敎菩薩法佛所護念"

舊云 外國稱分陀利 此翻爲連花 今謂分陀利未必翻爲蓮花
涅槃經云 人中蓮花人中分陀利花 旣其兩出似如爲異 今謂蓮花
爲通 分陀利爲別 所以然知者之[324] 凡引五證 一涅槃經迦葉問
云 云何處濁世不汚如蓮花 佛具擧優鉢羅花 波頭摩 拘物頭 分
陀利四花答問 卽知蓮花通四華故擧四華答之 二者大品經有文
列外國四華 謂優鉢羅拘物頭波頭摩分陀利花 此有文列此土四
花 謂靑蓮花乃至白蓮花

이전에는 "외국에선 분타리[325]라 하는데 여기서는 연꽃이라 번역한다."[326]고 했다. 지금은 분타리를 연꽃으로 번역할 필요가 없다고 한다. **열반경**에서 "사람 가운데의 연꽃이요, 사람 가운데의 분타리"라 한다.[327] 그 두 가지가 출전은 비슷하지만 다른 것과 같다. 지금은 연꽃을 일반적인 것으로 보고, 분타리는 개별적인 것으로 본다. 그렇게 아는 이유는 다섯 가지를 인용하여 증명한다. 하나는 **열반경**에서 가섭이 "어느 곳에서 탁한 세상에도 오염되지 않은 것을 연꽃과 같다고 말합니까?"[328]하고 물었다. 부처님께선 우발라화, 파두마, 구물두, 분타리의 네 가지 꽃[329]을 들어서 질문에 대답했다. 이미 연꽃이 네 가지 꽃에 상통하기 때문에 네 가지의 꽃을 들어 대답한 것이다. 두 번째는 **대품경**에 해당하는 글이 있는데, 외국의 네 가지 꽃을 열거하고 있다. 우발라, 구물두, 파두마, 분타리 꽃을 말한다. 여기에 예문이 있듯이 이 땅(천축)의 네 가지 꽃이다. 청련화 내지 백련화를 말한다.[330]

【역 주】

324) 저본의 所以然知者之를 속장경본에 따라 所以知然者로 바꾸어 번역한다.

325) 분타리는 범어로 Pundarika라고 하는데 백색의 연꽃을 뜻한다. 서축의 연꽃에는 청, 황, 적, 백이라는 4가지가 있다고 한다.

326) 누구의 설이 특정된 것인지는 모르지만 《법화현론》 권제2(대정장34, 378중)에서 "有人言 外國名分陀利 此間翻爲蓮華"이라 하였다.

327) 《남본열반경》 권제16 〈범행품〉(대정장12, 710하)에서 "人中象王 人中牛王 人中龍王 人中丈夫 人中蓮花分陀利花"라 하였다.

328) 《남본열반경》 권제2 〈장수품〉(대정장12, 619중하)에서 "爾時迦葉菩薩 復白佛言… 卽於佛前以偈問曰… 云何處濁世 不汚如蓮華"라 하였다.

329) 《대품반야경》 권제12 〈무작품〉(대정8 · 311중)에 "爾時諸天子虛空中立 發大音聲踊躍歡喜 以漚鉢羅華波頭摩華拘物頭華分陀利華而散佛上"이라 하였다.

330) 정확한 출전은 미상. 《대품반야경》에서 엿볼 수 있다. 예컨대 권제16의 〈대여품〉(대정장8, 334하)에서 "爾時欲界諸天子 色界諸天子 以天末栴檀香 以天靑蓮花赤蓮花紅蓮花白蓮花 遙散佛上"이라 하였다. 또 권제27의 〈상제품〉(대정장8, 427상)에 "諸池水中 亦有靑黃赤白蓮華彌覆水上"란 구절이 있다.

三者地獄經云 優鉢羅地獄形似靑蓮華 波頭摩地獄其形似赤色 拘物頭地獄其形示黃色 分陀利地獄形似白蓮花

세 번째, **지옥경**에서 "우발라 지옥은 형상이 마치 청련화와 같고, 파두마 지옥은 그 형상이 마치 적색과 같으며, 구물두 지옥은 그 형상이 황색을 띠고, 분타리 지옥은 형상이 백련화 같다."331)고 하였다.

四者悲花經列四華云 分陀利者謂白蓮華

넷째, **비화경**에서 네 가지의 꽃을 열거하면서 "분타리는 백련화를 말한다."332)고 언급한다.

【역 주】 ────

331)《출삼장기집》권제4에 '지옥경 1권'이라고 번역하고 있는데 현존하지 않는다. 우발라지옥(優鉢羅地獄) 등은《남본열반경》권제10〈현병품〉(대정장12, 671중)에서 "優鉢羅地獄 波頭摩地獄 拘物頭地獄 分陀利地獄"이라 한다.

332) 정확한 출전은 미상.《비화경》권제1〈전법륜품〉(대정장3, 167하)에서 "其池水中 有優鉢羅華鉢頭摩華拘物頭華芬陀利華"라 하였다.

五者謂法顯傳及天竺諸僧皆云 分陀利者白蓮華也 故知蓮華
是通白蓮華是別 又此華凡有三時 未敷之時名屈摩羅 敷而將落
名迦摩羅 處中盛時秤分陀利華 即知分陀利是四色中是一色 三
時中是一時 以其處中盛時榮曜備滿足333)鮮白分明 以喩斯經也

다섯째. **법현전**과 천축의 여러 스님들이 말하길 '분타리는 백련
화' 라 한다. 그러므로 '연꽃은 일반적인 것이고, 백련화는 개별적인
것' 임을 알아라. 또한 이 꽃에는 무릇 세 시기가 있다. 아직 피지 않
았을 때는 굴마라라 하고, 펴서 장차 떨어지려고 하면 가마라라 하
며, 피어서 만발해 있을 때를 분타리 꽃이라 한다.334) 바로 분타리
는 네 가지 색깔 중의 한 색깔이요, 세 시기 중의 한 시기임을 알 수
있다. 피어서 만발해 있을 때는 화려하게 빛나고 선명하고 흰 것이
분명하다. 해서 이 경전에 비유한다.

【역 주】 ────────

333) 저본의 備滿足을 대장경 각주에 나오는 갑본에 의거해 滿足으로 해석한
다.
334) 《출삼장기집》 권제8에 나오는 승예의 《법화경후서》(대정장55, 57중)에
서 "華而未敷名屈摩羅 敷而將樂名迦摩羅 處中盛時名分陀利" 라 하였다.

問 卽此法華有斯文不

答 妙音菩薩爲弘通法花故 來化作八萬四千衆寶蓮華閻浮檀
金爲莖 白銀爲葉 金剛爲鬚 甄叔迦寶以爲其臺 卽知是白蓮華
以八萬四千法藏皆攝入法華 今欲示弘白蓮華經故前現白華之
相也

📖 그렇다면 이 **법화경**에도 이러한 경문이 있지 않는가?

🈁 묘음보살은 **법화경**을 홍통하기 위한 까닭에 강림하여 팔만사천
의 여러 가지 보련화를 만드는데, 염부단금으로 줄기를 삼고, 백은
으로 잎을 삼으며, 금강으로 수염을 삼고, 견숙가보335)로 그 받침을
삼으니, 바로 이것이 백련화란 것을 알게 된다.336) 팔만사천의 법장
을 모두 **법화경**에 섭수하여, 이제 **백련화경**을 보여주고 홍통하고자
하기 때문에 흰 꽃의 모습을 나타낸다.

【역 주】 ────────

335) 견숙가보: 견숙가는 범어 kiṁśuka의 음역으로 보석을 말한다. 이 견숙
가보를 적색보라고 변역하고 붉은 보석을 뜻한다.

336) 법화경 〈묘음보살품〉(대정장9, 55중)에서 "於是妙音菩薩不起于座 身不
動搖 而入三昧 以三昧力 於耆闍崛山 去法座不遠 化作八萬四千衆寶蓮華
閻浮檀金爲莖 白銀爲葉 金剛爲鬚 甄叔迦寶以爲其臺 爾時 文殊師利法王
子見是蓮華 而白佛言 世尊 是何因緣 先現此瑞 有若干千萬蓮華 閻浮檀
金爲莖 白銀爲葉 金剛爲鬚 甄叔迦寶以爲其臺"라 하였다.

問 智度論云 陸生華中須曼那花337)爲第一 水生中靑蓮花爲最
上 今何故乃擧白華爲喩耶

答 靑蓮華形相則妙故譬如來之眼 白華所況爲勝 宜喩於此經
所以然者 欲辨此經其義明白 故以白華爲喩 何以知然 此經二章
瑞相皆辨於白 初段放眉間白毫相光 開乘方便門顯乘眞實義 次
見寶塔品初又放眉間白毫相光 欲表開身方便門顯身眞實義

🈲 지도론에서 "육지에 피는 꽃 중에서는 수만나화가 제일이고,
물에서 피는 것 중에서는 청련화가 최상"이라고 했다.338) 그런데 어
째서 흰 꽃을 들어 비유하는가?

🈮 청련화의 형상은 미묘하기 때문에 여래의 눈에 비유한다.339)
백련화가 비교될 정도로 뛰어나므로, 이 경전에 비유하는 것이 마땅
하다. 왜냐하면 이 경전에서 밝히고자 했던 의미가 명백하기 때문에
흰 꽃으로 비유한 것이다.

어떻게 그런 것을 아는가? 이 경전에서 2장의 서상은 모두 흰색
으로 설명한다. 처음 문단에서는 미간의 백호상에서 빛을 방출하니,
수레의 방편문을 열어 수레의 진실한 의미를 드러냈다. 다음에는
〈견보탑품〉의 처음에서 다시 미간의 백호상에서 빛을 방출하여 몸의
방편문을 열어 몸의 진실한 의미를 표현하고자 한다.

【역 주】

337) 수만나는 스마나스(sunanas)의 음사로 妙意, 善擦意라고 한역한다. 황
　　 백의 꽃을 피우고 좋은 향기가 나는 꽃이다.

338)《대지도론》권제9(대정25 · 123상) "陸地生華須漫提爲第一 水中生華靑
　　 蓮華爲第一"

339)《대지도론》권제4(대정 25 · 91상) "二十九者 眞靑眼相 如好靑蓮華"

以此經開二方便示二眞實義最顯明故 擧白花爲喩

二者白是衆色之中本 明一乘爲三乘之本 故於此一說三 說三
爲一 令歸於一法身一

이 경전은 두 가지의 방편을 열어 두 가지의 진실한 의미를 보여
주는 것이 가장 분명하기 때문에 흰 꽃을 들어서 비유로 삼았다.

두 번째, 하얗다는 것은 모든 색 가운데서 근본이다. 일승이 3승의
근본임을 밝힌다. 때문에 이 일승으로 3승을 설하고, 3승을 설해 일
승으로 삼는다. 해서 일승으로 돌아가게 하니 법신은 하나인 것이다.

法身垂於應跡說於應用 爲令悟於法身 故初章以一乘爲本 次
段以法身爲本 欲顯二本之義故 以本色爲名

법신이 응신의 자취를 드리우니 응신의 작용을 설해 법신을 깨닫
게 한다. 그러므로 처음의 문장에선 일승으로 근본을 삼았고, 다음
의 문단에선 법신을 근본으로 삼았다. 두 가지의 근본적인 의미를
드러내고자 하기 때문에 근본적인 색으로 이름을 삼은 것이다.

三者駕御大車即是白牛 白牛喩平等大慧 無有漏之垢故秤爲
白 此經文雖七軸宗歸大慧 故擧白牛爲喩也

세 번째는 큰 수레를 끄는 것은 바로 흰 소(白牛)이니, 흰 소를 평등
하고 큰 지혜에 비유한 것이다. 번뇌의 티끌이 있을 수 없기 때문에
하얗다고 한다. 이 경문은 비록 일곱 개의 축으로 되어 있지만 궁극
적으로는 큰 지혜로 돌아간다. 때문에 흰 소를 들어 비유한 것이다.

問 無漏出何文

答 方便品云 又告舍利弗無漏不思議甚深微妙法唯我知是相
十方佛亦然也

🔳 무루는 어느 경문에 나오는가?

🔳 〈방편품〉에서 "또한 사리불에게 말하기를 '무루의 불가사의하
며 깊고도 깊은 묘법은 오직 나만이 이러한 모습을 알 수 있을 뿐이
다. 시방의 부처님 역시 그렇다."340)고 한다.

四者乃至普賢乘六牙白象護人通法 亦顯菩薩所乘之法德無不
圓累無不盡 故乘六牙白象王來也

넷째는 이에 보현보살이 육아의 흰 코끼리를 타고 와 사람들을 보
호하고 가르침에 통달하게 한 것341)도, 역시 보살이 타게 되는 법은
공덕이 원만하고, 번뇌가 다 사라졌다는 것을 드러낸 것이다. 그러
므로 육아의 흰 코끼리의 왕을 타고 온 것이다.

【역주】

340) 〈방편품〉(대정장9, 6상)에 "又告舍利佛 無漏不思議 甚深微妙法 我今已
具得 唯我知是相 十方佛亦然"

341) 〈보현보살권발품〉(대정장9, 61상중)에서 "是人若行若立讀誦此經 我爾
時乘六牙白象王 與大菩薩衆俱詣其所而自現身 供養守護安慰其心"

問 於四花中何故不借餘二爲喩

答 屈摩羅時華猶未開形相未妙 喩昔來諸敎未開方便門未顯
眞實義 故不得喩於此經 迦摩羅時花旣將落形好欲毀 喩法花後
敎已開方便門已顯眞實義 亦不得喩於此經 唯分陀利處中盛時
形相可愛 喩於此經正開方便門正顯眞實義微妙第一 故華有三
時 喩敎有三種 故法師品云 已說今說當說中此法花經最爲第一

문 왜 네 개의 꽃 중에서 나머지 두 개의 꽃을 빌려 비유하지 않았
는가?

답 굴마라 때의 꽃은 아직 피지 않아 형상이 미묘하지 않다. 예전
의 모든 가르침은 아직 방편의 문을 열지 않았고, 아직 진실한 의미
를 드러내지 않은 것에 비유했다. 때문에 이 경전에 비유할 수 없었
다. 가마라 때의 꽃은 이미 떨어지려고 해서 형상이 이지러지려고
하므로, '**법화경** 이후의 가르침이 이미 방편의 문을 열어서 진실한
의미를 드러냈다.'고 비유한 것이다. 그래서 역시 이 경전에 비유할
수 없었다. 오직 분타리만이 활짝 핀 것이며, 형상이 사랑스러웠다.
이 경전에 비유한 것이니, 이제 막 방편의 문을 열어 진실한 의미를
그대로 드러내므로 가장 미묘한 것이다. 그러므로 꽃에는 세 시기가
있으며, 가르침에도 세 가지가 있다는 것을 비유했다. 따라서 〈**법사
품**〉에 "이미 설한 것, 지금 설하는 것, 앞으로 설할 것 중에서 **법화경**
이 제일이다."고 하였다.342)

【역 주】

342) 〈법사품〉(대정장9, 31중)에서 "我所說經典無量千萬億 已說今說當說 而
於其中 此法華經最爲難信難解"라 하였다.

問 何故擧蓮花爲喩

答 略有三義 一者離喩 二者合喩 三者遍喩 言離喩者又有三
義 一者此花不有而已 有則花實俱含 此經不說而已 說則因果雙
辨 故以蓮花喩於因果 二者由花開故而實現 由言敎故而理顯 故
以蓮華喩於理敎 是以經云其義深遠其語巧妙 三者花未開而實
未現花開則實方顯 未開方便門則眞實相未顯 開方便門則眞實
相方顯 故以花開喩方便門開 實現譬眞實相顯也

🈩 어째서 연꽃을 들어 비유하였는가?

🈔 대략 세 가지 뜻이 있다. 하나는 분리한다는 비유(離喩)이며,
둘은 통합한다는 비유(合喩)이며, 셋은 보편적이란 비유(遍喩)이다.
분리한다는 비유에는 다시 세 가지 뜻이 있다. 하나는 이런 꽃은 있
을 수 없지만, 있다면 꽃과 열매가 함께 포함되어 있다. 이 경전은
설하지 않았을 뿐이지만, 설한다면 원인과 결과를 동시에 밝히는 것
이다. 그러므로 연꽃을 인과에 비유했다.343) 둘은 꽃이 피기 때문에
열매가 드러나듯, 가르침을 말하기 때문에 이치가 드러난다. 그러므
로 연꽃을 이치나 가르침(理敎)에 비유한 것이다. 그러므로 경전에
서 "그 뜻은 심원하고 그 말은 교묘하다."344)고 한 것이다. 셋은 꽃
이 피지 않으면 열매가 드러나지 않으며, 꽃이 피면 열매가 비로소
드러난다. 아직 방편의 문을 열지 않았다면 진실한 모습도 나타나지
않는다. 방편의 문을 열면 진실한 모습이 비로소 드러난다.

【역 주】

343) 《법화의기》 권제1(대정장33, 574중)에서 "此花不有則已 有則花實必俱
用此俱義 譬此經因果雙說也"라고 하였다.
344) 〈서품〉(대정장9, 3하)에서 "其義深遠, 其語巧妙"라 한다.

그러므로 꽃이 피는 것을 방편의 문이 열리는데 비유하고, 과실이 나타나는 것을 진실한 모습이 드러나는 것에 비유한 것이다.

次合譬者略明十義 一者此花從種而生 喩一乘必有其種 頌曰 天人兩足尊 知法常無性 佛種從緣起 是故說一乘

다음으로 통합한다는 비유란 대략 열 가지의 뜻이 있다. 첫째, 이 꽃은 종자로부터 생기므로 일승은 반드시 그 씨앗에 있다는 것을 비유한다. 게송에서 "천인의 양족존은 법이 상주하며 무성(無性)임을 안다. 부처의 종자는 인연 따라 생기는 것이므로 일승을 설한다." 345)고 하였다.

二者此花從微至麤346) 喩佛乘漸漸增長 頌曰 漸漸積功德具足 大悲心如是諸人等皆已成佛道

둘째, 이 꽃은 미세한 것으로부터 거친 것에 이른다. 부처의 수레가 점차 증장하는 것을 비유한 것이다. 게송에서 "점차 공덕을 쌓아 대비심을 구족하니, 이러한 사람들은 이미 모두 불도를 이루었다."347)고 한다.

【역 주】
345) 〈방편품〉(대정장9, 9중)에서 "諸佛兩足尊 知法常無性 佛種從緣起 是故 說一乘"이라 하였다.
346) 저본의 '麤'를 갑본에 따라서 '著'로 고쳤다.
347) 〈방편품〉(대정장9, 9상)에서 "如是諸人等 漸漸積功德 具足大悲心"이라 하였다.

三者此花增長滿足出濁泥水 喩佛德無不圓累無不盡出離生死
諸濁泥水 頌曰 如來已離三界火宅寂然閑居安處林野

셋째, 이 꽃은 성장하여 만개하며 흙탕물을 뚫고 나온다. 부처님
의 공덕은 원만하고, 번뇌는 다 소진하여 생사의 각종 흙탕물을 벗
어나는 것에 비유한 것이다. 게송에서 "여래는 이미 3계의 화택을
벗어나 고요히 한가롭게 있으니 숲속에 편히 머문다."348)고 하였다.

四者此花雖出泥水而不捨泥水 喩佛雖出四流之外不捨三界之
中 頌曰 是時長者在門外立驚入火宅方宜救濟

넷째, 이 꽃은 비록 흙탕물에서 나왔지만 흙탕물을 버리지 않는
다. 부처님은 비록 4류349)의 밖으로 벗어나왔지만 3계를 버리지 않
는 것에 비유한다. 게송에서 "이때 장자는 문 밖에 서 있다가 놀라
불난 집으로 들어가며, 비로소 자식을 구제하였다."350)고 하였다.

【역 주】
348) 〈비유품〉(대정장9, 14하)에서 "如來已離 三界火宅 寂然閑居 安處林野"
   라 하였다.
349) 사류: 四暴流를 말함. 폭류는 홍수가 빨리 흐르면서 언덕을 무너뜨리고
   나무 등을 떠내려 보내는 것과 같이 좋은 일을 떠내려 보내는 뜻으로 번
   뇌에 비유한 것. 여기에는 네 가지 있으니 ① 見流 ② 欲流 ③ 有流 ④
   無明流이다.
350) 〈비유품〉(대정장9, 14중)에서 "是時宅主 在門外立 聞有人言 汝諸子等
   因遊戲 來入此宅 稚小無知 歡娛樂著 長者聞已 驚入火宅 方宜救濟 令無
   燒害"라 하였다.

五者此花微妙鮮潔第一 如佛乘五乘中第一 頌曰 是乘微妙淸
淨第一於諸世間爲無有上

다섯째, 이 꽃은 미묘하고 선명하며 순결하기가 제일이다. 마치
불승(부처의 수레)이 5승 가운데서 제일인 것과 같다. 게송에서 "수
레는 미묘하고 청정하기가 제일이라, 일체의 세간에서 위없이 높
다."고 하였다.

六者此花爲凡聖稱嘆愛敬 佛乘亦爾 爲世間出世間凡聖稱嘆
愛敬 頌曰 佛所悅可一切衆生所應稱嘆供養禮拜

여섯째, 이 꽃은 모든 성인들이 찬탄하고 애경하는 것이다. 불승
(부처의 수레) 역시 그렇다. 세간과 출세간의 범부와 성인이 찬탄하
고 사랑하며 공경하게 된다. 게송에서 "부처님께서 기뻐하시는 것을
중생들도 마땅히 찬탄하고 공양하며 예배하게 되는 것이라."351)고
하였다.

七者此華臺葉具足 喩佛乘萬德皆圓滿 頌曰 無量億千諸力解
脫禪定智慧及佛餘法

일곱째, 이 꽃은 받침대와 잎이 갖추어져 있다. 불승(부처의 수레)
은 만덕이 모두 원만함에 비유한 것이다. 게송에서 "한량없는 억천
(億千)에 이르는 여러 가지 능력과 해탈과 선정, 지혜 및 부처님의
나머지 가르침이라."고 하였다.352)

八者此華諸佛菩薩而坐其上 大乘亦爾 爲諸佛菩薩而住其中
頌曰 "佛自住大乘 如其所得法 定慧力莊嚴 以此度衆生"353)

여덟째, 이 꽃에는 제불보살이 그 위에 앉아 있다. 대승도 역시 그
렇다. 제불보살이 그 가운데 안주하게 된다. 게송에서 "부처님께선
스스로 대승에 머무시는데, 그 얻은 바의 법대로 선정과 지혜의 힘
으로 장엄하며, 이것으로 중생을 제도하시네."라 하였다.

九者此花開合有時 喩一乘之法隱顯有時 昔日卽隱今日卽顯
頌曰 所以未曾說 說時未至故 今正是其時 決定說大乘

아홉째 이 꽃은 피고 지는데 때가 있다. 일승의 가르침은 숨기거
나 나타남에 때가 있는 것에 비유한 것이다. 즉 옛날에는 숨었지만
오늘은 나타난다. 게송에서 "그래서 아직 설하지 못한 것은 설할 때
가 이르지 않았기 때문이네. 지금이 바로 그때이니 반드시 대승을
설하네."354)라 하였다.

【역 주】

351) 법화경 〈비유품〉(대정9·15상)
352) 법화경 〈비유품〉(상동)
353) 법화경 〈비유품〉(상동, 8상)
354) 법화경 〈방편품〉(대정장9, 8상)

十者劫初成時大梵天王坐蓮華座 爲一切衆生之父 妙法蓮華
亦是三世諸佛根本 藥王品云 如大梵王爲一切世間之父

열째, 천지개벽의 시초에 대범천왕이 연화좌에 앉아서 일체 중생
의 아버지가 되었다. **묘법연화경** 역시 삼세제불의 근본이므로, 〈약왕
품〉에서 "마치 대범왕이 일체 세간의 아버지가 된 것과 같다."고 하
였다.

此經亦爾 爲一切賢聖學無學人及發菩薩心者之父 普賢觀經
云 方等經是諸佛眼 諸佛因是得具五眼 佛三種身從方等生 是大
法印印涅槃海 所以方等生三種身者 由方等故了悟實相斷諸煩
惱 斷諸煩惱故法身現 法身現故有應身有應身故有化身 有三身
故說十二部經 說十二部經故有法寶 有法寶故有僧寶 故有三寶
故有世間三善道 故知法華是世間出世間本也

이 경전도 역시 그렇다. 일체의 현인과 성인, 유학인과 무학인, 그
리고 보살심을 발한 자의 아버지가 된다.355) **보현관경**에서 "방등경
은 제불의 눈이다. 제불의 원인은 5안을 얻어 갖추는 것이다. 부처
님의 세 가지 몸은 방등에서 생긴다. 이 위대한 법의 도장을 열반의
바다에 찍는다."356)고 하였다. 그러므로 방등에서 세 가지의 몸이
생긴다는 것은 방등 때문에 실상을 깨닫고, 모든 번뇌를 끊는다. 모
든 번뇌를 끊었기 때문에 법신이 나타나고, 법신이 나타나기 때문에
응신이 있으며, 응신이 있기 때문에 화신이 있다. 이 세 가지의 몸이
있기 때문에 12부경을 설하고, 12부경을 설하기 때문에 법보(法寶)
가 있다. 법보가 있기 때문에 승보가 있으며, 따라서 삼보가 있다. 해

서 세간에 삼선도357)가 있으며, **법화경**이 세간과 출세간의 근본임을
안다.

問 法華論釋云何
答 論云 以佛乘出離二乘濁泥水故 喩如蓮華 又云此花諸佛菩
薩而坐其上 此經亦爲令捨二乘鄙賤之人同得入一乘 與諸佛菩
薩同坐妙法蓮華之坐 故借蓮華爲喩 猶是十義中兩義耳

🔒 법화론은 무엇을 풀이했는가?

🔑 논에서 "부처의 수레는 2승의 탁한 물에서 벗어났기 때문에 연
꽃과 같다고 비유한 것이라."358)고 하였다. 또한 "이 꽃은 제불보살
이 그 위에 앉아 있다."359)고 했다. 이 경전도 역시 2승의 비천함을
버린 사람들이 함께 일승에 들어가게 하며, 제불보살과 함께 묘법연
화의 자리에 앉게 한다. 그러므로 연꽃을 빌려서 비유했다. 이 열 가
지의 의미 중에서도 두 가지의 의미360)만 있는 것과 같다.

【역 주】
355) 법화경 〈약왕보살본사품〉(대정장9, 54중)에서 "又如大梵天王 一切衆生
之父 此經亦復如是 一切賢聖 學 無學及發菩薩心者之父"라 하였다.
356)《불설관보현보살행법경》(상동, 393상)에 "此方等經是諸佛眼 諸佛因是
得具五眼 佛三種身從方等生 是大法印印涅槃海"라 하였다. 五眼이란 肉
眼, 天眼, 慧眼, 法眼, 佛眼이고 三種身은 法身, 應身, 化身이다.
357) 육도의 길인 아수라, 사람, 천(天)을 말한다.
358)《법화론》권상(대정장26, 3상)에 "十六名妙法蓮花經者 有二種義 何等二
種 一者出水義 二不可盡出離小乘泥濁水故 又復有義 如彼蓮花出於泥水
喩"라 하였다.
359)《법화론》에 의해 '이승'으로 고쳤다.《법화론》권상(대정장26, 3상) "諸
聲聞得入如來大衆中坐 如諸菩薩坐蓮華上"

三遍喩者大集經云 慈悲爲莖 智慧爲葉 三昧爲鬚 解脫爲敷
菩薩蜂王採甘露味 是故我禮妙法蓮華也

세 번째 보편적인 비유란, **대집경**에서 "자비는 줄기이고, 지혜는
잎이며, 삼매는 꽃수염이고, 해탈은 꽃이 펼쳐지는 것이다. 보살이
라는 왕벌은 감로의 맛을 채집하는데, 때문에 나는 묘법연화에 예배
한다."361)고 하였다.

【역주】────────
360) 합유(合喩)의 열 가지 의미 중에서 제3과 제8에 해당된다.
361)《대방등대집경》권제1〈영락품〉(대정장13·2상), "憐愍爲葉(송원명의
　　세 가지 본…)知慧花(삼본에서는…)三昧爲鬚解脫敷 菩薩蜂王食甘露 我
　　今禮佛法蓮花"라 하였다.

第四 辨敎意門
교의문을 밝힌다

南方五時說北土四宗論無文傷義 昔已詳之 今略而不述也 夫
論四生擾擾 爲失虛懷362) 六趣紛紛寔由封滯 故知迴流苦海以
住著爲源 超然彼岸用無得爲本 但累果非一故息倒多門 或始終
俱大 或初後竝小 或始小終大 或始大終小 或一時之內大小俱明
或無量時唯辨一法 或說異法而前後不同 或明同法而初後爲異
良由機悟不一故適化無方 不可局以五時限於四敎也

남방의 5시설과 북방의 4종론363)은 근거 있는 글이다. 예전에 이
미 상세하게 말했다.364) 여기서는 생략하고 논하지 않겠다.

【역주】 ─────────────

362) 허회(虛懷): 여기서는 '지식이 천박하다'는 뜻으로 쓰였다. 그 용례는
    龔自珍의《己亥雜詩》에 "敢以虛懷測上公"이라 하였다.
363) 4종론(四宗論): 중국불교의 교판에서 종의 同異에 따라 여러 가지로 구
    분하고 있는 것 중의 하나이다. 4종은 因緣宗, 假名宗, 誑相宗, 常宗을
    말한다. 이 4종론을 주장한 사람은 불타(佛駄)삼장과 광통(光統)율사이
    다. 인연종은〈毗曇〉의 6因을 여섯 가지로 구분한 것이고, 가명종은《성
    실론》의 3假를 말한 것이며, 광상종은《대품반야경》과 삼론을 지칭하
    고, 상종은《열반경》과《화엄경》등에서 "상주하는 불성은 본래 있고 고
    요하다."고 한 것이다(이상의 내용은《법화현의》제10 권상에 보인다(六
    者 佛駄三藏 學士光統 所辨四宗判敎 一因緣宗 指毗曇六因 四緣 二假名
    宗 指成論三假 三誑相宗 指大品 三論 四常宗 指涅槃 華嚴等 常主佛性
    本有湛然) 이외에도 오종, 육종 등이 있다.
364)《법화현론》권제3의 '第五決疑'의 문단을 참조.

대저 논에서 "4생은 요란(擾擾)하여 천박한 지식을 상실하게 되고, 6취는 분분하니 참으로 막혀있기 때문이다."365)라고 하였다.

그러므로 "고해를 떠돌다가 머무는 것을 근원으로 삼는다."는 사실을 알아라. 피안에 초연하니 무득(無得)의 정관으로 근본을 삼는다. 다만 번뇌의 뿌리366)는 하나가 아니기 때문에 전도망상을 멈추게 하는데 여러 가지의 방법이 있다. 혹은 시종일관 함께 대승이거나, 혹은 처음부터 끝까지 소승이다. 혹 시초는 소승인데 마지막은 대승이기도 하고, 혹은 처음에는 대승인데 끝에는 소승이기도 하다. 동일한 시기 안에서 대소를 함께 밝히기도 하고, 헤아릴 수 없는 시간 동안 오직 일승의 가르침만 말하기도 한다. 혹은 다른 가르침을 설해서 전후가 동일하지 않기도 하고, 혹은 동일한 가르침을 밝히되 처음과 나중이 다르기도 하다. 참으로 근기와 깨달음이 동일하지 않기 때문에 적절한 교화에는 고정된 방법이 없다. 5시를 4교에 한정할 수 없는 것이다.

【역 주】 ────────────

365) 출전미상.
366) 대장경의 각주에 의하면 果는 根으로 되어 있다. 여기서도 문맥에 따라 근의 의미로 해석했다.

所言始終俱大者 如涅槃云 我初成道已有菩薩曾問是義 與汝所問等無差別 故知後辨涅槃初亦辨斯教 初後俱小者 如智度論云 從初轉法輪至大涅槃集作四阿含 即其事也 初小後大者 鹿園初說小乘 鷲山已去明於大法 初大後小者 菩提樹下初說花嚴 後趣鹿園方明小教

시종일관 모두 대승이라고 하는 것은,367) 예컨대 **열반경**에서 "내가 처음 성도하였을 때 일찍이 어떤 보살이 이런 뜻을 물었는데, 너희들이 질문한 것과 차이가 없다."368)고 했다. 그러므로 나중에 열반을 밝히고, 처음에 이 가르침을 밝힌 것임을 알아라. 처음부터 끝까지 모두 소승이란, **지도론**에서 말한 것과 같다. "초전법륜으로부터 대열반에 이르기까지 4아함경을 결집했다."369)고 하는 것이 바로 그 일이다.

시초는 소승인데 마지막은 대승이란, 녹야원에선 처음에 소승을 설하고, 영취산 이래 대승의 가르침을 밝히신 것이다.370) 처음은 대승이지만 뒤에는 소승이란, 보리수 아래서 처음에는 **화엄경**을 설하고, 뒤에 녹야원으로 나가시어 비로소 소승의 가르침을 밝힌 것이다.

【역 주】

367) 여기의 '시종(始終)'은 대승시교와 대승종교를 말하며 '전후'는 붓다의 성도 전후를 말한다. 대승시교나 대승종교는 화엄종의 오교십종의 하나이다. 대승시교는 生敎, 權敎, 分敎라고도 하는데 모든 것은 실체가 없고 공이라고 설하는《반야경》등의 空始敎와 인연에 의해서 생기는 모든 존재의 성상을 구별하여 설하고 또 오성각별성을 설하는《해심밀경》등의 相始敎로 나눈다. 대승종교는 熟敎, 實敎라고도 하며 진여연기를 설하여 모든 중생이 성불할 수 있다고 가르치는《능가경》이나《기신론》의 가르침이다.

368)《남본열반경》권제3〈장수품〉(대정장12, 620상)에서 "我坐道場菩提樹下初成正覺 爾時無量阿僧祇恒河沙等諸佛世界有諸菩薩 亦曾問我是甚深義 然其所問句義功德 亦皆如是等無有異 如是問者則能利益無量衆生"이라고 하였다.

369)《대지도론》권제2(대정장25, 95하)에서 "大迦葉語阿難 從轉法輪經至大般涅槃 集作四阿含 增一阿含 中阿含 長阿含 相應阿含 是名修妬路法藏"이라고 하였다.

一時之內大小俱明者 如智度論云 顯示教門卽波羅捺園說大
小 祕密之法則雙林明大小 或無量時明一法者 如智度論云 波若
非一坐一時說也 或說異法前後不同者 如智度論云 須菩提聞法
花經辨一切成佛 復聞波若明菩薩有退 故今問此菩薩爲畢定爲
不畢定 法花波若名爲異法 而波若或在法華之前或在法華之後
故前後不同

동일한 시기에 대승과 소승을 함께 밝혔다는 것은, **지도론**에서
"가르침의 문을 보여주었다는 것은 바로 바라나시의 녹야원에서 대
승과 소승을 설한 것이다. 비밀스런 가르침이란 바로 쌍림에서 대승
과 소승을 밝힌 것이다."371)고 한 것과 같다. 헤아릴 수 없는 시간
동안 일승의 가르침을 밝혔다는 것은, **지도론**에서 "반야는 한 자리
에서 일시에 설한 것이 아니다."372)고 한 것과 같다. 혹은 다른 가르
침을 설하되 전후가 동일하지 않다는 것은, **지도론**에서 "수보리는 **법
화경**을 듣자 일체의 성불을 천명하며, 다시 반야를 듣고는 보살에게
물러남이 있다는 것을 밝혔다. 그러므로 지금 '이 보살은 반드시 (물
러남이)정해져 있는 것인지, 그렇지 않은 것인지'를 묻는다."373)고
한 것과 같다. **법화경**과 **반야경**은 다른 가르침이라 한다. 그러나 **반야
경**은 **법화경** 이전에 있기도 하고, 혹은 **법화경** 이후에 있기도 하므로
전후가 다르다.

【역 주】────────────

370) 법화경 〈방편품〉(대정장9, 10상) "思惟是事已 卽趣波羅柰 諸法寂滅相 不可以言宣 以方便力故 爲五比丘說 是名轉法輪."이라고 하였다. 또 〈여래수량품〉(대정장9, 43중)에서 "時我及衆僧 俱出 靈鷲山 我時語衆生 常在此不滅 以方便力故, 現有滅不滅"

371) 정확한 출전은 미상이지만 《대지도론》 권제65(대정장25, 517상중)에서 "諸佛事有二種 一者 密 二者 現 初轉法輪 聲聞人見八萬 一人得初道. 諸菩薩見無數阿僧祇人得聲聞道無數人種辟支佛道因緣 無數阿僧祇人發無上道心 無數阿僧祇人行六波羅蜜道 得諸深三昧陀羅尼門 十方無量衆生 得無生法忍 無量阿僧祇衆生從初地中乃至十地住 無量阿僧祇衆生得一生補處 無量阿僧祇衆生得坐道場 聞是法疾成佛道 如是等不可思議相 是名密轉法輪相"라고 하였다.

372) 《대지도론》 권제50(상동, 420중)에서 "是摩訶般若波羅蜜有十萬偈 三百二十萬言 與四阿含等 此非一坐說盡"이라 하였다.

373) 《대지도론》 권제93(대정장25, 713중) "復次 須菩提聞法華經中說 於佛所作少功德 乃至戲笑一稱南無佛 漸漸必當作佛 又聞阿鞞跋致品中有退不退 又復聞聲聞人皆當作佛 若爾者 不應有退 如法華經中說畢定 餘經說有退 有不退 是故今問爲畢定 爲不畢定 如是等種種因緣故 問定 不定 佛答菩薩是畢定"또한 "須菩提白佛言 世尊 是菩薩摩訶薩爲畢定爲不畢定 佛告須菩提 菩薩摩訶薩畢定 非不畢定 世尊 何處畢定 爲聲聞道中 爲辟支佛道中 爲佛道中 佛言 菩薩摩訶薩 非聲聞 辟支佛道中畢定 是佛道中畢定 須菩提白佛言 世尊 爲初發意菩薩畢定爲最後身菩薩畢定 佛言 初發意菩薩亦畢定 阿鞞跋致菩薩亦畢定 最後身菩薩亦畢定"(대정장25, 712c) '畢定'이란 범어 avaiartika로 阿鞞跋致라고도 하는데 不退轉으로 번역하고 必定이라고도 한다. 즉 대도에서 물러나지 않고 반드시 열반에 들어가는 것이 정해졌다는 뜻이다.

問 何以得知在法華前說耶
答 智度論釋三百比丘脫衣上佛云 有人言 十二年未制戒 卽知
波若在十二年已前說之 法華成道已來四十餘年方乃演說

문 어떻게 **법화경** 이전에 설한 것임을 알 수 있는가?

답 **지도론**에서 "300명의 비구가 옷을 벗어 부처님께 올렸다."[374] 는 구절을 풀이해서 "어떤 사람이 말했다. 12년 동안 계율을 제정하 지 못했다면 반야가 12년 이전에 이미 설한 것임을 알 수 있다. **법화 경**은 성도한 이래 40여년 지나 비로소 설했다."고 말한다.

又信解品云明付財竟後方會父子 亦是波若在前法華居後 而
向所引畢定品文卽法花在前波若居後 或明同法而前後爲異者

또한 〈**신해품**〉에서 "재산을 부촉(付財)[375]한 뒤에야 비로소 부자 의 만남을 밝힌 것은, 역시 **반야경**이 **법화경** 이전에 있었다는 것이다. 그러나 〈**필정품**〉의 문장을 인용한 곳에서는 **법화경**이 **반야경**의 뒤에 있었다고 한다. 동일한 가르침도 전후에 따라 차이가 있다는 것을 밝히고 있다.

如五時同是波若之法 而仁王經云 二十九年說四種波若 第三
十年說仁王波若 如是等事不可具陳 略擧八條示聖敎無方 不應
限局五時及四宗之義也

예컨대 5시는 동시에 반야의 가르침인 것과 같다. **인왕경**에서 "29 년 동안 네 가지의 반야를 설했으며, 세 번째 10년간은 인왕반야를

【역 주】

377) 대지도론》권제100에 "復次 有人言 如摩訶迦葉將諸比丘 在耆闍崛山中 集三藏 佛滅度後 文殊尸利 彌勒諸大菩薩 亦將阿難集是摩訶衍"이라고 하였다.

378) 여기서 진사(塵沙)는 천태종에서 말하는 三惑 중 하나인 塵沙惑, 즉 見思, 無明을 말한다.

379) 소기(小機), 대기(大機)의 기(機)는 인연을 만나서 작동하는 내재적 가능성을 가지고 있다는 의미를 지니고 있다. 즉 불타의 교법을 받아 그 교화를 입을 수 있는 소질, 능력, 또는 敎의 대상이 되는 것을 말한다. 주로 가르침과 연계 작용하므로 機法, 機敎라 한다. 이에 대해《법화현의》 권6상은 세 가지로 설명하고 있다. ① 微: 불타의 교화를 받고서 발동하는 미세한 선을 속에 가지고 있는 것. ② 關: 불타가 중생의 소질 능력에 응해서 하시는 교화, 즉 불타의 응과 상관관계가 있는 것. ③ 宜: 불타의 교화에 잘 들어맞는 것 등이다. 그러나 機根이니 根機니 하여 그 의미를 뜻하는 것은 천차만별이다. 예컨대 이 三機를 다시 상중하 각각 삼품으로 나누어 구품삼기라고도 하며, 또 대승을 믿는 것을 대기, 소승을 믿는 것을 소기라고도 한다.

問 何以得知唯有兩藏

答 中論云 前於聲聞法中說十二因緣 後爲已習行堪受深法者
以大乘法說因緣相故 智度論云 阿難迦葉結集三藏 彌勒阿難文
殊結集大乘藏 地持論云 十二部經名聲聞藏 方等經名菩薩藏 而
大品·思益·法華·涅槃此四經 皆對昔小秤讚今日大 則知一化
始終俱明大小二敎也

🈷 오직 성문장과 보살장의 두 장경이 있을 뿐임을 어떻게 아는가?

🈶 **중론**에서 "먼저 성문법 가운데서 12인연을 설하고, 뒤에 전생
에 익힌 행업으로 심오한 가르침을 감수하는 자를 위해 대승법으로
인연의 모습을 설했기 때문에"380)라고 하였다. **지도론**에서는 "아난
과 가섭이 3장을 결집했고, 미륵, 아난, 문수가 대승의 경장을 결집
했다."381)고 하였다. **지지론**382)에서는 "12부경을 성문장이라 하고,
방등경을 보살장이라 한다.383) 그러나 **대품경, 사익경,**384) **법화경, 열
반경**의 네 가지 경전은 모두 옛날의 소승에 대치하고, 금일의 대승을
칭송한 것"이라 하였다. 바로 일대의 교화는 시종일관 함께 대승과
소승의 두 가르침을 밝히는 것임을 알아라.

【역 주】

380) 《중관론소》 권1(대정장42, 16상중)에 나오는 구절. "今云何乃言於聲聞
法中說十二因緣 答凡有二意 一者是內外相對 前明諸外道法 今總辨五乘
之敎 悉名佛法 所以聲聞敎亦名佛法也 二者前云令知佛法者此就佛本意
諸佛本意但爲大事因緣明於佛道 今爲鈍根之流不堪受佛道 故於一佛乘權
說小乘敎 故前據於本實 今約於末權 不相違也 依此義即具三輪 令知佛
法即根本法輪 先於聲聞法中說十二因緣謂枝末法輪 後爲說大乘 是攝末
歸本敎也 以經具三輪 論申於經亦具三輪矣 聲聞有四種"
《중론》 권제1 〈관인연품〉(대정장30,1중) "先於聲聞法中 說十二因緣 又
爲已習行有大心堪受深法者 以大乘法說因緣相"

381) 《대지도론》(대정장25, 756중) "復次 有人言 如摩訶迦葉將諸比丘 在
耆闍崛山中集三藏 佛滅度後 文殊尸利彌勒諸大菩薩 亦將阿難集是摩訶
衍"

382) 《지지론》은 《보살지지경》을 말한다. 이 경전은 북량의 담무참이 번역했
는데, 《유가론》 〈본지분〉 가운데 제15 보살지를 번역한 것이다. 모두 8
권이다.

383) 《보살지지경》 권제3 〈보살지지방편처력종성품〉(대정장30, 902하)에서
"十二部經 唯方廣部是菩薩藏 余十一部是聲聞藏"이라 하였다.

384) 여기서 말하는 사익경은 《사익범천소문경》을 말한다.

問 此經云唯有一佛乘 云何乃立大小二耶

答 如來赴大小二緣故說大小二敎也 雖說二敎終爲顯一乘故
藥草喩品云 於一切法以智方便而演說之 其所說法皆悉到於一
切智地 故知敎無異表緣無異悟 然對異故明不異 在異旣無則不
異亦息 故云是法不可示言辭相寂滅 若守大小二藏及封執唯一
乘者 此皆成一異兩見 未悟本來寂滅 非學佛法人也

問 이 경전에선 "오직 일불승만 있다."385)고 했는데, 어째서 대승
과 소승을 말하는가?

답 여래께선 대승과 소승의 두 가지 인연 때문에 대승과 소승의
두 가르침을 설했다. 비록 두 가르침을 설했다고는 하지만 결국은
일승을 드러내기 위해서다. 〈**약초유품**〉에서 "일체법을 지혜와 방편
으로 설했는데, 그 설하신 가르침은 모두 일체지지에 도달하게 한
다."고 하였다.386) 그러므로 가르침에는 다른 표현이 없고, 인연에
는 다른 깨달음이 없다는 것을 알아라. 그리고 다름에 대치하기 때
문에 다르지 않음을 밝혔다. 이미 차이가 없다면 다르지 않은 것도
역시 그쳐 버린다. 그러므로 "이 법은 보여줄 수 없는 것이니, 언어
의 모습이 적멸했다."고 한다. 만약 대승과 소승의 두 가지 경장을
고수하거나 오직 일승뿐이라 고집한다면, 이것은 모두 동일함과 차
별이라는 두 가지의 견해387)를 만드는 것이니, 아직 본래의 적멸을
깨닫지 못한 것이요 부처님의 가르침을 배우는 사람이 아니다.

問 就法華始終有幾種教

答 或一教二教三教四教乃至十教 言一教者 一切皆是一乘教
如藥草喩品云 於一切法以智方便而演說之 其所說法皆悉到於
一切智地 以所表理旣無二 能表之教亦一也 言二教者 謂大小乘
二如上說也 言三教者 謂根本法輪 枝末之教及攝末歸本 亦如前
說也

🈮 법화경에는 처음부터 끝까지 몇 가지의 가르침이 있는가?

🈵 하나의 가르침, 두 가지의 가르침, 세 가지의 가르침, 네 가지
의 가르침 내지 열 가지의 가르침이 있다. 하나의 가르침이란 , 일체
가 모두 일승의 가르침임을 말한다. 예컨대 〈약초유품〉에서 "일체의
가르침을 지혜와 방편으로 연설하는데, 그 설하신 가르침은 모두 일
체지지에 도달하게 한다."고 한 것과 같다. 표현되는 이치는 원래 둘
이 없고, 표현하는 가르침 역시 하나인 것이다. 두 가지의 가르침이
란, 대승과 소승의 두 가지를 말하는데 이상에서 설한 것과 같다. 세
가지의 가르침이란, 근본법륜과 지말의 가르침 및 섭말귀본법륜을
말한다. 역시 이전에 설한 것과 같다.

【역 주】

385) 법화경 〈방편품〉(대정장9, 8상) "十方佛土中 有唯一乘法 無二亦無三"
386) 법화경 〈약초유품〉(대정장9, 19상) "於一切法以智方便而演說之 其所說
法皆悉到於一切智地之"
387) 일이(一異)의 견해란, 二藏이 異見이고 一乘이 一見에 해당한다. 見이란
잘못된 견해라는 뜻이다.

言四教者 方便品偈文明於四教 謂四調柔 一以人天乘調柔令
離三塗 次以二乘調柔令離三界 此二調柔令離界內惑也 三以自
敎調柔 令二乘人得口自說大法以自知敎調伏其心 四以他敎調柔
諸佛菩薩爲其說大法令小入大 此二敎使其離三界外小乘惑也 此
四調柔二乘人令入一乘 爲一乘之方便也 故信解品云 如富長者
以方便力柔伏其心乃敎大智也

네 가지의 가르침이란, 〈방편품〉의 게송에서 사교를 밝히고 있다.
네 가지 조유(調柔)388)를 말한다. 첫째 인천승의 조유로 삼악도를 여
의게 하며, 둘째 2승의 조유로 삼계를 여의도록 한다. 이 두 가지의
조유는 삼계 안의 미혹389)을 여의게 한다. 셋째 자교(自敎)로 조유하
는 것이다. 즉 2승인들이 입으로는 대승의 가르침을 스스로 설하게
하고, 스스로 가르침을 알아 그 마음을 조복하게 한다. 네 번째는 타
교(他敎)로 조유하는 것이다. 제불보살은 그들을 위해 대승의 가르침
을 설해 소승에서 대승으로 들어가게 한다. 이 두 가지의 가르침은 그
들이 3계 바깥에 있는 소승의 미혹을 여의게 한다. 이러한 네 가지의
조유는 2승인들이 일승에 들어가게 하는 일승의 방편이 된다. 그러므
로 〈신해품〉에서 "부자인 장자가 방편의 힘으로 그 마음을 부드럽게
굴복시키고 마침내 커다란 지혜를 가르친 것과 같다."390)고 하였다.

言十敎者 一者頓敎 謂初成道時即以大乘頓化窮子 但根性未
堪 是故息化也 二者漸敎 從說人天乘乃至法華 皆是漸說大乘也
然頓敎正化391)直往392)菩薩 漸敎則化迴小入大人也 就漸敎之
中復開二種 一世間敎 即人天乘 如冷水灑面譬也 二出世間敎
從趣鹿園說二乘敎 終竟法華也

열 가지의 가르침이란, 첫째 돈교이니, 처음 성도했을 때는 바로 대승의 돈교로 가난한 자식을 교화했다. 다만 근성이 미약하여 감당할 수 없었기 때문에 교화를 그쳤다393)고 한다. 둘째 점교이니 인천승을 설하는 것에서 **법화경**에 이르기까지 모두가 점차적으로 대승을 설한 것이다. 그러나 돈교로는 바로 직접 깨달음에 들어가는 보살(직왕보살)을 교화한 것이며, 점교로는 소승을 돌이켜서 대승에 들어가는 사람들을 교화한 것이다. 점교 중에 다시 두 가지가 있다. 하나는 세간의 가르침이니 바로 인천승이다. 예컨대 차가운 물을 얼굴에 뿌리는 비유와 같다. 둘째는 출세간의 가르침이다. 녹야원으로 가서 2승의 가르침을 설하고, 이후 마지막에는 **법화경**을 설했다.

【역 주】 ────────

388) 조유(調柔): 범어 karmanyatva로 어떤 일을 하는 데 적합한 것. 즉 유연성을 말한다.

389) 계내혹: 삼혹 가운데 見惑과 思惑을 말한다. 이는 삼계의 생사를 가져오므로 계내혹이라 한다.

390) 법화경 〈신해품〉(대정장9, 18하)에서 "如富長子 知子志劣 以方便力 柔伏其心 然後乃付一切財物 佛亦如是 現希有事 知樂小者 以方便力 調伏其心 乃敎大智"

391) 정화(正化): 바른 도로 중생을 교화함.

392) 직왕(直往): ① 서슴지 않고 곧장 감. ② 직접 깨달음에 들어가는 것.

393) 식화(息化): 부처님께서 교화를 그치고 열반에 드는 것, 또는 단지 중생의 교화를 쉰다는 뜻.

就出世間教中復有二種 一小乘教二大乘教 初趣鹿園說小乘
教 從波若已去謂大乘教也 就大乘教中復有二種 一者自說大乘
即大品付財命說之事

출세간의 가르침에도 다시 두 가지가 있다. 하나는 소승의 가르침
이고, 또 하나는 대승의 가르침이다. 처음에는 녹야원으로 가서 소
승의 가르침을 설했다. 그러나 반야 이래로는 대승의 가르침을 설한
다. 대승의 가르침에도 다시 두 가지가 있다. 하나는 자설대승이니
바로 **대품경**에서 재산을 물려주면서 설법을 명하신 일이다.

二者他教 從大品已後諸方等教 佛與菩薩爲小乘人而說大乘
也 此二種教謂密說大乘 至於法花謂顯教小乘人大法也 此之五
雙十教竝現信解品文也

또 하나는 타교이다. **대품경** 이후에는 여러 가지 방등의 가르침을
따랐다. 부처와 보살은 소승인을 위해 대승을 설했다.
이 두 가지의 가르침을 밀설대승(비밀스럽게 설한 대승)이라 한
다. **법화경**에 이르러 소승인을 교화하는 대승의 가르침을 드러냈다
고 한다. 이 5쌍과 10교는 모두 〈신해품〉에 보이고 있다.

問 大品等但是漸說大乘亦是頓耶
答 凡有四句 一頓而非漸 則初成道爲諸菩薩說花嚴教也 二漸
而非頓 謂人天及二乘教也 三亦漸亦頓 即大品教也 爲菩薩說大
品 大品於菩薩爲頓 以大品中具足明一切大乘法故 信解品云
佛敕我等說最上道 修習此者當得成佛 故名爲頓 而命小人說於

大法 爲入一乘方便故 於小乘人名爲漸也 四者非漸非頓者 上之
三句竝是敎門 因此敎門欲顯無言之道 不可論其漸頓也

🈁 대품경 등은 점차적으로 대승을 설했을 뿐인데, 역시 돈교인가?

🈁 모두 4구가 있다. 첫째 돈교요 점교가 아니다. 즉 처음 성도했을 때는 모든 보살을 위해 화엄의 가르침을 설하였다. 둘째 점교요 돈교가 아니다. 인천 및 2승의 가르침을 말한다. 셋째 점교이기도 하고 돈교이기도 하니. 바로 **대품경**의 가르침이다. 보살을 위해 **대품경**을 설하니, **대품경**은 보살을 돈교로 여긴다. **대품경** 가운데는 일체의 대승법을 구족해 밝히고 있기 때문이다. 〈**신해품**〉에서 "부처님께선 우리들에게 최상의 길을 설하라고 명하셨으니, 이것을 닦는 자는 반드시 성불하리라."394)고 하였다. 그러므로 돈교라 한다. 소승인에게 대승의 가르침을 설하도록 명해서 일승의 방편에 들어가게 만들기 때문에, 소승인에겐 점교라 하였다. 넷째 점교도 아니고 돈교도 아닌 것이란, 이상의 세 구절은 모두 가르침의 방법(敎門)이니, 이 가르침의 방법에 따라 말없는 도를 드러내고자 한다. 따라서 그것이 점교인지 돈교인지 논할 수 없다.

【역 주】——————

394) 법화경 〈방편품〉(대정장9, 18중)에 "佛勅我等 說最上道 修習此者 當得成佛"

第五 明顯密門又開四別
현밀문을 밝히고 다시 네 가지로 구별한다

一通就諸經論明顯密 二別擧大品對法花論顯密 三就法花內
自論顯密 四料簡之 總明經論顯密者 大明一化凡有四門

첫째, 일반적인 입장에서 모든 경론을 현밀로 밝힌다. 둘째, 특별
히 **대품경**을 들어 **법화경**에 대치해 현밀을 논한다. 셋째, **법화경** 내부
에서 스스로 현밀을 논한다. 넷째, 그것을 분별한다. 그리고 총괄적
으로 경론의 현밀을 밝히는 것이다. 크게 일대의 교화를 밝히자면
네 가지의 방식이 있다.

一顯教菩薩不蜜化聲聞 即花嚴教也 大機已熟故顯教之 小器
未堪不宜密化 故羅烈珍玩正爲宗親 窮子躄地未堪授珍寶故

첫째, 현교의 보살은 비밀스럽게 성문을 교화하지 않는다. 바로
화엄의 가르침이다. 큰 근기가 이미 성숙했기 때문에 현교로 가르친
다. 작은 그릇은 아직 감당할 수 없으므로 비밀스럽게 교화하지 않
는다. 그러므로 진귀한 완구를 나열하는 것을 종친으로 여긴다. 가
난한 자식은 땅에 넘어져서 아직 진귀한 보배를 감당할 수 없기 때
문이다.

二顯教聲聞不蜜化菩薩 即三藏教也 誘引將順正爲二乘 更遣
餘人不蜜化菩薩

둘째, 현교의 성문은 비밀스럽게 보살을 교화하지 않는다. 바로
삼장의 가르침이다. 유인해서 장차 따르게 하는 것으로 2승을 삼고,
다시 나머지 사람을 보내되 몰래 보살을 교화하지 않는다.

三顯教菩薩蜜化聲聞 即波若教也 嚴土化人正教大士 付財命
說密化小心

셋째, 현교의 보살은 비밀스럽게 성문을 교화한다. 바로 **반야경**의
가르침이다. 불국토를 장엄하고 사람들을 교화하며, 바르게 보살(大
士)을 가르친다. 재산을 맡기고 설법을 명하니 몰래 소승의 마음을
교화한다.

四顯敎菩薩顯化聲聞 卽法花敎也 大士疑除故顯敎菩薩 羅漢
作佛故顯化聲聞 此之四門卽是次第 三句屬菩薩藏[395]收 顯敎
聲聞不蜜化菩薩屬三藏敎攝 然華嚴大品及以三藏當敎明義唯
有一轍 法花結會始終是則具足四門

넷째, 현교의 보살은 드러내놓고 성문을 교화한다. 바로 **법화경**의
가르침이다. 보살(대사)의 의심을 제거했기 때문에 현교의 보살이
다. 나한이 성불하기 때문에 드러내놓고 성문을 교화한다. 이 네 가
지 문이 바로 순서이다. 3구(三句)는 보살장에 속한다. 드러내놓고
성문을 교화하고 몰래 보살을 교화하지 않는 것은 삼장의 가르침에
속한다. 그러나 **화엄경**과 **대품경**, 그리고 삼장에 해당하는 가르침은
의미를 밝히는데 오직 하나의 방법만 있을 뿐이다. **법화경**은 법회를
결성하는 것으로 시종일관한다. 이것이 바로 네 가지의 방식을 구비
하는 것이다.

【역 주】

395) 보살장(菩薩藏): 석존의 교설 중에서 보살을 위해 설한 육도 등의 가르
침을 보살장이라 하고, 성문연각을 위해 설한 4제, 12인연 등의 가르침
을 성문장이라 한다. 이는《보살지지경》권12 등에 나오는데, 수나라 혜
원, 당나라 길장, 선도 등은 경전을 이 二藏으로 분류하고 판석했다.《보
초삼매경》권중에는 성문, 연각, 보살의 삼장을 들고 있으나 성문장, 보
살로 말할 때는 성문장 안에 연각장을 포함시킨다. 이 2장의 분류는 大
小二乘, 半滿二敎라는 말과 거의 같은 뜻으로 사용한다. 반만이교란 보
리유지가 주장한 것으로 반자교와 만자교를 가리킨다. 반자교는 붓다의
성도 이후 12동안 가르친 가르침인 방편교이고, 만자교는 붓다 성도로
부터 12년 후에 가르친 가르침인 진실한 가르침을 말한다. 이에 대해 천
태 지의가 비판하였는데 그 내용은《법화현의》에 나와 있다(대정장33,
804).

問 若華嚴但顯教菩薩不密化聲聞者 則應但明大法 何故亦辨
小乘 如賢首品云 或說聲聞小乘門 或說緣覺中乘門 或說無上大
乘門 乃至性起品中具說五乘之教 何由爾耶

🈔 만일 **화엄경**이 드러내놓고 보살을 교화하는 것이요 비밀스럽게
성문을 교화하는 것이 아니라면, 마땅히 대승의 가르침을 밝히는 것
일 뿐인데 왜 다시 소승을 설명하는가? 예컨대 〈**현수품**〉에서 "혹은
성문에게 소승의 교문을 설하기도 하고, 혹은 연각에게 중승의 교문
을 설하기도 하며, 혹은 위없는 대승의 교문을 설하기도 한다."396)
고 하였다. 그리고 〈**성기품**〉에선 5승의 가르침을 모두 설한다397)고
했는데, 까닭이 무엇인가?

答 總談一化復有傍正四門

🈪 총체적으로 말해서 일대의 교화에는 역시 방정의 네 가지 문이
있다.

【역 주】
396)《60화엄경》권제6 〈현수품〉(대정9, 435중)에서 "或現聲聞小乘門 或現
　　緣覺中乘門 或現無上大乘門"
397)《60화엄경》권제34 〈보왕여래성기품〉(상동, 619상)에서 "如來妙音亦復
　　如是 亦無有主無有作者 自然出生四種妙音 隨順佛法 何等爲四 一曰…
　　生人天中 二曰… 學聲聞乘 三曰… 學緣覺乘 四曰汝等當知 過聲聞緣覺
　　更有勝道 名曰大乘"

一正顯眞實傍開方便則華嚴敎也 爲諸菩薩說究竟因果故正顯
眞實 夫爲菩薩必須化物故 亦令大士知三乘是權 故傍開方便 二
正閉方便正隱眞實 則三藏敎也 不明三乘是權故正閉方便 不顯
唯有一乘故正隱眞實 三者正顯眞實傍閉方便 則波若等敎 明大
乘究竟故正顯眞實 未開三乘是權故傍閉方便 四正開方便正顯
眞實 卽法花之敎 以辨三乘是權故正開方便 明唯有一乘故正顯
眞實

첫째, 바로 진실한 보배를 드러내고, 곁들여서 방편의 문을 여니
바로 **화엄경**의 가르침이다. 모든 보살을 위해 구경의 인과를 설하기
때문에 바로 진실한 보배를 드러내는 것이다. 무릇 보살은 만물을
교화하는 것이 필수이기 때문에 역시 보살(대사)에게 3승이 방편임
을 알게 한다. 그러므로 곁들여 방편의 문을 연다.

둘째, 바로 방편의 문을 닫고 진실을 감추는 것이니, 바로 3장의
가르침이다. 3승이 방편임을 밝히지 않았기 때문에 바로 방편의 문
을 닫은 것이고, 오직 일승만 있다는 것을 드러내지 않았기 때문에
바로 진실을 감춘 것이다.

셋째, 바로 진실을 드러내고 곁들여 방편의 문을 닫은 것이니, 바
로 반야 등의 가르침이다. 이는 대승의 구경을 밝히기 때문에 바로
진실을 드러낸 것이고, 아직 3승이 방편임을 밝히지 않았기 때문에
곁들여 방편의 문을 닫은 것이다.

넷째, 바로 방편의 문을 열고 곁들여 진실을 드러낸 것이니, 바로
법화경의 가르침이다. 3승이 방편임을 밝히기 때문에 바로 방편의
문을 연 것이고, 오직 일승만 있다는 것을 밝히기 때문에 바로 진실
을 드러내는 것이다.

問 法花明三乘是權 可得顯一乘是眞實 大品未辨三乘是權 云
何得顯一乘是眞實耶

答 法華對權顯實 大品辨二乘爲劣大乘爲勝 故以大乘爲眞實也

🔲 법화경은 3승이 방편임을 밝히고 있으므로, 일승이 진실임을
드러낼 수 있다. 대품경에서는 3승이 방편임을 아직 밝히지 않았는
데, 어떻게 일승이 진실이라고 드러낼 수 있는가?

🔲 법화경은 방편에 대치해서 진실을 드러냈고, 대품경에선 2승은
열등하고 대승은 뛰어나다고 밝혔다. 때문에 대승을 진실로 삼는다.

問 何文辨法花與大品已明眞實

答 信解品云 一切諸佛所有祕藏但爲菩薩演其實事而不爲我
說斯眞實 故知大品已顯眞實 又大品自爲菩薩說故 顯佛乘是眞
實 未爲聲聞說佛乘故 不明三乘是方便 法花正爲聲聞人說佛乘
是眞實 故開三乘是方便

🔲 어떤 경문에서 법화경과 대품경이 이미 진실을 밝혔다고 하는가?

🔲 〈신해품〉에서 "일체의 제불이 지니고 있는 비밀스러운 경장은
단지 보살만을 위해 그 진실한 일을 연설하지만 우리를 위해서는 이
러한 진실을 설하지 않는다."398)고 했다. 그러므로 대품경은 이미 진
실을 드러낸 것임을 알 수 있다.

【역 주】
398) 법화경 〈신해품〉(대정장9, 18중), "一切諸佛 祕藏之法 但僞菩薩 演其實
事 而不爲我 說斯眞要"

또한 **대품경**은 스스로 보살을 위해 설하기 때문에 불승이 진실임을 드러냈고, 아직 성문을 위해서는 불승을 설하지 않았기 때문에 3승이 방편임을 밝히지 않았다. **법화경**은 바로 성문인을 위해 불승(부처의 수레)이 진실임을 설하는 것이기 때문에 3승이 방편임을 개진하는 것이다.

問 若大品明小乘爲劣大乘爲勝名已顯眞實者 三藏之敎亦明二乘爲劣大乘爲勝 亦應已顯佛乘是眞實

答 大品等敎正明大乘傍及小乘 故正顯眞實 三藏之敎正明小乘傍及佛乘 故不正顯眞實 又大品敎具足顯了說佛乘 故正顯眞實 三藏之敎雖明佛乘猶是隱覆之說 故不正顯眞實

🈹 만일 **대품경**에서 소승은 열등하고 대승은 뛰어나다고 밝히고 있어서 이미 진실을 드러낸 것이라면, 3장의 가르침도 역시 2승은 열등하고 대승은 수승하다고 밝히고 있으므로 이미 불승(부처의 수레)이 진실임을 밝힌 것이라 보아야만 한다.

🈹 **대품경** 등의 가르침은 직접 대승을 밝히고 나서, 곁들여서 소승에 이르게 된다. 때문에 바로 진실을 드러내는 것이다. 3장의 가르침은 직접 소승을 밝히고 곁들여 불승(부처의 수레)에 이르게 된다. 때문에 바로 진실을 드러내는 것이 아니다. 또한 **대품경**의 가르침은 분명함을 구족하여 부처의 수레를 설하기 때문에 직접 진실을 드러내는 것이다. 3장의 가르침은 비록 부처의 수레를 밝히고 있지만 오히려 숨기고 뒤덮는(隱覆) 설이기 때문에 직접 진실을 드러내지 않는다.

何以知然 如三藏教明王宮實生雙林實滅從凡得聖樹王成佛
故法花云 長者脫珍御服著弊垢衣 以是方便得近其子 此是說三
藏教中佛明是方便 故知明小教雖明佛乘爲勝 猶未顯眞實 此傍
正四門三句屬菩薩藏 正閉方便正隱眞實屬聲聞藏 餘經當教明
義唯有一門 法華結會始終具足四句 此皆一途依信解品大判爲
言 衆經更異399)文 亦有別400)餘義也

　그런 것을 어떻게 아는가? 예컨대 3장의 가르침에서 '왕궁에서
사실상 태어나고, 쌍림에서 사실상 열반했으며, 범부에서 성인이 되
어 나무의 왕(보리수) 아래서 성불했'고 밝히는 것과 같다. 그러므
로 **법화경**에서 "장자가 좋은 옷을 벗고 때 묻은 옷을 입으니, 이러한
방편으로 아들에게 다가갈 수 있었다."401)고 하였다. 이것은 3장교
속에서 부처를 설한 것이며, 이것이 방편임을 밝힌 것이다. 그러므
로 어제402) 소승의 가르침에서 비록 불승(부처의 수레)이 뛰어나다
고 밝히고 있다 하더라도 아직 진실을 드러내지 못한 것과 같다는
것임을 알아라.

【역 주】
399) 저본에선 異이지만 대장경 각주의 갑본에 의하면 異有로 되어 있다. 그
　　에 따라 번역한다.
400) 저본에선 有別이지만 갑본에 의해 別有로 바꾸어 번역한다.
401) 법화경 〈신해품〉에 "即脫瓔珞 細軟上服 嚴飾之具 更著麤弊垢膩之衣
　　塵土坌身 右手執持除糞之器 狀有所畏 語諸作人 汝等勤作 勿得懈息 以
　　方便故 得近其子"라고 하였다.
402) 대장경의 각주에서는 明을 昨의 오자로 설하고 있는데, 여기서는 대장
　　경의 각주를 참고해 번역했다.

이 방정(傍正)의 네 가지 문 가운데서 3구는 보살장에 속한다. 곧
바로 방편의 문을 닫고 진실의 문을 감추는 것은 성문장에 속한다.
나머지 경전에서 해당하는 문구는 의미상 오직 하나의 문이 있다는
것을 밝힌다. **법화경**은 법회를 결성하되 시종일관 4구를 구족하고
있다. 이것은 모두 동일한 길이지만 〈신해품〉에 의지해 크게 분류한
것을 말한다. 여러 경전에 또한 다른 경문이 있다. 역시 특별히 여타
의 의미가 있는 것이다.

1) 第二 大品對法華論顯密
두 번째, 대품반야경을 법화경에 대치해서 현밀을 논한다

問 智度論第一百卷云波若非祕密法故付屬聲聞 法花是祕密
法故付屬菩薩 云何稱祕密非祕密耶
答 祕密不祕密有二門 一以大乘爲祕密 小乘非祕密 大乘甚深
不妄傳授故秤祕密 小乘淺近可隨宜而說故非祕密 如智度論云
顯示教中說羅漢斷煩惱清淨 菩薩未斷煩惱故不清淨 祕密法中
說諸菩薩得無生忍具六神通超出二乘之上故菩薩清淨 此則以
小乘淺近故非祕密 大乘甚深故名祕密 二者就大乘中復有祕密
非祕密 如大論第百卷說 波若不明羅漢作佛故非祕密 法花明羅
漢作佛故是祕密

🈟 지도론 제100권에서 "반야경은 비밀법이 아니므로 성문에게 부
촉했다. **법화경**은 비밀법이기 때문에 보살에게 부촉했다."403)고 말
한다. 무엇을 비밀이니, 비밀이 아니니 하는 것인가?

답 비밀이니, 비밀이 아니니 한 것에는 두 가지의 문이 있다. 첫째 대승을 비밀로 여기니 소승은 비밀이 아니다. 대승의 깊고 깊음을 망령되이 전해주지 않기 때문에 비밀이라 한다. 소승의 얕고 가벼운 근기(淺近)404)는 적당하게 설할 수 있기 때문에 비밀이 아니다. **지도론**에서 "현시의 가르침 속에서 나한은 번뇌를 끊어서 청정하고, 보살은 아직 번뇌를 끊지 못했기 때문에 청정하지 않다."405)고 설하는 것과 같다. 비밀한 법 중에서 모든 보살은 무생법인을 얻고 육신통을 갖추며, 2승을 벗어나기 때문에 보살이 청정하다고 설한다. 이것이 바로 소승의 얕고 가벼운 근기 때문에 비밀이 아닌 것이다. 대승은 깊고 깊기 때문에 비밀이라 한다. 둘째 대승의 입장에도 다시 비밀과 비밀 아닌 것이 있다. **대지론** 제100권에서 "**반야경**은 나한의 성불을 밝히지 않기 때문에 비밀이 아니며, **법화경**은 나한의 성불을 밝히기 때문에 비밀"이라 설하는 것과 같다.

【역 주】 ───────────

403)《대지도론》권제100(대정장25, 754중) "問曰更有何法甚深勝般若者 而以般若囑累阿難 而餘經囑累菩薩 答曰般若波羅蜜非祕密法 而法華等諸經說阿羅漢受決作佛 大菩薩能受持用譬如大藥師能以毒爲藥"

404) 여기서 천근은 淺近機를 말한다. 즉 지식이나 생각이 얕은 이승과 인천을 말함.

405)《대지도론》권제8(대정장25, 84하~85상) "佛法有二種 一祕密 二現示 顯示中佛辟支佛阿羅漢皆是福田 以其煩惱盡無余故 祕密中說諸菩薩得無生法忍 煩惱已斷 具六神通 利益衆生 以顯示法故 前說阿羅漢 後說菩薩"

問 法花明羅漢作佛 何故是祕密波若不明羅漢作佛 何故非祕
密耶

答 法華明羅漢作佛甚深難解故是祕密 波若明菩薩作佛其義
易解故非祕密 故智度論云 羅漢作佛至佛時乃解 論甚深者正可
論其餘事 龍樹旣云未解至佛時乃知 故羅漢作佛甚深難解 涅槃
現病品偈云 如佛所說阿羅漢一切當皆至涅槃如是甚深佛行處
凡夫下愚不能知 故知羅漢作佛爲難解也

🔘 법화경은 나한의 성불을 밝히는데 어째서 비밀이고, 반야경은
나한의 성불을 밝히지 않는데 어째서 비밀이 아니라 하는가?

🔘 법화경은 나한의 성불을 밝히지만 심오해서 이해하기 어렵기
때문에 비밀이다. 반야경은 보살의 성불을 밝히지만 그 뜻을 이해하
기 쉽기 때문에 비밀이 아니다. 그러므로 지도론에서 "나한의 성불
은 부처가 되었을 때 이해한다."406)고 하였다. 심오한 것을 논하면
바로 그 나머지 일도 논할 수 있다. 용수가 이미 "아직 이해하지 못
했다면 부처가 되었을 때 이내 알게 된다."고 말했다. 그러므로 나한
의 성불은 매우 깊고 이해하기 어렵다. 열반경의 〈현병품〉에 나오는
게송에서 "부처님께서 말했듯이 아라한은 일체 모두가 열반에 도달
한다. 이와 같이 심오한 부처님의 행처를 범부나 어리석은 사람은
알 수 없다."고 하였다.407) 그러므로 나한의 성불이 이해하기 어렵
다는 것을 알아라.

問 羅漢作佛何故難解耶

🔘 나한의 성불은 어째서 이해하기 어려운가?

答 此望昔教爲言故秤爲難解 以昔教明羅漢煩惱已盡不復更
生 如無明糠脫故後世因中不復更生 今教遂明羅漢作佛故 於昔
教爲難解

답 이것은 예전의 가르침을 보고 말했기 때문에 이해하기 어렵다
고 한 것이다. 진실한 가르침에서 나한은 번뇌가 이미 모두 사라져
다시는 태어나지 않는다고 밝히고 있기 때문이다. 마치 무명의 껍데
기를 벗어버렸기 때문에 후세의 밭408) 가운데에 다시는 태어나지
않는 것과 같다. 방편의 가르침에선 마침내 나한의 성불을 밝히기
때문에 예전의 가르침보다 이해하기 어렵다.409)

【역 주】

406)《대지도론》권제93(대정장25, 714상) "今言漏盡阿羅漢還作佛 唯佛能知
論議者正可論 其事不能測知 是故不應戱論 若求得佛時 乃能了知 餘人
可信而不可知"

407)《남본열반경》권제10 〈현병품〉(대정장12, 672상) "如佛所說阿羅漢 一
切皆當至涅槃 如是甚深佛行處 凡夫下愚誰能知"

408) 원문은 因으로 되어 있지만 대장경의 각주에는 田의 오기로 되어 있으
므로 밭으로 해석했다.

409) 여기서 말하는 昔은 實敎, 즉 대승의 진실한 가르침을 말한다. 따라서
석교는 대승교를 뜻하며 반면 수은 權敎로 방편교이다. 구체적 내용은
《법화의소》권3에 나온다. "問 三乘是方便亦得名爲實不 答 凡有四句 一
者於昔實於今爲權 謂對今一以望昔三是也 二者今昔俱實 昔以三爲實
今以一爲實 三者三一俱權 望正道爲論 未曾三一 三一皆爲開道名爲道門
故皆權也 四者今實昔權 今以一爲實 於昔爲非實義名爲權"(대정장34,
483하) "… 法華明二乘作佛 望昔爲難解 如用毒作藥 故稱祕密 問 此經
就誰爲難易 答 大品望昔敎阿難易解 以菩薩是大人還明大人作佛 故阿難
解之 所以大品付囑阿難 法華明二乘作佛異於昔敎 於聲聞難解 故法華不
付囑阿難"(상동, 486상중)

問 昔教於誰爲難解耶

答 正於聲聞人爲難解 故論云 大藥師能用毒爲藥 小藥師不能
用毒爲藥 菩薩能解二乘作佛 如解毒爲藥 故法花付屬菩薩 聲聞
但解菩薩作佛 如解用藥爲藥故 波若付屬聲聞 不解二乘作佛 如
不解用毒爲藥故 法華不付聲聞 所以法華於聲聞人爲難解

🔲 예전의 가르침은 누구에게나 이해하기 어려운 것인가?

🔲 바로 성문인이 이해하기 어렵다. 그러므로 논에서 "대승의 약
사는 독을 써서 약을 만들 수 있지만 소승의 약사는 독을 써서 약을
만들 수 없다."고 하였다. 보살은 2승의 성불을 이해할 수 있다. 예
컨대 독을 풀어 약을 만드는 것과 같다. 때문에 **법화경**은 보살에게
부촉했다. 성문은 단지 보살의 성불만을 이해한다. 마치 약으로 약
을 만드는 것만 이해하는 것과 같기 때문이다. **반야경**은 성문에게 부
촉했지만 2승의 성불을 이해하지 못한다. 마치 독을 써서 약을 만드
는 것을 이해하지 못하는 것과 같기 때문이다. **법화경**은 성문에게 부
촉하지 않는다. 그래서 **법화경**은 성문인에게 이해하기 어려운 경전
이 된다.

問 若波若但明菩薩作佛未明二乘作佛 則波若教劣 法華明菩
薩作佛復明二乘作佛 則法華爲勝 何以得知然 智度論釋問乘品
列十種大經 法雲經大雲經法華經 如是等經中而波若最大 旣稱
最大 則法華爲劣 前後相違 云何會通

問 만일 **반야경**이 단지 보살의 성불만을 밝히고, 아직 2승의 성불
을 밝히고 있지 않다면 **반야경**의 가르침은 열등한 것이다. **법화경**은
보살의 성불을 설명하고 있지만, 또한 2승의 성불도 밝히고 있다.
그렇다면 **법화경**은 수승한 것이다. 어떻게 그러한 것을 아는가? **지도
론**에서 〈**문승품**〉을 해설하면서 열 가지의 대승경전을 나열하고 있
다. **법운경, 대운경, 법화경**이다.410) 이러한 경전들 중에선 **반야경**이
최고이다.411) 이미 최고라고 했으면 **법화경**이 열등한 것이므로 전후
가 맞지 않는다. 어떻게 회통할 것인가?

【역주】

410) 원문에서 말하는 '문승품(問乘品)'은 '승승품(乘乘品)'의 오류이므로 여
　　기서 수정하고, 10경 중 나머지 7가지 경은《본기경》·《단칠체중생의
　　경》·《운경》·《화수경》·《미륵문경》·《6바라밀경》·《마하반야바라밀
　　경》등이다.

411) 〈문승품〉은《대품반야경》제18품의 이름이다.《대지도론》권46(대정장
　　25, 394중) "所謂本起經 斷一切衆生疑經 華手經 法華經 雲經 大雲經 法
　　雲經 彌勒問經 六波羅蜜經 摩訶般若波羅蜜經 如是等無量無邊阿僧祇經
　　或佛說 或化佛說 或大菩薩說 或聲聞說 或諸得道天說 是事和合 皆名摩訶
　　衍 此諸經中 般若波羅蜜最大故說摩訶衍"

答 法華波若互有勝劣 若爲聲聞人明二乘作佛 則法花勝波若
爲劣 若爲菩薩明實惠方便 則波若勝法華劣 所以然者 波若六十
六品辨於實惠 無盡品已去二十四品明方便惠 此二惠是爲十方
三世諸佛法身父母 故淨名經云 智度菩薩爲母 方便以爲父 一切
諸導師無不由是生 旣廣明法身父母 故於一切方等經中最爲深
大 餘經不正明此義 故不及波若 又波若廣明實相 故於衆經中最
爲深大 所以然者 三乘得道及以斷惑辨懺悔重罪 此之三義悉依
實相 而波若正廣明實相 故三義得成 餘經不正明實相 故有劣波
若 是以兩經互有優劣 破龍樹前後有於二文

[답] **법화경**과 **반야경**은 상호간에 우열이 있다. 만약 성문인을 위해
2승의 성불을 말했다면 **법화경**은 수승하고 **반야경**은 열등한 것이다.
만약 보살을 위해 진실한 지혜와 방편을 밝혔다면 **반야경**은 수승하
고 **법화경**은 열등한 것이다. 왜냐하면 **반야경**의 66품은 진실한 지혜
를 설명한 것이고, 〈**무진품**〉이래 24품은 방편의 지혜를 밝히는 것
이기 때문이다.412) 이 두 가지의 지혜는 시방 삼세에서 제불 법신의
부모가 되는 것이다. **정명경**에서 "지혜의 완성은 보살을 어머니로
삼고 방편을 아버지로 여긴다. 일체의 모든 스승은 여기에서 태어난
다. 이에 널리 법신의 부모를 밝혔다."413)고 한다. 그러므로 일체의
방등경 중에서 가장 깊고 큰 것이다. 나머지 경전은 이러한 뜻을 올
바르게 밝히지 않으므로 **반야경**에 미치지 못한다.

또한 **반야경**은 광범위하게 실상을 밝히고 있으므로 여러 경전 중
에서 가장 깊고 큰 것이다. 왜냐하면 3승의 득도(得道)와 단혹(斷惑)
은 중죄를 참회하는 것임을 밝히고 있기 때문이다. 이 세 가지 의미
는 모두 실상에 의지하지만 그러나 **반야경**은 바르고 넓게 실상을 밝

히고 있기 때문에 세 가지의 뜻을 완성할 수 있다. 나머지 경전은 정확하게 실상을 밝히지 않는다. 그러므로 **반야경**보다 열등한 것이 있다. 그래서 두 경전은 상호간에 우열이 있다. 해서414) 용수를 전후로 두 문장이 있다.

【역 주】

412)《대품반야경》은 전부 90품으로 구성되었는데 〈서품〉 제1에서 〈누교품〉인 제66까지 66품은 실혜를 밝히고 있으며, 〈무진품〉 제67에서 〈촉루품〉제90까지 24품은 방편혜를 밝힌 것이다.

413)《유마경》 권중 〈불도품〉(대정장14, 394중) "智度菩薩母 方便以爲父 一切衆導師 無不由是生"

414) 원문에는 破로 되어 있지만 대장경 각주에 의하면 故의 오자로 본다. 여기서는 故의 의미로 해석했다.

問 此解何所出也

答 叡師小品序說波若法花二經互有優劣之義云 法華鏡本以
凝照 般若冥[415]末以解懸 解懸理趣菩薩道也 凝照鏡本結其終也
終而不泯則歸途扶蔬有三寶之跡 擁惠[416]不夷則亂緒紛綸有惑
趣之異 是以法華波若相待以期終 方便實化冥一以俟盡論其窮
理盡性夷明萬行 則實不如照 取其大明眞化[417]解本無三 則照不
如實 照則波若 實則法華 故互有優劣 則其證也

🈁 이러한 해석은 어느 곳에 나오는가?

🈁 승예선사가 **소품반야경** 서문에서 **반야경**과 **법화경**은 상호간에
우열의 의미가 있다고 설명하면서 "**법화경**은 본질을 비추어서 관조
함을 모우고, **반야경**은 현상[末]에 명합(冥合)하여 현격함[차별]을 이
해한다. 현격함을 이해하는 이취(理趣)[418]는 보살도이고, 관조함을
응축하여 근본을 밝히는 것은 그 끝(현상)을 맺는 것이다. 끝내 사라
지지 않으면 돌아가는 길의 부소(扶蔬)에 삼보의 자취가 있다. 방편
의 응화가 크지 않으면 어지러운 실마리처럼 뒤엉켜 혹취[419]에 차
이가 생긴다. 그래서 **법화경**과 **반야경**은 상대적으로 그 끝을 기대한
다. 방편과 진실한 교화(實化)[420]가 하나로 그으익이 융합(冥合)[421]하
되 그것이 끝나길 기다려서 궁리진성과 크게 만행을 밝히는 것을 논
의하면 실상은 관조하는 것만 못한 것이다. 대반야의 진실한 교화를
선택해서 본래 3승이 없다는 것을 이해한다면 관조하는 것은 실상
만 못한 것이다."고 하였다. 관조하는 것은 **반야경**이고, 진실한 것은
법화경이다. 그러므로 서로 우열이 있으니 이것이 바로 그 증거이
다.[422]

【역 주】

415) 원본에선 구로 되어 있는데 대장경에 따라 冥으로 바꾸어 해석했다.

416) 擁惠는 갑본의 소품서에 의거해 權應의 의미로 해석한다.

417) 대명진화(大明眞化): 여기서 대명은 마하반야를 말하고 진화는 진실한 교화라는 뜻.

418) 이취(理趣): 말하고자 하는 의향, 즉 意趣(趣向)를 말하는데 불타의 설법에는 평등, 別時, 別義, 補特伽羅의 네 가지 의취가 있고 이것을 사의취 또는 사의라고 한다.

419) 혹취(惑趣): 惑은 迷이고 趣는 理趣이다. 즉 이치에 미혹함을 말한다(中論序에 나옴).

420) 실화(實化): 불보살이 중생을 구제하기 위하여 모양을 변하여 다른 것으로 나타나는 권화에 대하여 실화라 한다. 또한 법화 이전은 권화, 법화 이후는 실화이다.

421) 본문의 (穴아래 俱)란 글자를 《소품경서》에 의거해 冥으로 바꾸어 해석.

422) 승예의 《소품경서》《출삼장기집》 권제8)에 "法華鏡本以凝照般若冥 末以解懸解懸理 趣菩薩道也 凝照鏡本告其終也 終而不泯則歸途扶疏 有三實之跡 權應不夷則亂緒紛綸 有惑趣之異 是以法華般若相待以期終 方便實化冥一以俠盡 論其窮理盡性夷明萬行則實不如照 取其大明眞化解本無三則照不如實"이라 하였다.

問 若二經互有優劣 何故智度論復云法華是波若異名

答 波若法華同是正觀平等大慧 顯道無異故云法華是波若異
名也 是以論云 波若是一法佛說種種名 隨諸衆生力爲之立異字
今但約敎爲人故有差別 波若敎明直往菩薩作佛 法花敎明迴小
入大菩薩作佛 經約人不同而作佛無異 如長者大宅及以七珍始
終無異 但付財之時未得說窮子是長者兒 委家業時始得會其天
性以爲付子之也

🈁 만약 두 경전의 상호간에 우열이 있다면 어째서 **지도론**은 '**법화
경**은 **반야경**의 다른 이름' 이라 하였는가?

🈑 **반야경**과 **법화경**은 동일하게 정관423)의 평등하고 큰 지혜424)이
다. 도를 나타내는 데는 차이가 없기 때문에 **법화경**이 **반야경**의 다른
이름이라 했다. 때문에 논에서 "**반야경**은 동일한 가르침이지만 부처
님께선 여러 가지의 이름으로 설했다. 모든 중생의 업력에 따라 다
른 글자를 세운 것이다."라 하였다. 지금은 단지 가르침의 입장에서
사람을 위하기 때문에 차별이 있다. **반야경**의 가르침은 직접 깨달음
에 들어가는 보살(직왕보살)의 성불을 밝히고, **법화경**의 가르침은 소
승을 돌이켜 대승에 들어가는 보살의 성불을 밝힌다. 경전은 사람에
따라 차이가 있지만 성불에는 차이가 없다. 예컨대 장자의 커다란
저택과 일곱 가지의 보배는 결국 차이가 없는 것과 같다. 다만 재산
을 맡길 때는 가난한 자식이 장자의 아들이라 미처 말하지 못했다
가, 가업을 위임할 때서야 비로소 그 천성을 알고서 자식에게 그것
을 맡기게 되는 것이다.

問 波若未明二乘作佛 得是不了敎不

答 波若明菩薩作佛 此事顯了 于時大機未熟故不得說二乘成
佛 約此一邊 亦得稱爲不了

🈷 **반야경**이 아직 2승의 성불을 밝히지 않는 것은, 이것이 불요의
의 가르침이기 때문인가?

🈴 **반야경**은 보살의 성불을 밝히고 있으므로, 이 일은 요의의 가르
침을 나타낸 것이다. 그때는 아직 커다란 근기로 성숙하지 않았기
때문에 이승의 성불을 말할 수 없었다. 이러한 일면의 시각 때문에
불요의의 가르침이라 지칭한 것이다.

問 若爾何得論釋畢竟定品云 須菩提聞法花經明一切成佛 復
聞波若辨菩薩有退 是故今問佛爲畢定爲不畢定

🈷 만일 그렇다면 왜 논에서 〈**필경정품**〉을 해설하면서 "수보리는
법화경에서 '일체의 성불'을 밝히는 것을 듣고, 다시 **반야경**에서 '보
살에게 물러남이 있다'는 것을 듣는다. 때문에 지금 부처님께, 결정
되어 있는 것인지 그렇지 않은 것인지를 질문한다."고 하였는가.

【역 주】 ─────────

423) 정관(正觀): 어리석음을 여의고 법을 바로 보는 것이 정관이고, 또 觀想
의 바른 경계를 여실하게 관하는 것을 정관이라고도 한다.

424) 평등대혜(平等大慧): 모든 부처님의 지혜를 말한다. 즉 모든 법이 평등
한 이치를 깨닫고 가지가지로 차별한 중생들을 교화 제도하는 일이 평
등하다는 뜻(법화경 〈견보탑품〉에 나온다).

此問意審二經之同異 佛答云菩薩畢定 畢定者畢定成佛也 旣
明畢定成佛 則唯有一佛乘 不退爲聲聞則顯無二乘 此意明波若
同法華敎 何得云波若未明二乘作佛

이 질문의 의미는 두 가지 경전의 같고 다름을 살피는 것이다. 부
처님께서는 "보살은 결정되어 있다."고 대답하셨다. 결정되어 있다
는 것은 반드시 결정되어 있는 성불을 의미한다. 이미 결정되어 있
는 성불을 설명했다면 오직 일불승만 있을 뿐이다. 물러나지 않는
것을 성문이라 한다면 2승이 없다는 것을 나타내는 것이다. 이런 의
미는 **반야경**이 **법화경**의 가르침과 동일하다는 것을 표명한 것이다.
어떻게 **반야경**이 2승의 성불을 밝히지 않았다고 말할 수 있겠는가?

答 已如前通 波若非一時一座說 初分未明二乘作佛 故與法花
異 後分明菩薩不退顯有一無二 與法華大同 故不相違也

답 이미 앞에서 말한 것과 상통한다. **반야경**은 동일한 시기에 동일
한 좌석에서 설한 것이 아니다. 초반부에선 아직 2승의 성불을 밝히
지 않았기 때문에 **법화경**과 다르지만, 후반부에선 보살이 물러나지
않음을 밝혀서 유일무이함을 드러낸다. **법화경**과 대체적으로 같다.
그러므로 서로 위배되지 않는다.

2) 第三 就法華自論顯密
세 번째, 법화에 대해 스스로 현밀을 논한다

問 若法花顯教菩薩顯化二乘者 則法花是顯了之敎 始終應無
覆相之說 若爾化城品明三千墨點猶爲十六王子沙彌之位 壽量
品明五百萬億阿僧祇世界末爲微塵成佛已來復過是數 則壽量
之佛是顯了之言 十六王子便是覆相之說 何得一部皆顯了耶

🔲 만약 **법화경**이 보살에 대한 교화를 나타내고, 2승에 대한 교화
를 나타내는 것이라면 **법화경**은 요의교임을 나타내는 것이다. 시종
일관 덮고 가리는 모습이 없는 가르침이다. 〈**화성유품**〉에서는 3천의
묵점이 마치 16왕자가 사미의 지위에 있는 것과 같다고 밝히고 있으
며, 〈**수량품**〉에서는 오백만억 아승지의 세계를 비벼서 티끌로 만든
것은 성불한 이래로 다시 이러한 시간을 지났다고 밝히고 있는 것이
다. 바로 수량의 부처는 요의를 나타내는 말이고, 16왕자는 모습을
덮고 가린다는 주장이다. 어찌 일부가 모두 요의를 나타내는 것이라
할 수 있겠는가?

答 夫立敎隱顯要鑪冶始終 今約一經大分四轍 一覆而不開 二
亦開亦覆 三開而不覆 四不開不覆 覆而不開 初之一品嘉瑞交興
妙輪將轉而未弊二權 猶隱兩實 謂覆而不開 亦開亦覆者 始從方
便品終竟法師品但明乘權乘實 所謂亦開 猶隱身權身實 秤爲亦覆

📘 대저 입교(立敎)의 은현(隱顯)은 시종일관 대장간을 필요로 한
다. 이제 하나의 경전을 크게 네 가지로 구분한다. 하나는 감추고 개
방하지 않는 것(覆而不開)이고, 둘은 개방하기도 하고 감추기도(亦
開亦覆) 하며, 셋은 개방하고 감추지 않으며(開而不覆), 넷은 개방하
지도 않고 감추지도 않는 것(不開不覆)이다. 감추고 개방하지 않는
것이란, 처음의 일품은 아름다운 서상이 교대로 일어나며, 장차 미
묘한 법륜을 굴리려고 해서 아직 두 개의 방편을 폐지하지 않고 오
히려 두 개의 진실을 숨긴 것과 같다. 이것을 감추고 개방하지 않는
것이라 한다. 개방하기도 하고 감추기도 하는 것이란, 처음의 **방편
품**〉부터 마지막으로 〈**법사품**〉을 끝낼 때까지 다만 수레의 방편과 수
레의 진실(乘權乘實)을 밝히고 있을 뿐이기 때문에 또한 개방하기도
한다고 한다. 마치 몸의 방편과 몸의 진실(身權身實)을 감춘 것과 같
기 때문에 또한 감추기도 한다고 한다.

故三千墨點始開結緣之始 十六數猶掩成佛之初 開而不覆者
卽後分經也 俱廢二權雙顯兩實 則敎無纖隱理無豪翳 致有十二
深益八種嘉瑞 不開不覆者 夫借一以破三 三除而一捨 假脩以斥
短 短息而脩忘故言窮慮絶 何實何權 本性寂滅 孰開孰覆理 超
言外强秤妙法 道玄像表假喩蓮花

그러므로 삼천425)의 묵점은 비로소 결연을 시작한 것이다. 16이라는 숫자는 마치 성불의 시작을 가린 것과 같다. 개방하고서 감추지 않는 것이란, 바로 후반부의 경전이다. 동시에 두 개의 방편을 폐지하고, 함께 두 진실을 드러낸 것이다. 바로 가르침에는 조금의 숨김도 없고, 이치에는 털끝만치의 가림도 없다. 12가지의 심오한 이익과 8가지의 아름다운 서상(瑞相)을 초래한다. 개방하지도 않고 감추지도 않는 것이란, 무릇 일승을 빌려서 3승을 타파하되, 3승을 제거하면 일승도 버리는 것이다.

장점에 의지해서 단점을 물리치되, 단점이 그치면 장점도 잊어버리기 때문에 언어도 바닥나고 생각도 끊어진다. 무엇이 진실이고 무엇이 방편이리요. 본성이 적멸한데 누가 이치를 열거나 숨길 것인가? 언어의 바깥으로 벗어나 있지만 억지로 묘법이라 한다. 도는 현묘하여 형상으로 표현하므로 임의로 연꽃에 비유하는 것이다.

【역주】

425) 3천(三千)이라는 수는 천태종의 전문용어로 3千法, 3千諸法의 약칭이다. 3천은 온갖 것의 총칭으로 지옥 내지 불계의 십계가 원융의 이치에 의해서 서로 다른 10계를 포함하고 있기 때문에 100계가 되고 100계 하나하나의 相 내지 本末究竟의 10如가 있기 때문에 1千如가 되고 1천여는 또 중생, 국토, 5음의 3세간에 의해서 구별되기 때문에 3천세간이라 이름한다. 이 3천은 우주 모든 것의 존재를 총섭하기 때문에 3천제법이라 한다. 3천의 제법은 중생의 일상의 일찰나의 마음 가운데 다 갖추고 있다는 의미에서 이것을 心具의 3천이라 한다. 그 3천의 제법이 진여의 본처에 선천적으로 내재해 있는 것을 理具의 3천이라 한다.

3) 第四 料簡顯密
네 번째, 현밀을 구별한다

問 小乘亦是說密一乘不
答 佛說小乘意在悟大乘 故說小乘亦是密說一乘也

🔲 소승도 역시 비밀스럽게 일승을 설하는가?

🔲 부처님께서 소승을 설하신 의도는 대승을 깨우치는 데 있다. 그러므로 소승을 설하더라도 역시 은밀하게 일승을 설한다.

問 小乘就何文是密說一乘耶
答 如云三乘人同得人無我同斷煩惱同入無餘 即是密說三乘
同歸一道也
問 大品唯付財 是密說一乘 更有餘義耶
答 大品中明三乘人同是一如同入法性 即是密說三同入一乘

🔲 소승은 어떠한 경문에서 은밀하게 일승을 설하는가?

🔲 예컨대 "3승인은 함께 인무아를 얻고 함께 번뇌를 끊으며, 함께 무여열반에 들어간다."고 한 것과 같으니, 바로 이것은 3승이 모두 일승의 도리로 귀착한다는 것을 은밀하게 말씀하신 것이다.426)

🔲 대품경에선 단지 재산을 맡기는 것뿐인데, 이것이 은밀하게 일승을 설하는 것이라면 또한 다른 의미가 있는가?

🔲 대품경 중에서 "3승인은 모두 동일한 진여이며, 함께 법성에 들어가는 것"을 밝히고 있는데,427) 바로 이것이 3승인이 함께 일승에 들어간다는 것을 은밀하게 설하신 것이다.

問 顯說一乘爲何人耶

答 爲三種人 一者爲不定根性聲聞令入一乘 二者爲練已定根
性聲聞令入一乘 三者爲直往菩薩令知有一無三但進不退也

🈚 드러내놓고 일승을 설하는 것은 누구를 위한 것인가?

🈭 세 종류의 사람을 위해서다. 하나는 부정근성의 성문이 일승에
들어가도록 하려는 것이고, 둘은 수련을 마친 정근성의 성문이 일승
에 들어가게 하려는 것이며, 셋은 직접 깨달음에 들어가는 보살(직
왕보살)에게 '일승은 있지만 3승은 없으므로 다만 나아갈 뿐 물러나
지 않는다.'는 것을 알게 하기 위해서이다.

【역 주】─────────

426) 출전미상이다.

427) 정확한 출전은 미상이지만 《대지도론》 권71(대정장25, 555상)에서 "問曰
聲聞 辟支佛法是小乘 菩薩是大乘 云何言二乘智斷卽是菩薩無生忍 答曰
所緣同如法性實際亦同 利鈍智慧爲異"라 한다. 또한 법화경 〈비유품〉(대
정장9, 10하)에 유사한 내용이 있다. 또한 《법화의소》(대정장34, 513상)
에 "同入法性者 法性卽是實相 三乘得道 莫不由之 中論觀法品云得實相
者有三種謂三乘人 大經云觀中道者有三種皆是其事故言同入法性也"란
구절이 있다.

第六 論三一義
여섯 번째 3승과 일승의 의미를 논한다

此經始末論三一開會凡有十門 一者開三顯一 二者會三歸一
三者廢三立一 四者破三明一 五者覆三明一 六者三前辨一 七者
三中明一 八者三後辨一 九者絶三明一 十者無三辨一也

이 경전은 시종일관 3승과 일승의 개회를 논하고 있는데, 모두 열
가지 문이 있다. 첫째 3승을 열어서 일승을 드러내는 것(開三顯一),
둘째 3승을 모아 일승으로 돌아가는 것(會三歸一), 셋째 3승을 폐지
하고 일승을 세우는 것(廢三立一),428) 넷째 3승을 타파하고 일승을
밝히는 것(破三明一), 다섯째 3승을 숨기고 일승을 밝히는 것(覆三明
一), 여섯째 3승을 설하기 전에 일승을 밝히는 것(三前辨一), 일곱째
3승 가운데서 일승을 밝히는 것(三中明一), 여덟째 3승을 설한 이후
에 일승을 밝히는 것(三後辨一), 아홉째 3승을 초월하여 일승을 밝
히는 것(絶三明一), 열째 3승 없이 일승을 밝히는 것(無三辨一)이다.

開三顯一者 開昔三乘是方便示今一乘是眞實 故云開三顯一
也 會三歸一者會彼三行歸一佛乘 故云汝等所行是菩薩道也

3승을 열어서 일승을 드러내는 것이란, 이전의 3승은 방편임을
열어서 지금의 일승이 진실임을 보여주는 것이다. 그러므로 개삼현
일(開三顯一)이라고 한다.
3승을 모아 일승으로 돌아가는 것이란, 저 세 가지의 실천을 모아
일불승으로 돌아가는 것이다. 그러므로 "너희들이 행하는 것은 보살

도이다."429)라 한다.

廢三立一者 廢昔三敎立今一乘敎 故云於諸菩薩前正直捨方
便但說無上道也 破三明一者 破其執三異實之情以明一乘之道
也 故文云唯有一乘法無三也

3승을 폐지하고 일승을 세우는 것이란, 이전에 설한 3승의 가르
침을 폐지하고 지금은 일승의 가르침을 세우는 것이다. 그러므로
"모든 보살들 앞에서 정직하게 방편을 버리고 위없는 가르침(無上
道)를 설할 뿐이다."고430) 한다.

3승을 타파해서 일승을 밝히는 것이란, 3승의 차이431)에 집착하
는 감정을 타파해서 일승의 도를 밝히는 것이다. 그러므로 경문에서
"오직 일승법만 있을 뿐 3승은 없다."고 한다.

【역 주】

428) 이것을 《법화현의》에서는 廢權立實이라 한다.

429) 법화경 〈약초유품〉(대정장9, 2중) "汝等所行 是菩薩道"

430) 법화경 〈방편품〉(상동, 2상) "於諸菩薩中 正直捨方便 但說無上道"

431) 원문의 異實은 대장경의 각주에서 實자가 없는 것으로 되어 있어서, 차
이로 번역했다.

覆三明一者 如來赴三一兩緣常有三一之敎 昔則以三覆一 今
則以一覆三 三前明一者 未趣鹿苑之說三前 寂滅道場已明一實
之敎 謂三前一也 三中明一者 從趣鹿苑說於三乘佛乘第一 緣覺
第二 聲聞第三 謂三中明一也 三後明一者 三乘之後法花敎門以
會彼三乘同歸一道 謂三後明一也

3승을 숨기고 일승을 밝히는 것이란, 여래에겐 3승과 일승의 두
인연으로 나아가면 항상 3승과 일승의 가르침이 있다. 예전에는 3
승으로 일승을 숨겼지만, 지금은 일승으로 3승을 숨긴다.

3승을 설하기 전에 일승을 밝히는 것이란, 아직 녹야원으로 나아
가 3승을 설하기 이전의 적멸도량432)에서 이미 일승의 진실한 가르
침을 밝혔다. 3승 이전의 일승이라 한다.

3승 가운데서 일승을 밝히는 것이란, 녹야원으로 가서 3승을 설
한 이래로 불승(부처의 수레)이 첫째이고, 연각이 둘째이며, 성문이
셋째이다. 3승 가운데서 일승을 밝힌 것이다.

3승을 설한 이후에 일승을 밝혔다는 것은, 3승 이후에 **법화경**의
가르침으로 저들 3승을 모아 함께 일승의 길로 돌아간 것이다. 3승
이후에 일승을 밝힌 것이다.

【역 주】
432)《화엄경》을 설한 장소.

絶三明一者 如無言世界 外則無言無示 內則無慮無識 故不論一三
而已 即以此爲佛事故則復是一 故云絶一也 無三辨一者 如香積菩
薩云 彼土無有二乘名字 謂無三辨一也 但有淸淨大菩薩衆 謂有一
也前之五種就義論一也 後五種約時處前文不同敎門差別 故開五也

3승을 초월하여 일승을 밝힌 것이란, 마치 말이 없는 세계433)와
같다. 밖으로는 말도 없고 보여줄 것도 없으며, 안으로는 생각도 없
고 인식도 없는 것이다. 그러므로 일승과 3승을 거론하지 않는다.
바로 이것을 부처의 일(佛事)로 삼기 때문에 다시 하나인 것이며, 그
러므로 3승을 초월하여 일승을 밝힌다434)고 말한다.

3승 없이 일승을 밝히는 것이란, 마치 향적보살이 "저 국토에는 2
승이라는 이름이 없다."고 한 것과 같다. 3승 없이 일승을 밝힌다는
것이다. 그러나 청정한 대보살들은 존재하므로 일승은 있다고 한다.

앞의 다섯 가지는 의미상으로 일승을 논한 것이고, 뒤의 다섯 가
지는 시간과 장소의 입장에서 앞의 문장과 다르다.435) 가르침의 방
식에 차별이 있으므로 다섯 가지의 교문을 열었다.

【역 주】────────

433)《유마경》권하〈향적불품〉(대정장14, 552하) "爾時維摩詰問衆香菩薩
香積如來以何說法 彼菩薩曰 我土如來無文字說 但以衆香令諸天 人得入
律行 菩薩各各坐香樹下 聞斯妙香 即獲一切德藏三昧 得是三昧者 菩薩
所有功德皆悉具足"

434) 원문은 故云絶一이지만 대장경의 각주에는 절과 일 사이에 三明이 빠진
것으로 되어 있다. 두 글자가 들어가야 문맥이 맞기 때문에 그에 따라
번역했다.

435) 원문은 約時處前文不同인데, 대장경의 각주에선 前文이란 두 글자가 없
는 것으로 되어 있다. 의미상 큰 문제가 되지 않으므로 원문에 따라 번
역했다.

問 云何名會三歸一耶

答 欲識會三歸一 先須知開一爲三 開一爲三者 昔指大乘之因
說爲小乘究竟之果也 今還指小乘究竟之果卽是大乘之因 故名
會三歸一也

問 小乘人謂是究竟 爲是迷因爲是迷果

答 實是大因謂是小果 故是迷因也

🈯 무엇을 삼승을 모아 일승으로 돌아가는 것(會三歸一)이라 하
는가?

🈪 회삼귀일을 알고 싶으면 먼저 일승을 여는 것으로 3승을 삼는
다는 것을 반드시 알아야만 한다. 일승을 여는 것으로 3승을 삼는
다는 것은, 이전에는 대승의 원인을 가리켜서 소승의 구경의 결과가
된다고 설했다. 지금은 다시 소승 구경의 결과가 바로 대승의 원인
임을 가리킨다. 그러므로 회삼귀일이라 한다.

🈯 소승인은 이것을 구경이라 하는데, 이것은 원인에 미혹한 것인
가 아니면 결과에 미혹한 것인가?

🈪 기실은 대승의 원인인데, 소승의 결과라 한다. 그러므로 원인
에 미혹한 것이다.

問 一三有此十句 近遠亦有十門耶

答 亦有十門 如壽量品文疏已出也

問 今明一乘 爲是三中一爲三外有一耶

答 此經始終具有二義 一者猶是三中一 所以然者 以歎五乘攝
乘義盡 人天乘則攝世間乘

🈁 일승과 3승에는 이처럼 열 가지의 구절이 있다. (그렇다면) 가깝고 먼 것(近遠)에도 열 가지의 문이 있는가?

🈁 역시 열 가지의 문이 있다. 예컨대 〈**수량품**〉의 문소(文疏)에 이미 나와 있는 것과 같다.436)

🈁 지금 일승을 밝히고 있는데 이것은 3승 가운데의 일승인가? 3승 이외의 일승인가?

🈁 이 경전은 시종일관 두 가지의 뜻을 지니고 있다. 하나는 마치 3승 가운데의 일승인 것과 같다. 왜냐하면 5승을 찬탄해서 수레의 의미를 모두 포용하기 때문이다. 인천승은 바로 세간을 포용하는 수레이다.

【역 주】 —————

436) 출전은 미상이다.《법화현론》권제9(대정장34, 439하~440상)에서 "破近明遠 開近顯遠 覆近開遠 廢近立遠",《법화의소》권제10(대정장 34, 604중)에서 "開近顯遠 廢近立遠 覆近開遠 指近爲遠 破近明遠"이 나온다.

三乘攝出世間乘若爾則一乘猶是三乘中之佛乘也 故文云十方
佛土中唯有一乘法無二亦無三 此以一二三爲數 則以一乘爲一
緣覺爲二 聲聞爲三 則知一乘猶是三中一也 又文云但以一佛乘
爲衆生說法更無有餘乘若二若三 此明以佛乘爲一聲聞緣覺二
乘爲餘乘 故下文言更遣餘人 則知餘人屬二乘也 旣言無有餘乘
則無緣覺之第二聲聞之第三 故知佛乘猶是三中之一 此文其例
甚多不須疑也

　3승은 출세간을 포용하는 수레이다. 만일 그렇다면 마치 일승이
3승 가운데의 불승(부처의 수레)인 것과 같다. 그러므로 경문에서
"시방의 불국토 중에는 오직 일승의 가르침만 있을 뿐, 2승도 없고
3승도 없다."고 했다. 이것은 일승, 2승, 3승으로 숫자를 삼은 것이
다. 바로 일승으로 하나를 삼고, 연각을 2로 삼으며, 성문을 3으로
삼은 것이다. 바로 일승이란 마치 3승 가운데의 일승인 것과 같다는
것을 알아라.
　또한 "다만 일불승으로 중생을 위해 법을 설할 뿐, 나머지 수레인
2승이나 3승은 있을 수 없다."437)고 한다. 이것은 불승으로 일승을
삼고, 성문과 연각의 두 수레로 나머지 수레를 삼는다는 것을 밝히
는 것이다. 그러므로 아래의 경문에서 다시 "나머지 사람을 보낸
다."고 말했는데, 나머지 사람이란 2승에 속한다는 것을 알아라. 이
미 나머지의 수레는 없다고 했으므로 두 번째인 연각이나 세 번째인
성문은 없는 것이다. 그러므로 불승은 오히려 3승 가운데의 일승과
같은 것임을 알아라. 이러한 경문은 그 사례가 매우 많으므로 의심
할 필요가 없다.

二者一乘非是三中之一　如信解品說　長者以方便力密遣二人
則以二乘爲方便　脫珍御服著弊垢衣　方便附近子語令懃作　則佛
乘亦是方便　則知三乘竝是方便　今明一乘是眞實　故知一乘非是
三乘中之佛乘也

　두 번째로 일승은 3승 가운데의 일승이 아니다. 예컨대 〈**신해품**〉
에서 말한 것과 같다. "장자가 방편의 힘으로 은밀하게 두 사람을 보
냈다."438)고 하는 것은 바로 2승을 방편으로 삼은 것이다. "좋은 옷
을 벗고 낡고 헤진 옷을 입은 것"은 방편으로, 아들에게 다가가 은근
히 일하도록 말한 것과 같다. 바로 불승(부처의 수레)도 역시 방편이
고, 3승도 역시 방편임을 알아라. 이제 일승이 진실임을 밝힌다. 그
러므로 일승은 3승 가운데의 불승이 아님을 알아라.

【역 주】────────

437) 법화경 〈방편품〉(대정장9, 7중) "云如來但以一佛乘故　爲衆生說法　無有
　　餘乘若二若三"

438) 법화경 〈신해품〉(대정장9, 27상) "將欲誘引其子而設方便　密遣二人　形
　　色憔悴無威德者"

問 以何義故明一乘是三乘中佛乘 復以何義明一乘非是三乘
中佛乘耶

答 欲明三乘攝出世乘盡故 對二乘之方便明佛乘是眞實 故文
云唯此一事實餘二則非眞 所以明一乘是三乘中之一也 就佛乘中
復自開眞應

🈁 어떤 의미로 일승이 3승 가운데의 불승임을 밝혔는가? 또한
어떤 의미로 일승은 3승 가운데의 불승이 아님을 밝혔는가?

🈯 3승이 출세간을 모두 포용하는 수레임을 밝히고자 하기 때문
이다. 2승의 방편에 대치해서 부처의 수레가 진실임을 밝힌다. 그러
므로 경문에서 "오직 이 하나의 사실만이 있을 뿐, 나머지의 둘은 진
실이 아니다."라고 한다. 일승이 3승 가운데의 일승임을 밝히는 이
유이다. 불승 중에서 다시 진신과 응신을 스스로 개진한다.

昔爲二乘人說佛方便身故佛乘是方便身 即以今敎明佛身是
眞實故 眞實之乘異方便佛 如師子座長者異著弊垢衣長者 以約
今昔兩敎明佛有權實不同 是故一乘非三乘中之一也

예전에는 2승인을 위해 부처의 방편의 몸을 설했다. 때문에 불승
은 방편의 몸이다. 바로 지금의 가르침에서 부처의 몸이 진실임을
밝히고 있기 때문에 진실한 수레는 방편의 부처와 다르다. 예컨대
사자좌의 장자가 더럽고 헤진 옷을 입은 장자와 다른 것과 같다. 지
금의 가르침과 예전의 가르침이라는 두 가지 시각에서 '부처에게는
방편과 진실의 차이가 있다.'는 것을 밝히는 것이다. 때문에 일승은
3승 가운데의 일승이 아니다.

問 此經中始末或言佛以方便力示以三乘教則三乘竝是方便
又云唯此一事實餘則非眞 是則二方便 兩文相違 何以通會

答 此二文猶是一義 無相違也 於一佛乘方便說三 次云一乘是
眞實二乘是方便 如人手內實有一果方便言三果 次第考論者 一
果是實 二是方便 故說三說二竝是方便猶是一義不相違也

🈷️ 이 경전 중에서는 시종일관 혹은 "부처님은 방편의 힘으로 3승
의 가르침을 보여준다."고 말한다.[439] 그렇다면 3승 역시 방편이다.
또한 "오직 이 하나가 사실일 뿐, 나머지 두 가지는 진실이 아니다."
[440]고 했는데, 이것이 바로 2승의 방편이다. 두 경문은 서로 어긋나
는데 어떻게 회통하겠는가?

🈸️ 이 두 경문은 마치 하나의 의미인 것과 같다. 서로 어긋남이 없
다. 일불승에서 방편으로 3승을 설한 것이다.[441] 다음으로 "일승은
진실이고, 2승은 방편이라"[442]고 말씀하셨다. 예컨대 "사람의 손 안
에 사실은 하나의 과일이 있는데 방편으로 세 개의 과일이 있다."고
하는 것과 같다. 순서대로 논의를 살펴보면 하나의 열매는 진실이
고, 두 개의 과일은 방편이다. 그러므로 셋이라 설하든 둘이라 설하
든 이들은 모두 방편이다. 오히려 동일한 의미이니 서로 어긋나지
않는다.

【역 주】────────────

439) 〈방편품〉(대정장9, 6상) "佛以方便力 示以三乘教"
440) 〈방편품〉(대정장9, 8상) "唯此一事實 餘二則非眞"에 따라 나머지의 둘
    이라 번역.
441) 〈방편품〉(대정장9, 7중) "諸佛以方便力 於一佛乘分別說三"
442) 이 경문의 전거는 "唯此一事實 餘二則非眞"(대정장9, 8상)이다.

問 爲會三歸一 爲會二歸一

答 此且猶是一義智度論云 於一佛乘開爲三分 如人分一斗米
爲三聚 亦得合三聚爲一聚 亦得會二聚歸一聚會三會二猶是一
義不相違也

🔲 3승을 모아 일승으로 돌아가는 것인가? 2승을 모아 일승으로
돌아가는 것인가?

🔲 이 또한 동일한 의미인 것과 같다. **지도론**에서 "일불승에서 세
부분으로 연다."고 했다.443) 마치 "사람이 한 말의 쌀을 나누어 세 무
더기로 만든 것"과 같다. 역시 세 무더기를 합하면 한 무더기가 된다.
마찬가지로 두 무더기를 모아 한 무더기로 돌아갈 수 있다. 셋을 모
우거나 둘을 모우거나 동일한 의미가 되므로 서로 어긋나지 않는다.

【역 주】 ────────────

443)《대지도론》권제10(대정장25, 132중) "我當於一法中作三分 分爲三乘以
度衆生"

第七 明功用門
일곱째, 공용문을 밝힌다

問何故受持讀誦書寫解說供養恭敬尊重讚歎 障累內消祥瑞外
發耶
答昔有天竺僧弼法師云 此經有三義故勝 一者衆經不泯三爲
一 此經獨三泯 二持者現得六根清淨

🈁 무슨 까닭에 수지, 독송, 서사, 해설, 공양, 공경, 존중, 찬탄하
면 장애와 번뇌가 안으로 소멸되고 상서로움이 밖으로 펼쳐지는가?
🈭 옛날 천축의 승필법사(僧弼法師 365~442)444)는 "이 경전은
세 가지 뜻이 있기 때문에 뛰어나다."고 말했다.
하나는 뭇 경전은 3승을 없애지 않은 것을 일승으로 삼았지만 이
경전은 홀로 3승을 없애버렸다.
둘째, 이 경전을 수지하면 6근의 청정함을 얻는다.

【역 주】

444) "僧弼法師, 南朝劉宋僧 吳(江蘇 蘇州)人 年少時與龍光寺縣干同遊長安
從學于鳩摩羅什 因得羅什之讚賞而參與譯經 其後 南下居于楚郢十餘年
盛弘敎化于江南地方 河西王沮渠蒙遜聞其德望而禮重之 晚年東出楊都
住于彭城寺 深受劉宋文帝器重 每延請其講說義學 元嘉十九年示寂 世壽
七十八" (불교사전, p.5742)

三普賢等諸菩薩親乘六牙白象來護人通法 故障累內消祥瑞外
發 今明不正有此三事 此經是衆經之實體也 諸佛之祕密藏 融釋
大小該羅今昔 理致淵遠超四句之表 有十事奇特出衆經之外

　셋째, 보현 등의 여러 보살들이 몸소 육아의 흰 코끼리445)를 타고
와서 사람을 보호하고 법에 통달한다.
　그러므로 장애와 번뇌는 안에서 소멸하고, 상서로움은 밖으로 펼
쳐진다. 이제 이런 세 가지의 일이 그치지 않고446) 있음을 밝힌다.
이 경전은 뭇 경전의 실체이며, 제불의 비밀스러운 경장이다. 대소
승을 융합하고 풀이하여 고금에 펼쳐 놓았다. 이치가 심원하여 4구
의 표현을 초월했으며, 열 가지 일의 특별함이 있어서 일체 경전을
초월해 있다.

【역 주】

445) 육아백상(六牙白象): 여기에는 두 가지 뜻이 있다. ①석존의 入胎를 상
　징하는 것. 즉 마야부인이 백상이 품으로 들어 온 꿈을 꾸고 석존을 회
　임했다는 전설에 의함. 후세에는 육아를 六度, 또는 六通으로 해석했다.
　②법화경에는 후세 법화경의 행자를 魔와 羅刹이 괴롭히면 보현보살이
　육아를 가진 코끼리를 타고 와서 지켰다고 했다.(법화경 〈보현보살권발
　품〉 참조)
446) 저본의 '正'을 갑본에 의해 '止'로 고친다. 대장경의 각주를 참고했다.
　문맥의 의미상 '멈춘다'로 번역.

言十事者 一者化主不可思議 餘經或釋迦自說或四佛共談 至
如法花十方分身俱來法會 三世等覺同赴鷲山 是以文云 一一方
四百萬億那由他國土諸佛如來遍滿其中 如是十方諸佛皆悉來集
坐於八方 此謂現在佛集 多寶佛踊現明過去佛集 現在有十方佛
過去但明多寶者 法花論云 此以略攝廣 明一佛之用總攝過去一
切佛用 即與現在廣略互現 諸大菩薩普會鷲山 謂當來佛集 以三
世等覺同赴鷲山 大小諸經未有如斯之盛集 謂化主不可思議也

열 가지의 일이란 다음과 같다. 첫째, 화주불가사의(化主不可思
議)이다. 다른 경전에서는 석가모니 부처님 자신이 설했다고 하거나
혹은 네 명의 부처님447)이 함께 말씀하신 것이라 한다. 내지는 **법화
경**에서 시방의 분신이 함께 법회에 오시고, 3세의 등각448)은 함께
영취산으로 나가는 것과 같다. 그래서 경문449)에선 "한곳 한곳마다
사백만억 나유타 국토의 제불여래가 그 안에 가득하며,450) 이처럼
시방의 제불이 모두 와서 8방에 모여 앉아 있다."고 했는데, 이것을
현재의 부처님이 모인 것이라 한다.

【역 주】────────

447) 4불(四佛)에는 세 가지가 있다. ① 현재 현겁 초에 출세한 구류손불, 구나
함모니불, 가섭불, 석가모니불을 일컫는다. ② 천태종에서는 藏, 通, 別,
圓의 4교를 설한 4종의 부처님이 있다하여 三藏佛(藏敎佛), 通佛(通敎佛),
別佛(別敎佛), 圓佛(圓敎佛)을 세운다. ③ 진언종에서는 동서남북의 방향
에 따라 阿閦佛, 寶生佛, 阿彌陀佛, 不空成就佛을 일컫는다.(佛敎辭典)
448) 부처를 지칭한다.《대지도론》권제10(대정장25, 128상)에서 "諸佛等故
名爲等覺"을 참고.
449) 여기의 '文'은 법화경〈견보탑품〉을 말함.
450)《대정장》9, 33중. "如是次第 十方諸佛皆悉來集 坐於八方 爾時一一方
四百萬億那由他國土 諸佛如來徧滿其中"

다보불이 솟아나온 것은 과거의 부처님이 모인 것을 밝힌 것이다. 현재에 시방의 부처님이 계시지만 과거에는 단지 다보불만을 밝혔을 뿐이다. **법화론**(法華論)에서 "이것은 간략함으로 광범위한 것을 포용한 것이니, 한 부처님의 작용을 밝혀서 과거 모든 부처님의 작용을 포괄한다."451)고 하였다. 즉 과거와 현재452)는 광략(廣略)으로 서로 드러낸다. 모든 대보살들이 영취산에 두루 모이니 이것을 당래불의 모임이라 한다. 3세의 등각453)이 함께 영취산으로 나아가는데, 대승과 소승의 많은 경전에서는 아직 이처럼 성대한 모임이 없었다. 이것을 화주불가사의라 한다.

【역 주】───────────────

451)《법화론》권하(대정장26, 9하) "略者 示現多寶佛身一切攝一切諸佛眞法身故"

452) 저본에는 현재만 있지만 갑본에는 과거와 현재로 되어 있어서, 그에 따라 번역했다.

453) 등각에는 세 가지가 있다. ① 등정각인 불타를 말함. 널리 진리를 깨달아 제불의 깨달음 내용이 동등하다는 뜻. ② 내용적으로는 불타의 깨달음과 동등하고 실제로는 불타의 한 발 앞에 있는 자. ③ 정토종에서는 타력의 신심을 얻은 이는 반드시 왕생해서 불타가 될 수 있기 때문에 그 신심을 미륵보살이 일으키는 등각의 금강심에 견주어 橫超의 금강심이라고 하며 이 세상에서 미륵과 동등한 등각의 지위에 들어간다고 한다. 여기서는 부처님과 평등한 깨달음을 얻은 자란 의미.

二者徒衆不可思議 八方世界一一方四百萬億那由他國土諸佛各將侍者 又下方千世界微塵數菩薩從地涌出遍滿虛空 乃至沙竭龍宮不可思議大士雲集靈鷲山 雖復鹿園稟道之衆鵠樹聞經之賓 亦未有如斯之盛集454)之也 是謂徒衆不可思議也

둘째, 도중불가사의(徒衆不可思議)이다. 8방의 세계는 한곳 한곳마다 사백만억 나유타 국토의 제불이 각각 시자를 거느리고 있다.455) 또 지하 세계의 천세계 미진수 보살이 땅에서 솟아나와 허공에 가득 찼으며,456) 사갈용궁의 불가사의한 대사들이 영취산에 운집하였다.457) 비록 녹야원에서 가르침을 받은 이들(녹야원의 다섯 비구)과 고니458) 숲속에서 경전을 들은 빈객들이 많다고는 하지만 역시 이처럼 성대한 모임은 아직 없었다. 이를 도중불가사의라 한다.

【역 주】─────

454) 원문의 '盛集'은 저본의 '盛集之'를 갑본에 따라 '盛集'으로 고친다.

455) 법화경 〈견보탑품〉(대정장9, 33상)에 나오는 내용. "是以諸佛各將一大菩薩 以爲侍者"

456) 법화경 〈종지용출품〉(상동, 39하~40상)의 내용. "佛說是時 娑婆世界三千大千國土 地皆震裂 而於其中 有無量千萬億菩薩摩訶薩 同時湧出 是諸菩薩 身皆金色 三十二相 無量光明 先盡在此娑婆世界之下 此界虛空中住", 〈여래신력품〉(상동, 51하) "爾時千世界微塵等菩薩摩訶薩 從地湧出者 皆於佛前 一心合掌 瞻仰尊顔 而白佛言 世尊 我等於佛滅後 世尊分身所在國土 滅度之處 當廣說此經 所以者何 我等亦自欲得是眞淨大法 受持讀誦 解說 書寫 而供養之".

457) 법화경 〈제바달다품〉(상동, 35하)에 나오는 내용. "爾時文殊師利 坐千葉蓮華 大如車輪 俱來菩薩亦坐寶蓮華 從於大海娑竭羅龍宮 自然湧出 住虛空中 詣靈鷲山 從蓮華下 至於佛所 頭面敬禮二世尊足 修敬已畢 往智積所 共相慰問 卻坐一面"

458) 원문의 '鵠'은 일반적으로 백조를 가리키는데 학으로 쓰는 경우도 있다. 《集韻》에 "鶴, 鳥名. 或作鵠"이라 하였다. 여기의 '鵠樹'는 鶴林과 같은 의미이고 석존이 열반에 들었던 곳인 구시나가라의 沙羅樹林을 가리킨다. 《남본열반경》 권제1 〈서품〉(대정장12, 608c) "爾時拘尸那城沙羅樹林 其林變白猶如鶴"

三者國土不可思議 靈塔踊現普集分身三變八方同爲淨土 乃
至神力品云于時十方世界通達無礙如一佛土 至如仙人苑内匹
此太遙 力士河邊方斯亦遠 是爲處所不可思議也

셋째, 국토불가사의(國土不可思議)이다. 신령스러운 탑이 솟아나
와 분신의 부처님을 두루 모으고, 8방을 세 번 변화시켜서 함께 정
토가 되었다. 〈**신력품**〉에서 "이때 시방 세계에 통달하여 걸림이 없는
것이 하나의 불국토와 같았다."459)고 하였다. 또는 마치 선인의 정
원 내부와 같아서, 이것이 매우 아득한 듯했다. 역사(力士)강의 강가
460)도 여기에 비교하면 역시 먼듯했다. 이것을 장소의 불가사의라
한다.

第四者教門不可思議 如方廣花嚴偈凡十萬偈 摩訶波若數亦
同然 如此等經尚以爲多 至如大通智勝所說恒河沙偈 威音王佛
所明二十千萬億那由他偈 所以辨其文多 意欲顯其義廣 是謂教
門不可思議也

넷째, 교문불가사의(教門不可思議)이다. 예컨대 **대방광화엄경**의 게
송이 무려 십만 개인 것과 같다. 마하반야의 숫자 역시 마찬가지
다.461) 이러한 경전들은 오히려 많은 것이다. 대통지승여래가 설한
바는 항하사와 같은 게송462)이고 위음왕불이 설하신 것은 이십 천
만 억 나유타의 게송463)이다. 때문에 그러한 경문이 많은 것을 판별
한 이유이다. 의도는 그 뜻이 광대함을 드러내고자 하는 데 있었다.
이것을 교문의 불가사의라 한다.

【역 주】────────

459) 법화경 〈여래신력품〉(대정장9, 52상) "于時十方世界通達無礙 如一佛土"

460) 본문의 '역사하변(力士河邊)'은 석존이 열반에 든 곳인데, 구시나가라를 그곳에 사는 末羅(Malla, 역사)族의 역사생지(力士生地)라 부른다. 석존은 그 구시나가라의 북방에 있는 아지라와데이 강 근처의 사라나무 숲에서 열반에 들었다고 한다. 《남본열반경》권제1 〈서품〉(상동 12, 605상) "如是我聞 一時佛在拘尸城力士生地 阿夷羅趾提河邊沙羅雙樹聞"

461)《대지도론》권100(대정장25, 756상중) "大般若品有十萬偈… 又有不可思議解脫經十萬偈 諸佛本起經 寶雲經 大雲經 法雲經各各十萬偈" 文中의 '불가사의해탈경'은《화엄경》을 지칭한다.

462) 법화경 〈화성유품〉(대정장9, 26c) "說是法華經 如恒河沙偈"

463) 법화경 〈상불경보살품〉(대정장9, 51상) "是比丘臨欲終時於虛空中 具聞威音王佛先所說 法華經二十千萬億偈 悉能受持"

第五者時節不可思議 燈明佛說此經六十小劫 大通佛所說八
千劫 妙光菩薩八十小劫 十六沙彌八萬四千劫 釋迦佛時踊出大
士問訊之間五十小劫 說經之時當不可量也 所以辨說經時長 亦
爲顯文多義廣 是謂時節不可思議也

다섯째, 시절불가사의(時節不可思議)이다. 등명불이 이 경전을
60소겁464)동안 설하시고, 대통불은 8천겁465)동안 설하셨으며, 묘
광보살은 80소겁466)동안 설하셨고, 16사미는 8만4천겁467)동안 설
하셨다. 석가모니 부처님 때 땅속에서 솟아나온 대사(보살)들은 50
소겁468)동안 질문했다. 그러므로 경전을 설한 시간은 당연한 일이
지만 헤아릴 수 없다. 때문에 경전을 설한 시간의 길이를 판별한 것
역시 경문이 많고 의미가 광대함을 드러내기 위해서다. 이것을 시절
의 불가사의라 한다.

464) 법화경 〈서품〉(상동, 4상) "是時日月燈明佛從三昧起 因妙光菩薩說大乘
經名妙法蓮華教菩薩法佛所護念 六十小劫不起于座"
465) 법화경 〈화성유품〉(상동, 25중) "佛說是經 於八千劫未曾休廢"
466) 법화경 〈서품〉(상동, 4중) "妙光菩薩持妙法蓮華經 滿八十小劫爲人演
說"
467) 법화경 〈화성유품〉(상동, 25중) "是時十六菩薩沙彌知佛入室寂然禪定
各昇法座 亦於八萬四千劫爲四部衆 廣說分別妙法華經"
468) 법화경 〈종지용출품〉(상동, 40상) "是諸菩薩摩訶薩 從初湧出 以諸菩薩
種種讚法 而讚於佛 如是時間 經五十小劫"

第六者神力不可思議 將開波若時 釋迦獨出現靈祥 欲震金鼓
四尊共呈嘉瑞 未若斯經十方分身共現七種神力滿百千歲然後
攝之 是爲神力不可思議也

  여섯째, 신력불가사의(神力不可思議)이다. 장차 **반야경**을 설하려
고 했을 때, 석가모니부처님만이 신령한 상서로움을 드러냈다.469)
금으로 만든 북(金鼓)470)을 치려고 하니 네 분의 존자(四尊)께서 함
께 아름다운 상서로움을 드러냈다.471) (그렇지만) 이 경전에서 시방
의 분신(分身)들이 함께 일곱 가지의 신통력을 나타내어 백 천년을
채운 뒤에야 그것을 거두어들이는 것472)만은 못한 것이다. 이것을
신력의 불가사의라 한다.

【역 주】────────

469)《대품반야경》〈서품〉(대정장8, 217중) "是時世尊從三昧安詳而起 以天
    眼觀視世界 拳身微笑 從足下千輻相輪中 放六百萬億光名…"
470) 금고(金鼓)는 인도에서 사용하는 금속 악기의 일종인데, 황금으로도 만
    든다고 한다. 이는 일반적으로 대중을 집합시킬 때 친다.
471)《합부금광명경》권제2, 〈참회품〉(대정장16, 365중) "爾時信相菩薩卽於
    其夜夢見金鼓其狀姝大" 여기서 四尊은 四尊佛.
472) 법화경〈여래신력품〉(상동, 51하)에 "釋迦牟尼佛 及寶樹下諸佛 現神力
    時 滿百千歲 然後還攝舌相"이라 하였다. 7종의 신력은 미상. 일설에는
    '七'이 '五'의 誤字라고도 한다.《법화의소》권제11(대정장34, 618중)에
    서 "第二正明現神力 中凡現五種神力"이라 한다. 5종의 신력이란 광장
    설, 방광, 謦咳, 彈指, 動地이다.

第七者利益不可思議 如分別功德品明 聞經得十二種利益 始
自無量恒河沙菩薩悟無生忍 終則八方世界微塵數衆生發菩提
心 如調達藥王妙音觀音陀羅尼妙莊嚴王本事普賢勸發 總陳八
品得道者不可具陳 謂利益不可思議也

일곱째, 이익불가사의(利益不可思議)이다. 〈분별공덕품〉에서 설명
하고 있는 것과 같다. 경전을 들으면 12가지의 이익을 얻는다. 무량
한 항하사의 보살들이 무생의 법인을 깨닫는 것으로부터 시작해서,
끝으로는 8방 세계의 미진수(微塵數)와 같은 중생들이 보리심을 펼
치는 것까지이다. 예를 들자면 〈조달품〉473) · 〈약왕품〉 · 〈묘음품〉 · 〈관
음품〉 · 〈다라니품〉 · 〈묘장엄왕본사품〉 · 〈보현보살권발품〉과 같은 것이
다. 8품에서 깨달음을 얻은 자를 총합해서 진술하는 것은 불가능하
다. 이것을 이익의 불가사의라 한다.

第八者功德不可思議 從初至後嘆法美人功德無量 如隨喜品
說 第五十人聞一偈隨喜轉敎 勝於施四百億萬阿僧祇世界六趣
衆生一切樂具及令得阿羅漢果 是爲功德不可思議也

여덟째, 공덕불가사의(功德不可思議)이다. 처음부터 끝까지 법과
사람을 찬미하는 공덕은 무량하다. 예컨대 〈수희품〉에서 "오십 번째
사람이 하나의 게송을 듣고 따라 기뻐하며 (법화경의) 가르침을 전
하면, 사백억만겁 아승지 세계의 육도중생에게 일체의 오락 기구를
베풀거나 아라한과를 얻게 하는 것보다 훌륭하다."474)고 하는 것과
같다. 이것을 공덕의 불가사의라 한다.

第九者明乘權乘實不可思議 如三藏等教唯辨小乘 波若諸經
但明大乘 未若法花說實歸本泯寂異途 開會一三融釋大小 使羊
鹿無息駕之累 白牛有直進之功 是爲乘權乘實不可思議也

아홉째, 승권승실불가사의(乘權乘實不可思議)를 밝힌다. 예컨대
삼장 등의 가르침은 오직 소승을 밝힐 뿐이고, 반야부의 모든 경전
은 단지 대승을 밝힐 뿐이다. 그러나 **법화경**이 진실을 설해 근본으로
돌아가서 적멸의 다른 길을 없애며, 일승과 3승을 개회(開會)[475]하
여 대승과 소승을 융합해 풀이하는 것만 못한 것이다. 양과 사슴이
수레를 타는 번거로움을 멈추지 않게 하고, 흰 소에게는 곧장 나아
가는 공덕이 있게 한다. 이것을 승권승실의 불가사의라 한다.

【역 주】

473) 조달(調達)은 제바달다(提婆達多)의 의역.

474) 법화경 〈수희공덕품〉(대정장9, 46하) "是人以一切樂具 施於四百萬億阿
僧祇世界六趣衆生 又令得阿羅漢果 所得功德 不如是第五十人聞法華經
一偈 隨喜功德 百分 千分 百千萬億分 不及其一 云云"

475) 개회(開會): 천태종의 용어로 開는 開除, 會는 會入의 뜻이다. 즉 방편을
제거하고 진실에 들어가게 한다는 뜻. 여기에는 세 가지가 있다. ① 불
교에서는 성문, 연각, 보살이 각기 다른 가르침(三乘)이 있는데 이는 다
방편의 가르침이며 그것이 방편임을 명백하게 열어서 방편을 없애므로
모든 교가 오직 하나인 진실의 교(一乘)와 별개가 아니고, 함께 융합되
어 一乘이 된다고 설하는 것을 개회라 한다(會三歸一) ② 개회에는 法開
會와 人開會가 있다. 이론상 모든 교가 궁극에 이르면 일치하게 됨을 제
시하는 것을 법개회, 실제적으로 성문, 연각, 보살의 구별 없이 모든 사
람이 다 부처가 될 수 있다고 설하는 것을 人開會라 한다. 五時의 설법
중 제4의 반야시에서는 법개회만 열고 제5의 법화열반시가 되면 人·
法의 두 가지로 개회한다고 한다. 또 인개회에는 예를 들면 小善을 열어
大善에 접할 수 있도록 하는 것처럼 同種類의 것을 種類開會라 하고 惡
을 열어 善을 만나게 하는 異種類의 것을 敵對開會라고 한다.

第十者身權身實不可思議 餘經或但明生法 或直辨三身 至如
多寶踊現示眞常應滅 分身嚮集表本一跡多 竝開近顯遠囊括古
今 使悟應滅(感)476)難期知長短無二 令菩提心力堅固猛利念佛
三昧倍復增益 是爲第十身權身實不可思議也 後之二事蓋是一
經大宗 卽以釋前八事 所以有前八不可思議 有良由此經具開二
權雙示兩實故也

열째, 신권신실불가사의(身權身實不可思議)이다. 나머지 경전은
단지 생과 법477)만을 밝히거나 또는 직접 세 가지의 몸(三身)을 설
명하기도 한다. 예컨대 다보불이 솟아나와 진신의 상주(眞常)478)와
응신의 소멸(應滅)을 보이며, 분신을 소집하여 근본은 하나이지만
자취는 많다는 것을 표현하는 것과 같다. 동시에 가까운 것을 열어
먼 것을 드러내니, 하나의 주머니로 고금을 포괄한다. 응감(應感)의
어려움을 깨닫게 하고, 장단은 둘이 없음을 알도록 기대한다. 보리
심의 힘이 견고하고 사납고 예리하니, 염불삼매가 두 배로 불어나게
한다. 이것을 열 번째인 신권신실의 불가사의라 한다.

뒤의 두 가지는 대개 경전의 핵심이니, 바로 앞의 여덟 가지를 풀
이한 것이다. 앞에 여덟 가지의 불가사의를 둔 이유이다. 진실로 이
경전은 함께 두 가지의 방편(二權)을 열어서 동시에 두 가지의 진실
(兩實)을 보여주기 때문이다.

【역 주】 ──────────────

476) 저본의 '滅'은 저본의 대교본의 주기에 의해 '感'으로 고친다. '응감'은 중생이 불을 느끼는 것에 대하여 불이 그것에 응한다고 말하는 의미가 있다. 이것은 불의 경계이고 범부에게는 이해할 수 없는 것을 '難期'라고 말하는 것이다.

477) 생법(生法): 人法과 我法을 가리킨다. 또한 有情을 生이라 하고 非情을 法이라고 하여 生法二空, 生法二忍 등과 같다.

478) 진상(眞常): 법신의 상주를 의미한다. 진실은 여기서 법신을 지칭한다.

第八 弘經方法
여덟째, 법화경을 홍포하는 방법

問 尋如來出世善巧化人 四依菩薩妙能通法 末世凡夫云何弘
經

🈁 여래가 세상에 출현하여 교묘하게 중생을 잘 교화하고, 사의보
살479)은 미묘하게 가르침에 통달하는 것을 찾아볼 수 있다. 말세 범
부들은 어떻게 **법화경**을 홍포합니까?

答 法師品云 佛滅度後若有善男子善女人欲說是經者 當安住
三法 一者入如來室 二者著如來衣 三者坐如來座 入如來室者
大慈大悲心是也 如來衣者 柔和忍辱心是 如來座者 一切法空是
具此三法然後以不懈怠心爲四衆說法

🈁 〈**법사품**〉에서 "부처님께서 멸도한 뒤에 만약 선남자 선여인이
이 경전을 설하고자 한다면, 마땅히 세 가지 법에 안주해야만 한다.
첫째는, 여래의 집에 들어가는 것이다. 둘째는, 여래의 옷을 입는 것
이다. 셋째는, 여래의 자리에 앉는 것이다. 여래의 집에 들어간다는
것은 대자대비의 마음이다. 여래의 옷이란 부드럽고 온화하며 욕됨
을 참는 마음이다. 여래의 자리란 모든 존재는 공하다고 인식하는
것이다. 이 세 가지의 법을 갖춘 뒤에 나태하지 않은 마음으로 사부
의 대중을 위해 법을 설해야만 한다."480)고 하셨다.

【역 주】 ──────────

479) 4의(四依)에는 다섯 가지 뜻이 있다. ① 法四依: 依法不依人 依義不依語 依智不依識 依了義不依不了義(《대반열반경》권6에 나옴) ② 行四依: 著 糞掃衣 常行乞食 依樹下坐 用陳腐藥. ③ 人四依: 여기에는 네 종류가 있 다. 첫째, 범부로서 번뇌심이 있는 사람(三賢四善根). 둘째, 須陀洹(預流 果)과 斯陀含(一來果)을 얻은 사람. 셋째, 阿那含(不還果)을 얻은 사람. 넷째, 阿羅漢을 얻은 사람이다. 이러한 분류는 한 마디로 대승의 법을 전하는 모든 사람을 4의보살과 대승의 수행에 대해 階位를 배열한 것을 말한다. 여기에는 여러 가지 설명이 있다. 예를 들어《법화현의》권5에 서는 五品 즉, 十信의 사람을 初依, 十住의 사람을 二依, 十行 · 十迴向 의 사람을 三依, 十地 · 等覺의 사람을 四依라 하였다. 또《열반경》에 의하면 初歡喜地를 初依, 六地를 二依, 八地를 三依, 第十法雲地를 四依라 하였다. ④ 說四依: 불교를 설법하는 四依 즉 令入 相 對治 轉變 등 네 종류의 密意에 의해 설법하는 것이다. 현장이 번역한《섭대승론》 은 본래 명칭이 '四秘密'이다. ⑤ 身土四依: 佛身의 四依로 네 가지가 있다. 첫째, 色身依色相土. 둘째, 色身依法性土. 셋재, 法身依法性土. 넷 째, 法身依色相土이다. 한편 '四依菩薩'이라는 출처는《대열반경》에 "佛法之末 有四依菩薩 可以作爲衆生之依怙"라고 하였는데, 대혜종고선 사가《宗門武庫》라는 책에 평어를 쓴 것을 齊志軍이라는 거사가 점검하 고 정리하여 논단에 발표한《鋸解秤砣》81칙에서 '四依菩薩'을 거론하 고 있다. 즉 "生肇融睿 乃羅什法師之高弟 號四依菩薩(축도생, 승조, 도 융, 승예는 바로 구마라집 법사의 뛰어난 제자로서 사의보살이라고 부 른다.)"고 하였다.

480) 법화경〈법사품〉(대정장9, 31하) "若有善男子善女人 如來滅後 欲爲四衆 說是法華經者 云何應說 是善男子善女人 入如來室 著如來衣 坐如來座 爾乃應爲四衆廣說斯經 如來室者 一切衆生中大慈悲心是 如來衣者 柔和 忍辱心是 如來座者 一切法空是 安住是中 然後以不懈怠心 爲諸菩薩及四 衆廣說是法華經"

佛垂妙軌 宜可依之 慈悲有隱覆之功 喩之如室 柔和忍有障弊
之用 喩之如衣 空理可以安心 目之爲座

詳此三門則爲次第 大悲拔苦大慈與樂 蓋是種覺之洪因弘道
之本意 欲說妙法 宜前建此心

부처님께서 현묘한 이치를 베풀어 주셨으니 마땅히 이것에 의지
해야만 한다. 자비는 가리고 숨겨주는(隱覆)481) 공덕이 있으므로,
집(室)과 같다고 비유한다. 부드럽고 온화하며 욕됨을 참는 것은 잘
못된 것을 가려주는 작용이 있으므로, 옷과 같다고 비유한다. 공한
이치는 마음을 편안하게 하므로 자리라고 부른다.

이 세 가지의 방식을 상세하게 말하면 순서482)가 있다. 커다란 가
엾음(大悲)으로 괴로움을 없애고, 커다란 사랑(大慈)으로 즐거움을
준다.483) 대개 이러한 것은 깨달음을 심는 커다란 씨앗이며, 도를
홍포하는 근본 의미이다. 미묘한 가르침을 설하고자 하면 그 이전에
마땅히 이런 마음을 확립해야만 한다.

【역 주】 ────────────

481) 원문인 '은복(隱覆)'은 隱覆授記로 해석하기도 한다. 즉 부처님이 수행
　　자에게 미래에 성불할 것을 낱낱이 구별하여 예언할 때 신통력으로서
　　그 사람을 숨기고 다른 사람에게 알리는 것을 말한다.

482) 차제(次第): 百法 가운데 二十四不相應行法의 하나로서 일체의 유위법
　　이 동시에 존재하는 것이 아니라 전후의 순서가 있는 상태를 말한다.

483) 이 구절은 이른바 "慈是는 與樂이요, 悲是는 拔苦"라 하는 '拔苦與樂'
　　을 말한 것으로 불보살이 중생의 괴로움을 없애주고(拔苦), 즐거움을 얻
　　도록 해 주는 것(與樂)인데, 전자는 불보살의 悲德이고 후자는 慈德이
　　다.《대지도론》권제27(대정장25, 256중) "大慈與一切衆生樂 大悲拔一
　　切衆生苦"

是故第一明入如來室 旣於極惡之世欲弘窮善之道 必多留難
宜應忍之 是故第二明著如來衣 雖復慈悲外覆和忍內安 若無空
觀虛明則二行不成 何由悟物 是故第三辨坐如來座 內備三心外
懃說法 則道無不隆人無不利 故令安住三法弘法花經

그러므로 첫 번째로 여래의 집에 들어가는 것을 설명한 것이다.
이미 극악한 세상에서 궁극적인 가르침을 홍포하고자 했다면 반드
시 많은 어려움이 따르나니 마땅히 그것을 참아야만 한다. 때문에
두 번째로 여래의 옷을 입는 것에 대해 설명한 것이다. 비록 자비로
바깥을 가리고, 부드러움과 인욕으로 내심을 편안하게 한다고 할지
라도, 공관(空觀)과 허명(虛明)이 없다면 두 가지의 실천행이 완성되
지 않는다. (그렇다면) 어떻게 중생을 깨우칠 것인가? 때문에 세 번
째로 여래의 자리에 앉는 것을 설명한 것이다. 안으로 세 가지의 마
음을 갖추고 밖으로 부지런히 설법하면 도가 융성하지 않을 수 없
고, 사람에게 이롭지 않을 수 없다. 그러므로 세 가지의 법에 안주하
여 **법화경**을 홍포하게 한다.

問 何故起慈悲名入如來室

答 譬喩品云 我亦如是衆聖中尊世間之父 一切衆生皆是吾子
則知此經明父母之道 父則有樂無苦 子則有苦無樂 今大悲拔子
之苦 大慈與子之樂 令一切衆生普皆成佛 故說法花經 末世法師
旣代佛弘經 亦宜學佛之行 是故慈悲名如來室 若爲利養484)名聞
勝他勢力而講說者 則不拔苦與樂 乖父子恩情 非弘佛乘之道也

問 자비심을 내는 것을 어째서 여래의 집에 들어간다고 하는가?

답 〈비유품〉에서 "나 또한 이와 같다. 여러 성인(衆聖)485) 가운데
서 가장 존귀하며, 세간의 아버지이다. 일체의 중생은 모두 나의 자
식이다."486)고 하였다. 바로 이 경전에서 부모의 도를 밝히고 있다
는 것을 알아라. 아버지란 바로 즐거움은 있고 괴로움은 없는 것이
며, 자식이란 괴로움은 있고 즐거움이 없는 것이다. 이제 커다란 가
엾음(大悲)으로 자식의 괴로움을 없애고, 커다란 사랑(大慈)으로 자
식에게 즐거움을 준다. 일체의 중생이 모두 두루 성불하게 하는 것
이다. 그러므로 **법화경**을 설한다. 말세에는 법사들이 부처님을 대신
해 경전을 홍포하니, 마땅히 부처님의 행위를 배워야만 한다. 그래
서 자비를 여래의 집이라 부른다. 만일 이익과 명예, 남을 이기려는
세력을 위해 강설한다면, 괴로움을 없애고 즐거움을 줄 수 없다. 부
자 사이의 은정(恩情)에 어긋나는 것이요, 불승(부처의 수레)이라는
가르침을 홍포하는 것이 아니다.

問 何故柔和忍辱名如來衣

答 譬如稚子未有所知兼爲惡鬼之所嬈亂 如毀辱於父父則生
愍惻 懃加救療不起瞋心 此經旣明父子之道 一切衆生觀力未成

爲煩惱鬼之所嬈亂 若毀辱於佛佛深生憐愍 以妙法花藥懃救治
之不生瞋恨 末世法師旣代佛弘經 亦應學佛和忍 若起瞋恨便與
佛乖 非弘佛道矣 是故柔和忍名如來衣

🈷 어째서 부드럽고 온화하며 욕됨을 참는 것(柔和忍辱)을 여래의
옷이라 하는가?

🈸 예를 들자면 어린애가 아직 아는 바가 없으면 악귀가 요란을
떠는 것과 같다. 만약 아버지를 헐뜯고 욕하면 아버지는 측은함을
일으키니 더욱 치료에 힘써서 성내는 마음이 일어나지 않게 한다.
이 경전은 이미 부자의 길을 밝혔지만 일체의 중생은 관찰하는 힘이
아직 성숙하지 않으므로 번뇌의 귀신이 요란을 떨게 된다. 만약 부
처님을 헐뜯고 욕하면, 부처님께선 깊이 가련한 마음을 일으켜서 묘
법연화의 묘약으로 부지런히 치료하여 성냄과 원한을 일으키지 않
게 한다. 말세의 법사들은 부처님을 대신하여 **법화경**을 홍포하되, 역
시 부처님의 온화함과 인욕하는 마음을 배워야만 한다. 성냄과 원망
하는 마음을 일으키면 바로 부처님과 어긋나며, 부처의 길(佛道)을
홍포하는 것이 아니다. 그러므로 부드럽고 온화하며 인욕하는 것을
여래의 옷이라 한다.

【역 주】

484) 이양(利養): 재리를 구하여 육신을 기르는 것을 말하는데, 일반적으로
利養名聞이라고 한다. 《지도론》에서는 利養이 도적과 같아서 공덕의 근
원을 파괴한다고 하였다.

485) 중성(衆聖): 소승의 初果 이상과 대승의 初地 이상의 惑을 끊고 理를 증
득한 모든 성인을 가리킨다.

486) 법화경 〈비유품〉(대정장9, 14하) "我亦如是 衆聖中尊 世間之父 一切衆
生 皆是吾子"

問 法師品云 是法花經如來在世猶多怨嫉 況滅度後 何故說此
經時多留難耶

答 世人云 良藥口苦美言逆耳 此經廢五種乘之異執立一極之
玄宗 故斥凡呵聖排大破小 指天魔爲毒虫 說外道爲惡鬼 貶執小
爲貧賤 挫菩薩爲新學 故天魔惡聞 外道逆耳 二乘驚愕 菩薩怯
弱 如此之徒喜爲留難 世間多怨嫉言 豈可虛哉

🔲 〈법사품〉에서 "이 **법화경**에선 여래께서 살아 계실 때도 원망과
질투가 많았거늘 하물며 멸도한 이후에야!"[487]라고 한다. 어째서 이
경전을 설할 때에 많은 어려움이 있었는가?

🔲 세상 사람들은 "좋은 약은 입에 쓰고 아름다운 말은 귀에 거슬
린다."[488]고 말한다. 이 경전은 5승의 이집(異執)[489]을 폐지하고,
일승의 현묘한 종지를 세웠다. 그러므로 범부를 물리치고 성인을 꾸
짖으며, 대승을 배척하고 소승을 타파했다. 천마를 독충[490]이라 여
기고, 외도를 악귀로 설한다. 소승에 집착하는 것을 빈천[491]으로 보
고 배척하며, 보살을 신학보살[492]로 보고 억압한다.

때문에 천마는 듣는 것을 싫어하고, 외도는 귀에 거슬려 하며, 2
승은 경악하고[493], 보살은 겁내고[494] 허약하다. 이러한 무리들은 즐
겨 어려움에 머무르게 되나니, 세상에 원망과 질투가 많다는 말이
어찌 빈말(虛言)이겠는가?

又一切衆生無始已來多起十惡業 小有人天之因起人天之因尚
少 求二乘者轉希 學佛道者彌復難得 所以然者 若不起凡見聖見
捨小心發大心 種中道善根 然後始得聞一乘極敎耳 但衆生皆有
凡聖大小之障 聞說一乘 不能信受故喜爲留難

또한 일체의 중생은 무시이래로 대다수 열 가지의 악업을 일으킨다. 소승은 인천의 씨앗을 지니고 있는데도 인천의 씨앗을 싹틔우는 자는 오히려 드물다. 2승을 구하는 자는 점차 드물며, 불도를 배우는 자는 더 더욱 만나기 어렵다. 이유가 무엇일까? 만일 범부의 견해와 성인의 견해를 일으키지 않고, 작은 마음을 버리고 큰마음을 펼쳐서 중도의 선근을 심으면, 그런 뒤에야 비로소 일승의 지극한 가르침을 들을 수 있다. 다만 중생은 모두 평범하거나 성스럽거나 또는 크고 작은 장애를 지니고 있어서, 일승의 설법을 듣더라도 믿고 받아들이지 않는다. 때문에 어려움에 머무르는 것을 즐기게 된다.

【역 주】 ────────────

487) 법화경 〈법사품〉(대정장9, 31중) "而此經者 如來現在 猶多怨嫉 況滅度後"

488) 《한비자》〈外儲說左上〉 "夫良藥苦於口 而智者勸而飲之 知其入而已己疾也 忠言拂於耳 而明主聽之 知其可以致功也",《설원》〈正諫〉 "良藥苦於口而利於病 忠言逆於耳而利於行"

489) 이집(異執): 바른 도리에 어긋난 잘못된 견해나 생각에 집착하는 미혹된 마음.

490) 법화경 〈비유품〉(대정장9, 14중) "惡鬼毒虫"

491) 법화경 〈비유품〉(대정장9, 15하) "貧窮下賤"

492) 법화경 〈방편품〉(대정장9, 6상) "新發意苦"

493) 법화경 〈신해품〉(대정장9, 16하) "窮子驚愕"

494) 법화경 〈화성유품〉(대정장9, 26상) "佛知是心怯弱下劣"

問 何故知一切法空名坐如來座 答 畢竟空觀者爲成二行及辨
弘經大宗 爲成二行者雖有慈悲 若無空觀者 則見有衆生衆生成
緣 名凡夫慈 若無空觀者則見有諸法成於法緣 成二乘慈 是以知
一切法空 不見有衆生及以諸法 而起慈者名無緣慈 無緣慈者謂
如來慈 故以畢竟空觀成慈悲行

🔵 어째서 일체법의 공함을 아는 것이 여래의 자리에 앉는 것이라
하는가?

🔶 필경의 공관[495]이란 두 가지의 행업을 완성하는 것과 경전을
홍포하는 핵심을 밝히는 것이다. 두 가지의 행업을 성취한 사람에게
비록 자비심은 있다고 하더라도 만일 공관이 없다면, 바로 중생이
있다고 보고 중생으로 인연을 만들므로 범부의 자비라 한다. 만약
공관이 없다면 제법이 있다고 보고 법연(法緣)을 성취하므로 2승의
자비(慈)를 만든다. 때문에 일체법의 공함을 알아서 중생과 제법이
존재한다는 것을 보지 않으며, 그래서 자비를 일으키면 조건 없는
자비(無緣慈)라 이름한다. 조건 없는 자비(無緣慈)가 여래의 자비이
다. 그러므로 필경의 공관으로 자비의 실천을 완성한다.

【역 주】 ────────

495)《중론》권제1 〈관인연품〉(대정장30, 1중) "所謂一切法不生不滅不一不異
等 畢竟空無所有"

若無空觀而起忍者 則不成無生忍 亦非法忍 以有畢竟空觀而
起忍 則成無生忍及以法忍 故此和忍是如來忍名如來衣 次明畢
竟空觀成弘經大宗者 若無空觀則破三著一 麤惑雖去細染尋生
以有空觀雖復破三心不染一名無所得也

만일 공관이 없이 인욕하면 무생인496)을 완성하지 못하며, 역시
법인497)이 아니다. 필경의 공관으로 인욕하면 무생인과 법인을 성
취한다. 그러므로 이와 같은 온화함과 인욕은 여래의 인욕이며, 여
래의 옷이라 한다.

다음으로 필경의 공관으로 경전을 홍포하는 핵심을 달성하는 것
을 밝힌다. 만일 공관이 없다면 3승을 타파해도 일승에 집착한다.
비록 거친 미혹(麤惑)이 제거된다 하더라도 미세한 번뇌(細尋)가 발
생한다. 공관을 지니고 있다면 비록 3승의 마음을 타파하더라도 일
승에 물들지 않기 때문에 이것을 무소득이라 한다.

【역 주】────────

496) 무생법인(無生法忍)에서 인은 인식의 의미. 존재가 무생인 도리를 인식
하는 것.

497) 법인은 법지(法智)라는 4성제의 도리를 깨닫는다는 결과에 대한 원인의
단계에서의 인식을 말하는 경우도 있지만 여기에서는《대지도론》권제
5(대정장25, 97상) "忍亦二種 衆生忍法忍"이란 구절에 나오는 것을 참
조하면 존재의 不生不滅을 인식하는 것이고, 기본적으로는 無生忍과 같
은 뜻이다.

又藥草喩品云究竟涅槃常寂滅相終歸於空 即知空爲諸法之
體 昔說五乘謂從體起用 今會五爲一則攝用歸體 故言終歸於空
爲諸法之體 今旣弘法則宜識其體 識體故則識其用 體用具足方
可弘經也

또한 〈약초유품〉에서 "구경의 열반은 항상 적멸의 모습이며 결국
은 공으로 돌아간다."[498]고 하였다. 바로 공을 제법의 본체로 여기
고 있음을 알아라. 예전에는 5승을 설했으니 본체로부터 작용을 일
으킨 것을 말한다. 이제 5승을 모아 일승으로 삼으니 바로 작용을
섭수하여 본체로 돌아가는 것이다. 그러므로 결국 공으로 돌아간다
는 것은 제법의 본체가 된다. 이제 법을 홍포한다고 하는 데 그것은
마땅히 그 본체를 아는 것이다. 본체를 알기 때문에 바로 그 작용을
안다. 본체와 작용[體用]을 구족해야 비로소 경전을 홍포할 수 있다.

又但明三法者 夫爲法師要具三事 一入講堂 二被法服 三登高
座 若無慈悲則不入講堂 心不和忍便無法服 若無空觀則不登高
座 黨闕此三事安可弘經 說法旣具此三事 受持讀誦等乃至四威
儀三業皆須安住此三也 悉合此三門以爲二義成十種法師

또한 단지 세 가지의 법만을 밝히자면, 무릇 법사는 세 가지의 일
을 갖춰야만 한다. 첫째 강당에 들어가는 것, 둘째 법복을 입는 것,
셋째 높은 자리에 오르는 것이다. 만약 자비가 없다면 강당에 들어
가지 않는다. 마음이 온화하고 인욕하지 않으면 법복이 없다. 만약
공관이 없다면 높은 자리에 올라가지 않는다. 만일 이 세 가지의 일
이 없다면 어찌 경전을 홍포할 수 있겠는가? 법을 설할 때 이미 이

세 가지의 일이 구비되었다면, 수지하고 독송하는 등의 일은 물론이고 네 가지의 위의(四威儀)와 3업도 모두 반드시 이 세 가지에 안주해야만 한다. 이 세 가지의 방식을 모두 합하면 두 가지의 의미가 되며, 그것으로 열 가지의 법사를 완성한다.

　一者慈悲忍辱名之爲行 觀畢竟空秤之爲解 謂解行法師 自有解而無行 有行而無解 無行無解 有行有解 前三可爲弟子 後一方是法師

　첫째, 자비와 인욕을 실천(行)이라 하고, 필경의 공관을 깨우침(解)이라 하는 데, 해행499)법사를 말한다. 자신에게 깨우침(解)은 있으나 실천(行)이 없거나, 실천은 있으나 깨우침이 없거나, 실천도 없고 깨우침도 없거나, 실천도 있고 깨우침도 있을 수 있다. 앞의 세 가지는 제자에 해당하고, 뒤의 하나가 비로소 법사이다.

【역 주】

498)《대정장》9, 19하, "如來知是一相一味之法… 所謂 解脫相 離相 滅相… 究竟涅槃常寂滅相 終歸於空"
499) 해행(解行): 知解와 수행을 아울러 일컫는 말로 곧 이치를 알고 일을 실행하는 것이다. 즉 불교의 인식적 부문에서 말하면 수행하는 사람이 지혜의 힘에 의해 이론적인 교의를 요해하는 것을 解, 또는 解門이라 한다. 실천적인 차원에서 말하면 그 요해한 것을 몸소 실천에 옮기는 것을 行, 또는 行門이라 한다. 이 둘은 수행하는 이가 반드시 갖추어야 할 것이므로 옛날부터 해를 눈(目)에, 행을 발(足)에 비유하였다. 다시 말해서 길을 걸어가려면 눈과 발이 서로 떨어지지 않고 반드시 함께 해야 하므로 知目行足이라 한다.

二者慈忍爲福德 空觀爲智慧 謂福慧法師 是故經云500)具二
莊嚴能問能答

둘째, 자비와 인욕을 복덕이라 하고, 공관을 지혜라 하는데 복혜
법사를 말한다. 그러므로 경전에서 "두 가지의 장엄을 구비하여 능
히 묻고 능히 대답한다."501)고 한다.

三者大品經云 住於二法魔不能壞 一者知一切法空 二者不捨
一切衆生 若見有衆生不知諸法空 卽墮有邊 爲魔所壞 若知諸法
捨於衆生 則墮空邊 亦爲魔所壞 今具此二法 則遠離二邊常行中
道 卽魔不能壞 堪於後世爲物弘經 謂難壞法師

셋째, **대품경**에서 "두 가지의 법에 머물면 악마도 무너뜨릴 수 없
다. 첫째는 일체법의 공함을 아는 것이고, 둘째는 일체의 중생을 버
리지 않는 것이다."502)고 한다. 만일 중생이 있는 것을 보면서도 제
법의 공을 모른다면, 바로 유(有)라는 변견에 떨어져서 악마에게 무
너진다. 만약 제법의 공503)함을 알면서도 중생을 버리면, 공이라는
변견에 떨어져서 악마에게 무너진다. 이제 이 두 가지의 법을 구비
하면 바로 두 가지의 변견을 멀리 여의고 항상 중도를 행하는 것이
니, 바로 악마도 허물어뜨릴 수 없다. 후세에 중생을 위해 경전의 홍
포를 감당하니 난괴(難壞)법사를 말한다.

四者淨名經云 譬如勝怨乃可爲勇 如是兼除老病死者是菩薩心
以修空觀所謂自行 慈悲和忍所謂化他 具自行化他謂雄勇法師

넷째, **정명경**에서 "예를 들자면 원망하는 마음을 극복하면 용감하다고 할 수 있다. 이와 같이 늙고 병들고 죽는 것을 동시에 제거하는 것이 보살의 마음이다."504)고 하였다. 공관을 닦는 것을 자행(自行: 스스로의 수행)이라 하고, 자비와 유화인욕은 화타(化他: 남을 교화하는 것)505)라 한다. 자행과 화타를 구비하니, 웅용(雄勇)법사를 말한다.

五者知諸法空越凡夫地 具於慈忍超二乘境 非凡夫行非賢聖行 是菩薩行 謂道行法師也

다섯째, 제법이 공함을 알아 범부의 경지를 초월하고, 자비와 인욕을 구비하여 2승의 경지를 뛰어넘는다. 범부의 행도 아니고 성현의 행도 아니니, 이것은 보살의 행이다. 도행(道行)법사를 말한다.

【역주】────────

500) 여기의 '經云'이라고 한 것은 《北本涅槃經》 권27을 말한다.

501) 《남본열반경》 권제25 〈사자후보살품〉(대정장12, 767중하) "佛言 善哉善哉善男子若有人能爲法咨啟則爲具足二種莊嚴一者智慧二者福德… 汝今具足是二莊嚴是故能問甚深妙義我亦具足是二莊嚴能答是義"

502) 《대품반야경》 권제19 〈도공품〉(대정장8, 361상) "菩薩摩訶薩成就二法魔不能壞 何等二 觀一切法空 不捨一切衆生"

503) 저본에는 諸法이란 단어만 있지만 갑본에는 뒤에 空이란 글자가 있기 때문에 그에 따라 제법의 공이라 번역했다.

504) 《정명경》(《유마힐경》을 말함)의 〈문수사리문질품〉 제5에 나오는 구절로 내용의 전문은 다음과 같다. "文殊師利 是爲有疾菩薩調伏其心 爲斷老病死苦是菩薩菩提 若不如是己所修治爲無慧利 譬如勝怨乃可爲勇 如是兼除老病死者菩薩之謂也"

505) 화타(化他): 다른 사람을 교화하여 악을 여의고 선으로 향하게 함.

六者大品經云 菩薩住於二諦 爲衆生說法 常行慈悲忍住於世
諦 知畢竟空住第一義 以依二諦爲物弘經 則所言不虛 謂誠諦法
師

여섯째, **대품경**에서 "보살은 2제에 머물면서 중생을 위해 법을 설
한다."506)고 했다. 항상 자비와 인욕을 행하면서 세속제에 머물고,
필경의 공함을 알아 제일의제에 머문다. 2제에 의지해서 중생을 위
해 경전을 홍포하니, 말하는 것이 헛되지 않다. 성제(誠諦)법사를 말
한다.

七者智度論云 解四悉檀則知十二部經八萬四千法藏無相違背
今常行慈忍謂三悉檀 知畢竟空了第一義作四悉檀 爲物弘經則
識一切敎無相違背 謂無諍法師

일곱째, **지도론**에서 "사실단507)을 이해하면 12부경과 8만4천의
법장이 모두 서로 어긋나지 않는다는 것을 알게 된다."508)고 말한
다. 이제 자비와 인욕을 항상 실천하면 세 가지의 실단이라 하고, 필
경의 공함을 알아 제일의제를 깨달으면 네 가지의 실단이 된다. 중
생을 위해 경전을 홍포하면 일체의 가르침에 서로 어긋남이 없다는
것을 안다. 무쟁(無諍)법사를 말한다.

八者卽此經云 又見佛子定慧具足 以無量喩爲衆講法 常行慈
忍名之爲定 知畢竟空目之爲慧 以具足定慧爲物弘經故 名具足
法師

여덟째, 바로 이 경전에서 "또한 불자를 보니 정혜가 구비되었으
므로, 무량한 비유로 중생을 위해 법을 설한다."509)고 했다. 항상 자
비와 인욕을 실천하면 선정이라 하고, 필경의 공함을 알면 지혜라
한다. 선정과 지혜를 구족해서 중생을 위해 경전을 홍포하기 때문에
구족(具足)법사라 한다.

【역 주】 ────────────

506) 이 내용은 다음과 같다. "菩薩摩訶薩行般若波羅蜜時 無有有所得過罪
何以故 舍利弗 是菩薩摩訶薩行般若波羅蜜時 不得衆生 但空法相續故 名
爲衆生 舍利弗 菩薩摩訶薩住二諦中爲衆生說法 世諦 第一義諦 舍利弗
二諦中衆生雖不可得 菩薩摩訶薩行般若波羅蜜 以方便力故 爲衆生說法
衆生聞是法 今世吾我尙不可得 何況當得阿耨多羅三藐三菩提者及所用
法 如是 舍利弗 菩薩摩訶薩行般若波羅蜜時 以方便力故 爲衆生說法"
《대품경》〈구족품〉(대정장 권25, 제81. 0405상)

507) 사실단(四悉檀): 부처님이 중생을 인도하여 깨달음을 완성시키기 위해
제시한 교법을 네 가지 범주로 나눈 것. 즉 世界悉檀, 各各爲人悉檀, 對
治悉檀, 第一義悉檀을 말한다.

508)《대지도론》권제1 〈서품〉(대정장25, 59중)의 내용은 다음과 같다. "有四
種悉檀 一者 世界悉檀 二者 各各爲人悉檀 三者 對治悉檀 四者 第一義悉
檀 四悉檀中 一切十二部經 八萬四千法藏 皆是實 無相違背", 또한《대품
반야경》권제25 〈구족품〉(대정장8, 45상) "菩薩摩訶薩住二諦中 爲衆生
說法世諦第一義諦"

509) 법화경 〈서품〉(대정장9, 3상) "聞悉受持 又見佛子 定慧具足 以無量喻
爲衆講法"

九者卽此經云 又見佛子心無所著 以此妙慧而求佛道 以觀畢
竟空故不著生死 常行慈悲故不住涅槃 於生死涅槃心無所著 謂
無所著法師

아홉째, 바로 이 경전에서 "또한 불자의 마음에 집착하는 것이 없음을 보고, 이 미묘한 지혜(妙慧)로 불도를 구한다."510)고 한다. 필경의 공함을 관조하기 때문에 생사에 집착하지 않으며, 항상 자비를 실행하기 때문에 열반에 머물지 않는다. 생사와 열반에 집착하는 마음이 없으므로 무소착(無所著)법사라 한다.

十者攝大乘論云 知諸法空名爲菩薩 常行慈忍謂摩訶薩 謂菩
薩摩訶薩法師 又安樂行品云 辨於四行亦示弘經模軌 具如文疏
述也

열 번째, **섭대승론**에서 "제법의 공함을 알면 보살이라 하고, 자비와 인욕을 항상 실천하면 마하살이라 한다."511)고 한다. 보살마하살 법사를 말한다. 역시 〈**안락행품**〉에서 "4행512)을 분별하고, 또한 경전을 홍포하는데 (있어서) 모범적인 이치를 보여준다."고 한다. **문소**(文疏)513)에서 기술하고 있는 것과 같다.

【역주】──────────

510) 법화경 〈서품〉(대정장9, 3중) "又見佛子 心無所著 以此妙慧 求無上道"
511) 출전은 미상.
512) 4안락행을 지칭한다.(身口意 誓觀의 4종에 대해 말한 것)
513)《법화현론》권제8(대정장34, 430상~431중),《법화의소》권제10(좌동, 594하~555상)

第九 明部黨不同
아홉째, 부당의 차이를 밝힌다[514]

此經有新舊二本 古本名正法花 燉煌同處沙門竺法護以晉太
康七年或人云十年八月十日譯出此經 授優婆塞聶承遠 九月二
日訖 張士明張仲政筆受也

이 경전에는 신구의 두 판본이 있다. 고본을 **정법화경**이라 한다.
돈황의 월지국[515] 사문인 축법호가 진나라 태강[516] 7년, 어떤 사람
은 10년 8월 10일에 이 경전을 번역했다고 한다. 이것을 우바새인
섭승원(攝承遠)[517]에게 주어 9월 2일에 마쳤다. 장사명과 장중정[518]
이 받아 적었다.[519]

【역 주】───────

514) 여기서 部는 천태종에서 석존의 가르침을 시간 순으로 차례를 정해놓은
것을 말하고, 黨은 집단별 논변을 말한다.

515) 원문은 同處로 되어 있지만 대장경 각주의 갑본에 의거해 月支로 바꾸
어 번역한다. 출신국을 의미한다.

516) 서진(西晉) 무제의 세 번째 연호.

517) 섭승원(攝承遠): 서진시대에 역경에 종사한 거사. 《출삼장기집》 권2와
《개원석교록》 권2에 나온다. 생몰연대는 미상이며, 아들인 섭도진(攝道
眞)과 함께 축법호(竺法護)의 역경을 도왔다

518) 상세한 내용을 알 수 없다.

519) 《출삼장기집》 권제8(대정장55, 56하)에 수록된 〈정법화경기〉에 나오는
내용. "太康七年八月十日 燉煌月支菩薩沙門法護 手執胡經口宣出正法華
經二十七品 授優婆塞聶承遠 張仕明張仲政 共筆受… 九月二一訖"

新本名妙法蓮花 羅什以魏秦姚興弘始十年二月六日於長安大
寺譯出 亦云弘始五年四月二十三日於長安逍遙園譯出也 即晉
安帝時觀叡二法師竝云 弘始八年集四方義學沙門二千餘人譯
出斯經 叡公云 于時聽受領解之僧八百餘人 皆是諸方英秀一時
之傑竭也 今謂十年翻譯字之誤也

신본은 **묘법연화경**이다. 구마라집이 위진520) 요흥521)의 홍시522)
10년 6월에 장안의 대사(大寺)에서 번역했다. 또한 홍시 5년 4월 23
일 장안의 소요원에서 번역했다고도 한다. 바로 진나라의 안제523)
때 혜관과 승예의 두 법사가 동시에 말했다. "홍시 8년에 사방의 의
학(義學) 사문 2천여 명을 모아 이 경전을 번역했다." 승예는 "당시
이 경전을 듣고 깨달은 승려가 8백여 명이었다. 이들은 모두 각 지
방의 뛰어난 영재들이요, 한 시대의 걸출한 인물들이었다."524)고 말
한다. 지금 10년간 번역했다고 하는 것은 기록의 오류이다.

【역 주】 ────────────

520) 저본의 '魏秦'을 '僞秦'으로 고친다.《법화현론》권제1(대정장34, 363
중)에는 僞秦으로 되어 있다. 僞秦은 姚萇이 세운 왕조인 後秦이다

521) 재위 기간은 393~416년.

522) 후진 요흥의 두 번째 연호.

523) 안제(安帝): 동진의 제10대 황제인 司馬德宗(382~419)을 말함. 字가 安
德. 諡號가 安帝.

524) 승예의 〈법화경후서〉《출삼장기집》권제8), (대정장55 · 57하) "于時聽
受領悟之僧八百餘人 皆是諸方英秀 一時之傑也 是歲弘始八年歲次鶉火"

羅什以秦弘始三年二月二十日至長安 弘始四年正月五日即就
翻經 弘始八年八月二十日終於長安 不應十年更翻譯也 又胡僧
枝彊魏甘露元年於交洲譯出六卷 名法花三昧經 又沙門支道良
晉代康元年抄譯爲五卷 名方等法花經 此二本南土皆無也 唯有
一卷法花三昧經 又有一卷薩曇分陀利經 當別尋經目錄也然晉
有前後 昔有江右名爲西晉 此經猶居外國自從無王度江左稱爲
東晉525) 至晉安帝義熙中此經始度 然此經度江將三百年矣

구마라집은 진나라 홍시 3년 2월 20일에 장안에 도달했다. 홍시 4
년 정월 5일에 바로 번역을 시작했으며, 홍시 8년 8월 20일 장안에
서 열반했다. 10년간 번역했다는 것은 틀린 것이다. 또한 호승(胡僧)
인 지강(枝彊)이 위나라 감로526) 원년에 교주527)에서 6권을 번역했
는데, **법화삼매경**528)이다. 또한 사문 지도량이 진나라 태강529) 원년
5권을 초역하였는데, **방등법화경**530)이다. 이 두 판본은 남쪽 지방에
는 남아 있지 않다. 오직 1권의 **법화삼매경**531)만이 남아 있다.

【역 주】
525) 이 구절은 오류가 있어《법화현론》권1에 근거하여 다음과 같이 수정함.
  "自元王渡江左稱爲東晉"
526) 위(魏)의 高貴卿公의 연호
527) 현재 중국 광동성과 북베트남 일대의 지명
528)《개원석교록》권제14(대정장55, 628하)에서는 "法華三昧經之卷吳外國
  三藏之彊良接譯"라고 한다. 현존하지 않는다.
529) 태강(太康)은 서진 무제의 연호이다.
530)《개원석교록》권제14(대정장55, 628하)에는 "方等法華經五卷東晉沙門
  支道根譯"라 하지만 현존하지 않는다.
531) 지엄(智嚴) 역(427년)《불설법화삼매경》1권(대정장9에 所收)을 가리킨다.

또한 1권의 **살담분다리경**532)이 있다. 특별히 경전의 목록을 찾아 보면 진나라의 전후에 있다. 예전에는 강의 오른쪽을 서진이라 했는데, 이 경전은 오히려 외국에 있는 것과 같았다. 원왕533)이 강의 왼쪽으로 건너간 이래로 동진이라 불렀다. 진나라 안제 때인 의희 연간 중엽에 이르러 이 경전이 처음 강을 넘었다. 그런즉 이 경전이 강을 건넌 것은 300년에 이른다.

【역 주】 ─────────────

532) 《살담분타리경》 1권(대정장9에 所收)을 가리킨다. 살담분다리경이란 제
    목은 살달마분다리와 같은 뜻인데 묘법연화경을 범어로 음역한 것.
533) 원본에는 無王으로 되어 있지만 元王으로 번역한다. 무왕은 없고 元帝
    (317~322 재위)는 있다.

第十 明講經原由
열 번째, 경전을 강의하는 근본 이유를 밝힌다

經旣有二本 初講亦有兩人 漢地以竺法護爲始 護公以永熙元
年八月二十八日 比丘康那律師於洛陽寫正法花經竟 與法護口
校古訓譯出深義

경전에는 이미 두 개의 판본이 있다.

처음 강의한 사람도 두 명이다. 한나라 땅에선 축법호가 그 시초
이다. 축법호는 영희 원년 8월 28일에 비구인 강나율사와 낙양에서
정법화경의 사경을 마쳤다. 법호와 함께 입으로 고훈(古訓)을 교정하
며 깊은 의미를 역출했다.

九月本齊十四日於東牛寺施設檀會講此經竟 日晝夜莫不歡喜
次新翻法花竟 道融法師於長安講之 開爲九轍 時人呼爲九轍法
師 自爾已後著述講說者不可具陳也 法華遊意

9월의 본재(本齋)534)인 14일 동우사(東牛寺)에 단회(檀會)를 설치
하고, 이 경전을 끝까지 강의했다. 매일 주야로 기쁘지 않은 날이 없
었다.535) 다음에 새롭게 **법화경**을 번역하자 도융법사536)가 장안에
서 강의했다.

9철537)로 개강했는데 당시 사람들은 그를 9철법사라 불렀다. 이
로부터 저술하고 강설한 사람은 헤아릴 수 없이 많다. **법화경의 의미
를 여행하다(법화유의)**를 마친다.

【역 주】 ────────

534) 저본의 齊를 〈법화경후기〉의 원문에 따라 齋로 고친다. 本齋는 포살을
    말한다. 매월 초하루와 보름의 2회에 걸쳐 인근의 승려들이 한곳에 모
    여 계율의 조항을 암송하고, 자기의 죄를 고백하고 참회하는 의식.

535) 《출삼장기집》 8권에 수록된 〈정법화경후기〉(대정장55, 56하~57상)에
    나온다. "永熙元年八月二十八日 比丘康那律 於洛陽寫正法華品竟 … 與
    法護 口校古訓講出深義 以九月本齋十四日 於東牛寺中施檀大會講誦此
    經 竟日盡夜無不咸歡"

536) 《양고승전》 제6(대정장50, 363중~하)에 전기가 있다. 길장에 의하면
    법화경을 9철(九轍)로 분류한 사람은 도융이지만, 《법화문구》 제8하(대
    정장34, 14하)에 의하면 승예라고 한다.

537) 철(轍)이란 부분을 의미하며, 9철이란 법화경을 9등분으로 구분하고 강
    의했음을 말한다.